工程质量
潜在缺陷保险（IDI）
中国实践

Inherent Defects Insurance：
Practice in China

中再集团IDI课题小组◎著

中国金融出版社

责任编辑：王雪珂
责任校对：潘　洁
责任印制：陈晓川

图书在版编目（CIP）数据

工程质量潜在缺陷保险（IDI）：中国实践/中再集团 IDI 课题小组著.
—北京：中国金融出版社，2022.10
ISBN 978 - 7 - 5220 - 1718 - 1

Ⅰ.①工…　Ⅱ.①中…　Ⅲ.①建筑工程—工程质量—保险制度—
中国　Ⅳ.①F842.681

中国版本图书馆 CIP 数据核字（2022）第 151442 号

工程质量潜在缺陷保险（IDI）：中国实践
GONGCHENG ZHILIANG QIANZAI QUEXIAN BAOXIAN（IDI）：
ZHONGGUO SHIJIAN

出版
发行　　中国金融出版社

社址　　北京市丰台区益泽路 2 号
市场开发部　（010）66024766，63805472，63439533（传真）
网 上 书 店　www. cfph. cn
　　　　　　（010）66024766，63372837（传真）
读者服务部　（010）66070833，62568380
邮编　100071
经销　新华书店
印刷　保利达印务有限公司
尺寸　169 毫米 × 239 毫米
印张　16.75
字数　264 千
版次　2022 年 10 月第 1 版
印次　2022 年 10 月第 1 次印刷
定价　52.00 元
ISBN 978 - 7 - 5220 - 1718 - 1
如出现印装错误本社负责调换　联系电话（010）63263947

IDI 课题小组

顾问： 周延礼（十三届全国政协经济委员会委员，原中国保监会党委副书记、副主席），袁临江（中国再保险（集团）股份有限公司董事长（时任）），和春雷（中国再保险（集团）股份有限公司总裁（时任），现任董事长）

组长： 汪小亚（中国再保险（集团）股份有限公司董事、研究员、博士生导师）

成员： 冯键、刘树凯、翁育峰、官兵、董力、张帆、何占峰、罗满景、吴新宇、李超、沈洁琼、王震、郭劭钦

本书各章节执笔：

第一章：董力 郭劭钦；第二章：董力 王震；第三章：何占峰；第四章：张帆 沈洁琼；第五章：张帆 沈洁琼；第六章：冯键 吴新宇；第七章：沈洁琼 吴新宇；第八章：官兵 李超；第九章：汪小亚 官兵

本书统稿人： 罗满景、王震、吴新宇

本书总设计、总统稿和校稿人： 汪小亚

郑重声明： 本书只代表课题小组的研究观点，不代表所在机构的观点。

致 谢

住建部工程质量安全监管司：陈波（副司长）

中国银保监会广东监管局：裴光（党委书记、局长）、朱润明（产险处处长）

中国银保监会海南监管局：万声宇（党委委员、副局长）

上海市住房和城乡建设管理委员会：裴晓（副主任）、梁丰（质量安全监管处副处长）

中国银保监会上海监管局：王飞（财产险处四级调研员）

上海市地方金融监督管理局：杨炯（金融合作处处长）

深圳市住房和城乡建设局：郑晓生（时任副局长、党组成员）

海南省住房和城乡建设厅：霍巨燃（时任党组书记、厅长）、陈孝京（党组成员、副厅长）、刘联伟（党组成员、副厅长）

原安徽省住房和城乡建设厅党组成员、副厅长，住建部科学技术委员会（双）委员：曹剑

浙江湖州市住房和城乡建设局：龚辛陶（局长）

中国太平洋财产保险股份有限公司：苏占伟（副总经理）

慕尼黑再保险公司大中华区：常青（总裁）

法国再保险北京分公司：于巍东（时任总经理）

中国太平洋财产保险股份有限公司上海总部：战昱静（总经理助理）

中国人保财险上海分公司机构业务部：杨博（副总经理）

中国平安财险上海分公司：代建林（风控总监）

中国大地财险上海分公司：吴刚（副总经理）

中国太平财险上海分公司：蔡浩璇（副总经理）

中国人寿财险上海分公司：赵凉（副总经理）

中再集团：姜波（独立董事）、路秀丽（时任股权董事）、温宁（时任股权董事）、刘晓鹏（股权董事）

序　言

改革开放以来，我国建筑行业发展迅猛。根据国家统计局发布的全国房地产开发情况，2021年全国房屋竣工面积超过10.1亿平方米，其中住宅竣工面积7.3亿平方米，为经济发展和社会民生作出重要贡献的同时，建设工程质量与安全问题日益凸显。党的十九大提出建设质量强国的战略要求，建筑行业需要加快迈向高质量发展。利用保险的市场化手段辅助建筑行业管理，提升工程质量，是国际上工程管理的惯例之一，有着非常成熟的管理制度，工程质量保险在法国、西班牙、意大利等国都被列为强制保险普遍推行。

建设工程质量潜在缺陷保险（Inherent Defect Insurance，IDI）起源于19世纪初的法国，已有超过200年的悠久历史。我国IDI历经十多年的探索，走出了一条符合国情的中国式发展道路，已在我国多个地方试点推行，并成为助力我国建筑工程建设高质量发展的有力举措，使人民群众的获得感、幸福感、安全感更加充实、更有保障、更可持续。

2005年8月，原建设部和原中国保监会联合下发了《关于推进建设工程质量保险工作的意见》，为我国推行IDI提供了基本制度框架。2017年，《国务院办公厅关于促进建筑业持续健康发展的意见》提出"推动发展工程质量保险"。同年，住建部发文在九省试点推行IDI保险。经过5年多的试点，我国IDI事业取得长足进步，上海、北京、广州、深圳等城市全面推行IDI，建筑质量管理持续提升，IDI业务规模保持高速增长。其中，上海作为我国IDI实践的先行者，通过地方人大立法、完善配套政策、数字化平台精细管理等创新做法，形成"群众满意、企业放心、政府减负"的IDI上海模式，为上海市"走出一条符合超大城市特点和规律的社会治理新路子"作出了贡献。

党的十九届四中全会指出，要推进国家治理体系和治理能力现代化。城市治理现代化是国家治理现代化的重要组成部分，城市更新工程将加快推进。《"十四五"建筑业发展规划》提出："大力发展工程质量保险，积极开展质量保险顶层设计研究，以城市为单位启动新一轮质量保险试点。"IDI发展迎来新的历史机遇。

IDI保险模式不仅是发挥商业保险功能，完善建筑工程质量管理的重要制度创新，也是保险服务城市建设与治理、服务居民财产安全的重要举措。一是IDI保险可发挥保险的社会管理功能，服务我国建筑行业供给侧结构性改革。随着城镇化快速推进，城市建设日新月异，建筑工程质量成为影响城市安全和广大居民生活的重要因素之一。引入IDI保险机制后，保险机构全程参与并提供贯穿住宅工程设计、施工、验收全流程的风险控制，与监理单位共同形成住宅工程质量的"双保险"，可以有效推动建筑行业提升工程质量管理水平，有利于建筑行业提高技术能力和风险管理水平，推动我国建筑行业高质量发展。二是IDI保险可为政府优化城市建设治理提供风险解决方案，不仅是保险业支持城市综合管理的制度创新，而且是政府职能转变的重要体现。相信这项制度能够充分发挥保险的防灾减损和经济补偿功能，有力地促进政府在城市建设治理方面的职能转变。具体来讲，IDI保险与传统的物业保修金制度相比，其杠杆效应能够提供数十倍于物业保修金的高额保障，使政府部门不再需要充当工程质量潜在缺陷的"买单人"和巨额物业保修金的"保管员"，有利于政府部门更好地集中资源开展对住宅建设工程质量的事中事后监督管理，更好地利用商业保险机制全面预防重大质量事故的发生，化解建筑发生的保险责任范围内的各类风险。三是IDI保险可为广大业主提供优质的房屋维修服务体验，用保险服务帮助居民放心置业、安心住家。发生房屋质量问题后，业主可以直接向保险公司报案，由保险公司负责后续维修处置工作，不仅可以有效解决当前物业保修金使用中存在的耗时久、程序多、久拖不决等难题，更能够避免现实中因为责任牵扯不清，最后只能由业主为建筑质量问题买单的情况，让居民得到真正的实惠，有利于减少由此引发的各类纠纷和社会矛盾。

但是，我们也要看到仍有许多制约IDI发展的重大问题。一是在国家立法层面，我国尚未有涉及IDI保险的相关法律法规和制度规范。二是在企业执行层面，TIS 机构与监理单位部分工作重合，TIS 尚无法定地位。三是在保险产品层面，IDI 未配套相关职业责任险，追偿机制难落实等。这些现实急迫的问题，需要各层面认真研究，在实践中因地制宜采取各种措施加以解决。

同时，我们要看到全面推进 IDI 保险发展，是建设工程质量管理理念的重大进步，对提高和完善我国建设工程质量控制、风险管理体系具有重要意义，应当不断总结经验，优化标准，共同推进 IDI 保险发展。一是在立法层面加大政策支持和复制推广的力度。强制投保是 IDI 保险发挥功能作用的核心基础，上海市从土地出让环节入手，明确要求保障性住宅工程和商品住宅工程在土地出让合同中，将投保工程质量潜在缺陷保险列为土地出让条件，为保险制度顺利运行提供了有力的政策支持。若在全国范围内进行推广实施，需要对《建筑法》及其配套法规进行修订，明确 IDI 保险制度的法律地位。二是相关部门主动加强协调，着力完善 TIS 机构管理制度和 IDI 保险相关的财税制度。建议保险监管部门与住建部门加强协作，建立健全 TIS 机构的行业管理规则、业务操作规范、纠纷处理流程和数据交换方法，构建完备的 TIS 机构管理制度体系，促进本土 TIS 机构逐步提升竞争力。为此，建议财政部门加大对保险业支持力度，适时制定 IDI 保险的财务核算规则，明确保费收入确认、TIS 机构费用列支、准备金提取、纳税安排等具体事项，完善 IDI 保险业务的会计制度框架。三是推动 IDI 保险的数据信息平台建设——"公有云"模式。由住建部统筹牵头，会同保险机构、建设单位、施工单位、监理等相关方面，共建共享建筑工程风险和保险数据库，明确数据库的数据维度、标准规范、录入流程和使用方式，确保数据真实性，为保险公司实施供给侧结构性改革、加强产品和服务开发，以及建筑行业实现基于大数据的市场化监管模式转型奠定基础。

《工程质量潜在缺陷保险（IDI）：中国实践》是一本系统讨论 IDI 保险理论与实践的著作。本书对 IDI 的定义和价值、演变过程、国外经验进行了系统梳理，总结中国 IDI 发展实践，甄选上海、北京、浙江、吉林等地 IDI 创新案例，较全面地呈现了我国 IDI 发展取得的成就。针对 IDI 发展面临的问题，本书分析比较 IDI 在国际上的几种模式，对 IDI 是否应立法强制、IDI 推广模式是否应标准化、TIS 与监理如何定位与融合等热点话题进行了探讨，提出了一些前瞻性的观点。本书内容丰富、深入浅出，可为政府监管部门进行 IDI 政策制定和行业管理提供有益参考。

中国再保集团充分发挥国有再保险集团的政治担当和专业价值，为政府部门提供信息系统建设、保险方案设计、标准规范制定等多种服务，协助上海、北京等地政府建设 IDI 数字化平台，获得各方好评。房屋是人民群众最重要的财产和生活保障，IDI 涉及人民切身利益，时间跨度长、牵涉方面多，其运转需要高度关注，确保服务质量，及时解决问题和化解矛盾。在 IDI 开展过程中，需要高度重视平台作用，应用先进技术构建共享性的数字化平台，连接居民、建筑企业、保险公司、TIS 机构、政府等，成为多方参与社会共治的行业基础设施。

当前，我国进入新发展阶段，贯彻新发展理念，构建新发展格局，IDI 保险大发展恰逢其时。我们应当不断探索，不断完善，推动 IDI 制度在中国大地上演绎更多生动实践，让 IDI 保险在城市治理现代化中发挥更大作用。

周延礼

十三届全国政协经济委员会委员

原中国保监会党委副书记、副主席

前　　言

2016 年，我调任中再集团董事长。面对转型发展的新形势，我们提出"一三五"战略，坚持中再姓再，服务国家战略和实体经济。当年 9 月，我带队拜访上海市政府，初步建立了双方在 IDI 领域的合作。如今 5 年多过去了，中再集团与上海市政府在平台建设、课题研究、标准制定等多方面展开深入合作，IDI 上海模式形成全国示范，让人欣慰。

IDI 是保险服务社会治理现代化的典型，引入保险市场化机制，在工程设计和建造阶段即介入，及时暴露和解决建筑质量问题，提升建筑质量，压降未来赔付。一方面，我国已处于城镇化发展的中后期，在"房住不炒"的时代背景下，居民对住房品质的要求日益提高，保险意识增强，IDI 发展前景看好。另一方面，IDI 时间跨度远超普通财产险，长尾风险较大，对保险公司的精算、核保以及风险管理能力带来更大挑战，也对再保人的承保能力、专业素养、数据积累提出更高要求。面对 IDI 等建筑政策型保险业务的蓝海市场，直保公司与再保险公司双方需要携手共进，充分发挥直保行业在政府对接、市场开拓、现场服务方面的优势，进一步放大再保公司在产品创新、精算核保、平台建设等领域的专业优势，提升住房品质，降低社会总体运行成本。

中再集团作为唯一的国有再保险集团，将 IDI 视为服务国家战略、护航美好生活的战略性险种，全力支持行业发展。2017 年 9 月，中再集团受上海政府委托建设我国首个政企共建、跨行业、跨领域的 IDI 信息平台，实现承保、风控、理赔全过程数字化管理。截至 2021 年底，上海市 IDI 平台累计保额达 5000 亿元，上报风险事件 12 万余件，覆盖建筑面积超 1.4 亿平方米，有力支持行业监管与民生服务，助力上海市房屋质量投诉显著下降。平台获得高度认可，推广至北京、阳泉、江阴等地。中再产险成立了专门的 IDI 条线，引进教授级高工、工程领域博士等专业人才，为政府和保险公司提供保险条款设计、承保模式确定、TIS 费用计提、保费计提、准备金提取等整体解决方案。大地保险成立了 IDI 业务部，积极参加课题研究，举办行业研讨会，加快推动 IDI 发展。

在住建部、银保监会的指导下，在各地政府的大力推动下，IDI 已经从上海逐步走向全国，呈现星火燎原之势。在"十四五"开局之年，集团汪小亚董事牵头主编《工程质量潜在缺陷保险（IDI）：中国实践》，对行业发展具有重要意义。这本书的价值不仅在于对 IDI 的发展历史做了系统性梳理，使读者能够快速了解 IDI 的概念、特点、意义、发展现状等，更在于深入分析新形势下我国 IDI 发展面临的问题，借鉴国外发展实践，并结合中国国情，给出有针对性的政策建议。其中部分政策建议具备较强的前瞻性，相信将引发政府主管部门和保险业、建筑业更多有识之士的深入思考和认真探讨。

从国际经验看，IDI 的立法强制似乎是必由之路。展望未来，根植于中国庞大的统一市场，IDI 具备成长为百亿级乃至千亿级民生业务的潜力。实现美好愿景有赖于各方的共同努力，把握好短期和长期的关系，呵护市场的健康稳定发展。中再集团将继续强化服务国家战略和实体经济，统筹好国家利益、社会利益和企业利益，持续增加重大国家战略领域的风险保额、服务人群数量和资金投入，为国家治理体系和治理能力现代化贡献力量。

袁临江
中国再保险（集团）股份有限公司董事长（时任）
2021 年 9 月

导　言

随着经济发展和人口演变，我国人均 GDP 已超过 7.2 万元，住房作为一般消费者可以购买的体量最大、使用周期最长的商品，在我国居民家庭实物资产中占比高达 70%，是居民家庭财富的主要载体和重要的生活保障。当前，我国住房的主要矛盾已经从总量短缺转变为结构性供给不足，住房需求已从过去的"有没有"逐步提升为"好不好"，人民群众对住房质量和环境提出了更高要求，住房品质成为影响人民群众安全感、获得感、幸福感的重要因素。但是，住宅工程领域存在的质量问题，对人民群众的居住体验产生了较大影响，成为我国居民住房的普遍性"痛点"。同时，在传统监管模式下，住房发生质量问题后的维权、事故处理等事宜，也极大地耗费居民家庭和政府的时间和精力。

面对这一"痛点"，2003 年建设部印发《关于加强 2003 年工程质量工作的意见》，2005 年原建设部、原保监会联合发布《关于推进建设工程质量保险工作的意见》，为我国进一步推行工程质量保险进行了顶层设计。2011 年、2012 年，上海市分别通过了《上海市建设工程质量和安全管理条例》《关于推行上海市住宅工程质量潜在缺陷保险的试行意见》，并在各方主体的共同努力下，成功开展了国内首个工程质量潜在缺陷保险（Inherent Defects Insurance，IDI）试点项目，中再产险提供再保支持。在试点的基础上，上海市于 2016 年6 月发布《关于本市推进商品住宅和保障性住宅工程质量潜在缺陷保险的实施意见》，在全国率先推出了 IDI 保险制度。中再集团作为上海市 IDI 课题组副组长单位，在上海市政府的大力支持下，积极推动保险的供给侧改革和产品创新，凭借在 IDI 领域的科技、数据等专业优势和再保险独特的中立地位，为上海市搭建了 IDI 信息平台并提供独家技术支持，打造住宅建筑工程质量管理的新模式，形成了行政机制与市场机制相结合、社会共治、多方共赢的"上海模式"。

"上海模式"的 IDI 保险制度，通过导入"保险＋服务＋科技"理念，利用质量风险管理机构（Technical Inspection Service，TIS）以及 IDI 信息化大数据平台两大抓手，切实提升了建筑工程质量，缓解了建设单位流动资金压力，有效助力了政府职能转型，大幅改善了广大居民的居住及维修体验，最大限度地维护了居民业主的权益。第一，TIS 机构作为建筑工程质量风险管理的第三方机构，受保险公司委托，以充分降低质量风险发生的概率和损失为目标，从项目勘察设计阶段至项目竣工投入使用阶段，提供全过程的质量风险管理，持续推动项目提升工程质量。第二，建设单位投保 IDI 可免予缴纳物业保修金，而 IDI 保费远低于物业保修金，节省的资金可有效缓解建设单位的现金流压力。第三，一旦在责任期内出现质量责任事故，居民业主只需联系保险公司，即可第一时间获得保险公司的上门勘察及后续的专业质量维修服务，避免各方责任主体的避责、延宕和诿过行为。第四，保险公司对 IDI 合同约定的质量缺陷进行维修或赔偿后，有权依法对造成质量缺陷的责任单位实施代位追偿，从各责任主体获取应得补偿，极大地减轻了居民业主追偿的负担，也将政府相关部门从事故处理的具体事务中解脱出来。第五，IDI 信息平台连接政府、建设单位、保险公司、居民业主等各方主体，将 IDI 保险的运营进行全过程在线化管理，实现业主实时报案、保险公司及时处理维修、政府全程监督的动态闭环。同时，IDI 信息平台还可在线宣导和解读相关政策、全面归集项目风险数据、量化评价考核 TIS 机构等，形成良性互动的多方共治生态。

在上海市成功试点的基础上，全国多个省市纷纷加速推动 IDI 保险制度的实施工作。北京市在 2019 年推出了 IDI 强制保险制度，在全市新建商品住宅工程和保障性住宅工程中实施，并委托中再集团建设 IDI 信息平台。广州市在 2020 年推出 IDI 强制保险制度，覆盖全市新建商品住宅工程和保障性住宅工程，并正在规划建设 IDI 信息平台。海南省 2020 年在省内开展 IDI 保险试点工作，已有多个项目落地。

经过几年的实践，IDI 保险作为服务建筑业高质量发展的民生型险种，努力践行"人民城市人民建，人民城市为人民"的理念，切实保障和改善民生，加快推进城市治理现代化，基本实现了"服务行业有提升、服务群众上水平、服务政府有作为"的目标。从实践总结看，IDI 不是一个单纯的保险产品，而是综合了工程领域和保险领域的专业知识，是一整套由参建责任主体、保险人、TIS 机构、住建质检部门以及居民共同组成的社会共管共治风险保障体系，涉及的参与方多、流程覆盖面广，推广的复杂性和挑战性极大，而这也正是全面提升建筑业工程质量新发展格局的难点所在。

作为中再集团 IDI 业务领导小组组长，我有幸见证了 IDI 在我国试点实施中不断发展与完善的过程，同时也注意到了 IDI 推广所面临的诸多困难。比如，IDI 是否需要强制性实施、各个试点地区方案如何差异化以及我国建筑行业质量风险数据匮乏等问题。在本书中，作者直面问题，汇集各方智慧、结合自身实践，提出了 IDI 在中国推广的中再方案：IDI 的实践推广需要坚持"政府引导、市场运行、先行先试、稳步推广"的思路，需要各参与方特别是政府部门的通力合作，强化顶层设计、政策引领、数据积累和产品创新，逐步实现建筑业高质量发展的良性循环。在新发展阶段，如何以新发展理念，解决我国住房的主要矛盾，需要我们共同行动。中再集团作为中国再保险行业的主渠道、主力军，将始终坚持以人民为中心，以服务国家战略、保障社会民生为战略主线，着眼建筑质量的核心问题，充分凝聚政府、行业、社会各方力量，深化互利合作，与各方一道，不断加速 IDI 保险制度的供给创新和推广落地，共创保险业、助力建筑业高质量发展的新未来。

和春雷
中国再保险（集团）股份有限公司总裁（时任），现任董事长
2021 年 9 月

目　　录

第一章　工程质量潜在缺陷保险概述

第一节　工程质量潜在缺陷保险（IDI）的界定

一、工程质量潜在缺陷保险（IDI）的定义

工程质量潜在缺陷保险（Inherent Defects Insurance，IDI）是指由工程建设单位投保，保险公司根据保险条款约定，对在保险责任范围和责任期限内出现的，由于工程质量潜在缺陷所导致的投保建筑物损坏而履行赔偿义务的保险。

理解本定义有两个要点，一是保险责任范围和责任期限的设置问题。只有合理设置保险责任范围和责任期限，才能保证 IDI 的长期健康发展。二是潜在缺陷是指因勘察、设计、施工、监理及建筑材料、建筑构配件和设备等原因造成的工程质量不符合工程建设标准、施工图设计文件或合同要求，并在使用过程中暴露出的质量缺陷[①]。

从 IDI 的定义可知，构成 IDI 保险责任事件需同时满足三个要素条件：特定的事故起因、责任标的和责任结果。

IDI 特定的事故起因，即建设工程质量潜在缺陷，指建设工程在竣工验收时未能发现的，因勘察、设计、施工、监理及建筑材料、建筑构配件和设备等质量原因造成的，不符合施工图设计文件、工程建设标准和合同要求，而在正常使用过程中暴露出的工程质量缺陷。按照 IDI 标的类型不同可划分出不同缺陷：即结构工程缺陷、保温防水工程缺陷和附加工程缺陷（如装饰装修工程缺陷、设备管线安装工程缺陷等）。

[①]　《北京市住宅工程质量潜在缺陷保险暂行管理办法》（京政办发〔2019〕11 号），2019.

IDI 特定的责任标的，即整个被保工程项目。同样，按照 IDI 标的类型的不同也可划分为不同标的，即结构工程标的、保温防水工程标的和附加工程标的（如装饰装修工程、水电管线等）。这里需要特别说明的是，如果工程造价清单中未包含相关标的（如投入使用后业主自行加建结构），则不属于 IDI 保险责任覆盖范围。

IDI 中特定的责任结果，即对保险标的造成的物质损失。主要是指被保险建筑物标的在遭受保险事故后，产生明确的物理性破损，如结构破损或渗漏。建筑标的破损和渗漏等物质损失往往普遍存在而又难以彻底解决，是一种基本保险需求，同时也正是 IDI 要解决的核心问题。

附 1.1　关于 IDI 定义之争

1. "建设工程" 与 "建筑工程"

关于 IDI 的定义，是 "建设工程" 还是 "建筑工程" 的潜在缺陷质量保险，一字之差却区别明显。

在调研中，课题组发现，有的机构用 "建设工程" 概念，如慕尼黑再保险北京分公司（简称慕再）；有的机构更强调用 "建筑工程" 概念，如法国再保险北京分公司（简称法再）。法再认为，IDI 在全球可以承保各种类型的建筑物，如房建、桥梁、隧道等，只要有主体结构都可以。

从中文字面来看，"建设" 是指为建立、设置或陈设布置或创建新事业或增加新设施。"建筑" 是建造而成的东西，是人为创造的一种供人们从事各种活动的环境空间，又指人工建筑而成的资产，属于固定资产范畴，包括房屋和构筑物两大类，构筑物是指房屋以外的工程建筑，如围墙、道路、水坝、水井、隧道、水塔和烟囱等。"建设" 与 "建筑" 的区别是，建设是行为性的，多用于动词，偶尔也能用于名词，而建筑是物质性的，多用于名词，偶尔用于动词。

"建设工程" 包括一切建筑物、构筑物的新建、扩建、改建。建设工程按自然属性可分建筑工程、土木工程和机电工程三类，涵盖房屋建筑工程、铁路工程、市政工程、煤炭矿山工程、水运工程、海洋工程、民航工程、商业与物质工程、农业工程等。"建筑工程" 是仅指工业与民用建筑物的新建、扩建、改建，如住宅、商场、剧场、工厂车间等，而桥梁、水利枢纽、铁路、港口工程以及不是房屋建筑相配套的地下隧道等工程均不属建筑工程范畴。

可见，建设工程是更大而且广泛的概念，建筑工程是建设工程中的一部分，范围相对窄一些，有时专指房屋之类的建筑物，如住宅、厂房、剧院、旅馆、学校、医院等。

鉴于目前IDI的应用范围主要是与房屋有关的建筑物的潜在缺陷保险，本书更倾向于用"建筑工程"这一更狭义的概念，但有时也用"建设工程"。

2."潜在缺陷"与"内在缺陷"

在IDI的定义中，"Inherent"原意是固有的、内在的。但如果将Inherent Defects Insurance直译为"内在缺陷保险"，就与中文含义不一致了。因为"内在"是指事物本身所固有的，而"潜在"的意思是存在于事物内部尚未显露出来的，是不容易发现或发觉的。潜在缺陷又称潜在瑕疵，是指虽恪尽职责，但仍未能发现的缺陷或瑕疵。所以，课题组认为，将IDI理解为未被发现的而不是固有的缺陷更贴切些。

二、工程质量潜在缺陷风险

工程质量潜在缺陷是指建设工程在竣工验收时未能发现的，因勘察、设计、施工、监理及建筑材料、建筑构配件和设备等质量原因造成的不符合施工图设计文件、工程建设标准和合同要求，并在正常使用过程中暴露出的工程质量缺陷。

工程质量潜在缺陷风险是由工程质量潜在缺陷引起的风险，主要包括地质勘察或地基处理风险、设计风险、施工风险、建筑材料风险以及维护使用风险等。

（一）地质勘察或地基处理风险

地质勘查或地基处理失误往往会导致严重的质量缺陷，通常可导致建筑物沉降过大或不均匀沉降，并导致结构裂缝、构件破坏、建筑物倾斜或倒塌等。具体表现为：（1）地质勘察不准确，过高估计地基的容许承载力；（2）地质勘察报告不详细、不准确，导致采用错误的基础方案。如基岩面起伏变化较大时，软土层厚薄相差甚大，若地质勘察钻孔间距太大、深度不够，则不能查明软土层、滑坡、孔洞等地层特征，从而导致基础方案错误；（3）对软弱土、冲填土、杂填土、湿陷性黄土、膨胀土、溶洞、土洞等不均匀地基未进行处理或处理不当等。

（二）设计风险

各个专业的设计错误都可能造成严重的质量缺陷。设计错误表现为：（1）结构方案选择不正确；（2）计算简图与结构实际受力不符，荷载取值过小，内力分析有误；（3）设计假定和施工实际情况不符；（4）构造不合理，如沉降缝与伸缩缝设置不当；（5）设计计算错误、荷载、内力计算错误；（6）未做结构抗倾覆验算；（7）结构细部构造疏忽；（8）防水工程设计错误；（9）电气、给排水等设备管线的设计错误等。

（三）施工风险

施工风险包括施工管理风险和施工工艺风险。其中施工管理风险包括：（1）施工图纸会审、设计变更、技术核定、技术交底等制度不完善或不能得到严格遵守；（2）不按图纸设计要求施工，任意修改设计，甚至无图施工；（3）施工人员不具备上岗的技术资质，不按有关操作规程或施工验收规范施工；（4）质量管理体系不完善，不重视质量检查或验收工作等；（5）不合理地压缩工期，造成施工工艺和施工组织上的不规范或错误等。施工技术风险包括各种建设工程和安装工程的施工工艺缺陷风险。包括桩基工程、混凝土工程、预应力混凝土工程、钢结构工程、屋面防水工程以及各类安装工程等施工工艺风险。

（四）建筑材料风险

建筑材料风险包括材料不适用风险和材料本身质量不合格风险。水泥、混凝土、砌块、砂、石、承重构件等结构材料及构件，和防水材料、管线、电气设施等材料设备，如不适合或不合格，极易导致工程质量缺陷的发生。

（五）维护使用风险

维护使用风险包括建筑物维修不当或非正常使用所带来的风险。维修不当是对原有建筑物任意改建、加层，进行削弱承重结构截面的开槽、打洞以及任意改造电路、管线等。非正常使用包括不适当地改变建筑用途，使用荷载超过原设计规定值等①。

---

① 赵海鹏．房屋质量保险制度的研究［D］．上海：同济大学，2006.

三、工程质量潜在缺陷的风险管理

工程质量潜在缺陷的风险管理，一般简称"工程质量风险管理"，是指为了降低风险的负面影响而进行工程质量管理的决策和实施过程，即通过对风险的识别、评估与处理，并根据风险处理所反馈的信息，不断优化风险识别、评估与处理策略，避免风险向下传递或减少风险损失的工作。

（一）工程质量风险管理的主要环节

在工程质量风险管理领域中，风险识别是在建设工程全生命周期中对风险因素进行识别、定义、分类的过程；风险评估是在风险识别的基础上对风险事故发生的概率以及风险事故可能造成损失的概率、程度等进行评估的过程；风险处理则是在完成风险识别和风险评估后选择相应的风险管理方法。

1. 工程质量风险的识别

风险因素的来源可以分为经济、技术、环境、合同四个方面。按照实施过程顺序，建设工程全生命周期可以划分为决策阶段（包括可行性研究、项目评估决策）、实施阶段（包括招投标、勘察设计、建造施工、竣工验收）以及使用阶段三部分，各个阶段都需收集信息、分析不确定性、确定风险来源和评定风险等级。

2. 工程质量风险的评估

识别出潜在工程质量风险因素后，还需对风险因素进行评估，以明确可能形成的风险事故及风险损失。风险评估可以分为风险估计和风险评价两方面：前者定性估计风险是否发生和风险状态的严重程度，后者定量评价风险事故可能性值和风险事故损失值。具体而言，风险评估首先需分析单个风险因素的影响范围、发生时间与风险结果；而后在此基础上考虑各种风险因素相互关联所产生的风险组合，综合评估风险事故的发生频率和严重程度，以及对工时工效、经济成本、品牌形象的影响程度。

3. 工程质量风险的处理

根据阶段不同，风险处理可以分为事前预防、事中监控和事后补偿三类；根据手段不同，风险处理可以分为行政手段、经济手段和技术手段三种；根据方式不同，风险处理可以分为控制型风险处理（包括风险规避、风险化解、风险遏制、风险转移、风险应急、风险削减等）和财务型风险处理两类。概而言之，项目管理人员在全面识别工程质量风险因素的基础上，对潜在风险进行动态评估与实时监控，而后合理选择风险应对策略，尽量避免或者降低工程质量风险发生概率，以保证建设工程顺利完工并成功交付应用。通过对工程质量风险的处理，减少存在的风险源、解决潜在风险造成的影响，从而避免工程项目在建设过程中的财产损耗与人员伤亡情况，最大限度地降低工程质量风险产生的损失，最终实现减少工程建设所需成本、提升工程整体质量、及时形成经济效益的风险处理目标。

（二）我国工程质量风险管理的模式演进

1931 年美国管理协会保险部首先提出工程质量风险管理的概念，并成立纽约保险经纪协会，定期讨论有关风险管理的理论与实践，该协会的成立标志着风险管理学科的兴起。"二战"以后，随着第三次工业革命的迅猛发展，新技术、新材料在企业中广泛应用，面临的工程质量风险日益凸显，风险管理的需求也与日俱增。1963 年和 1964 年，美国先后出版了《企业的风险管理》和《风险管理与保险》，正式拉开了风险管理学系统研究的序幕。

1. 项目风险管理

20 世纪 80 年代，工程质量风险管理理论开始引入我国。随后，项目风险管理研究和应用在国内许多领域开始实施，风险管理俨然已经成为建设项目质量管理学科的重要组成部分。随着进一步的研究发展，项目风险管理理论的应用逐渐普及化、大众化。

2. 工程建设监理制度

20 世纪 90 年代初期，随着"三资"（中外合作、中外合资、外资）工程项目逐渐增多，为适应新的市场需求，我国在 1996 年正式建立工程建设监理制度。经过二十多年的实践，已经形成一套通用性强、体系成熟的风险管理模式，即建筑项目法人责任制下的工程建设监理制，主要是由监理单位代替建设单位行使工程质量风险管理监督检查权。

但是，随着建筑市场越来越多地呈现出投资主体多元化、技术工艺复杂化、建筑材料新型化以及建设规模大型化等特点，建设工程所面临的质量风险越来越大，工程质量事故仍时有发生。以工程建设监理制为主的工程质量风险管理模式存在不少问题。（1）监理环节重施工而轻勘察设计。当前我国的工程监理大多集中在施工阶段，对工程初期的勘察设计疏于监管，这就无法对勘察设计阶段的质量风险进行预控，从而对工程的后期质量造成影响。（2）监理人员的资质管理不严格。由于建筑市场缺乏一定的规范性，加之市场竞争日趋激烈，对监理人员的资质管理存在出卖资质、低质高挂、非法转包、专业能力良莠不齐等现象，这也严重影响我国建设水平的提高。（3）监理报告缺乏独立性。由于监理公司是接受建设单位的委托，在工程建设过程中经常会出现建设单位跳过监理合同规定的权限，直接干预施工过程的行为，监理公司出具的监理报告就无法保证独立性、公正性，这就难以充分发挥对工程质量的监督作用，甚至会纵容施工单位和监理单位"暗度陈仓"，从而导致现行制度下的工程建设质量责任有名无实，难以落实①。

3. 引入保险机制

基于现有以工程建设监理制为主的工程质量风险管理模式存在诸多问题，工程质量风险管理模式改革势在必行。宏观监管部门积极发挥行政手段和经济手段的作用，一方面从落实工程质量责任、改革工程建设组织模式、完善工程建设标准体系等入手，建立健全工程质量风险管控体系，从源头上提高工程质量风险防范意识；另一方面积极使用保险这一经济手段，通过施工期间的建筑工程一切险和安装工程一切险、缺陷责任期内的工程质量保证保险、缺陷责任期后的 IDI 保险以及相关职业责任保险等多类保险，努力密织"工程质量网"。

4. 探索 IDI

2003 年，原建设部借鉴法国、西班牙等国外 IDI 制度的成功经验，提出在我国现有的建设工程质量风险管理体系中引入 IDI，在北京等城市开展了住宅 IDI 的试点工作。2012 年，IDI 在上海试点开始后，得到较快发展。特别是上海市住建委、金融办和保监局三部门于 2016 年正式颁布（沪府办〔2016〕50号）文件，将 IDI 作为强制性保险在上海部分地区推行。2017 年 8 月 22 日，住建部发文《住房和城乡建设部关于开展工程质量安全提升行动试点工作的通知》（建质〔2017〕169 号），提到 9 个 IDI 试点地区：上海、江苏、浙江、安徽、山东、河南、广东、广西、四川。上述 9 个省份试点工作均有进展，除了住建部上报的这 9 个省份之外，山西、北京、海南等试点工作也均有突破。

将 IDI 制度引入工程建设质量风险管理中，一方面，可通过保险实现对工

---

① 汪琨. 建筑工程质量保险在建筑工程项目风险管理中的应用研究［D］. 青岛：青岛大学，2018.

程质量风险的有效分解，将约定的质量责任转移至保险公司；另一方面，保险公司通过委托独立的风险管理机构，将新的质量风险管理的模式引入传统的建设工程质量管理中去，与监理制度互补，最大限度地减少风险发生的可能性，降低风险损失。引入 IDI 制度，建立新的建设工程质量风险管理模式，其目标实质上是为了实现市场和项目的有效联动，使得各种不同种类的资源能够进行有效整合，从而实现建设工程与社会双重效益。

（三）我国工程质量风险管理的制度建设

改革开放以来，随着我国经济建设的大规模进行，建筑业迅速发展，规模不断扩大。建筑业在完成大量建设任务、保障经济发展和改善人民居住条件的同时，由于受传统计划经济的影响，又缺乏相应的法律规范，出现了一些亟待解决的问题：如建筑主体行为不规范、发包方拆分招标、承包商违法转包、盲目压缩工期、建设材料偷工减料等，导致建设工程质量事故不断发生，严重侵害了住户的合法权益，在社会上也造成了不良影响。为了解决建筑活动中出现的严重问题，我国重点加强对建筑质量监督管理的制度建设。

1. 出台《建筑法》

1997 年 11 月全国人大常委会通过了《中华人民共和国建筑法》（以下简称《建筑法》），这部法律要求施工单位和建设单位对建设工程地基基础和主体结构工程质量终身负责，并明确了保修项目。《建筑法》的颁布，保证了国家从法律上对建筑活动实施统一的管理，从投资体制、价格政策、市场机制等多方面予以保障，为建设工程质量管理奠定了坚实的法律基础[①]。

2. 颁布《建设工程质量管理条例》

为了解决政府对于建设工程质量全过程参与导致质量责任不明等问题，国务院于 2000 年 1 月颁布了《建设工程质量管理条例》（以下简称《条例》），这是第一部与《建筑法》相配套的行政法规，也是中国第一部专门规范工程质量的行政法规。《条例》确立了我国建设工程的质量管理体系，是我国工程建设领域必须建立的适应市场要求的法规体系中一个重要组成部分。

《条例》明确了工程建设五方主体的质量责任，即建设单位、勘察单位、设计单位、施工单位、工程监理单位依法对建设工程质量负责，形成了建设工

---

① 《中华人民共和国建筑法》，全国人民代表大会常务委员会，1997.

程质量的责任保证体系。

《条例》强化了工程监理在保证工程质量中的作用，明确规定"未经监理工程师签字，建筑材料、建筑构配件和设备不得在工程上使用或者安装，施工单位不得进行下道工序的施工"。

《条例》明确了工程质量的保修制度，指出"基础设施工程、房屋建筑的基础、主体工程的保修年限为设计文件规定的该工程的合理使用年限"。

《条例》规定在市场经济条件下，国家对工程质量的监督管理制度。主要是监督工程建设各方的行为和执行国家强制性技术标准，以及涉及建设工程中的地基基础、主体结构安全和主要建筑功能①。

3. 制定系列文件和规定

为进一步加强工程质量管理工作，围绕贯彻《条例》，根据工程项目不同阶段，原建设部制定了建设工程质量管理的一系列文件和相应制度。

第二节　IDI 的由来与演变发展

一、IDI 的由来

1. 19 世纪初，法国《拿破仑法典》第一次对建筑的质量责任期限作出规定

目前公认最早实行工程质量保险制度的国家是 19 世纪初的法国。1804年，法国《拿破仑法典》（*Napoleonic Code*）提出规定，要求法国的建造者要为其建造的房屋十年内出现的质量问题承担经济赔偿责任。这是第一次有法典对建筑的质量责任期限作出规定。在此之前，众多国家法典都将建筑责任期规定为终身制，这标志着法国《拿破仑法典》大大提升了质量责任落实的现实意义，更具有可行性。

"一战"结束后，法国进入了大规模的工程建设时期，建筑业的发展达到了新的高度。建筑业高速发展的同时也伴生了一系列的房屋质量问题，不但增加了建筑后期维护修理费用，还引起各种矛盾纠纷，增加了建设成本。为了解

---

① 《建设工程质量管理条例》，中华人民共和国国务院令第 279 号，2000.

决这些纠纷以及有效提升建筑质量，法国政府开始转而寻求行之有效的房屋缺陷责任落实方法，并在1928年正式建立房屋质量缺陷责任的保险体系，要求建筑承包商与建筑商投保责任保险。该责任保险制度以《拿破仑法典》作为法律基础，同时也是现代建筑IDI的前身。

2. 20世纪中后期，法国《斯比那塔法》首次对建筑质量保险给予定义

至20世纪70年代，建设工程依然广泛出现开裂、渗漏等质量问题，且存在建设工程竣工后找不到建设单位和施工方的现象，无法有效落实建设单位和施工方质量责任。针对这种情况，法国在1978年制定了《斯比那塔法》（Spinetta ACT）。此法对《拿破仑法典》进行了全面的修订，首次以法律条文的形式对建筑质量保险进行了明确定义，为强制投保IDI奠定了法律基础①。

《斯比那塔法》主要包含三个方面内容：（1）法定责任。该法规定参建各方都对建筑负有质量责任，包括建筑结构牢固性，影响人员安全、渗漏、保温以及噪声控制等建筑功能的质量问题。（2）强制保险制度。《斯比那塔法》进一步完善了工程质量保险机制，创新性地提出参建各方十年责任险，并将工程质量潜在缺陷保险和十年责任险均列为强制性险种。（3）强制技术监督。对建设工程质量进行风险评估和控制是保证IDI发挥作用的必要条件。《斯比那塔法》还明确必须实行技术监督的工程有三类，包括公共建筑、超过规范标准建筑，以及高度、跨度、基础埋深等超过限制的特殊结构建筑。

由此，工程质量保险制度在法国不断推进和完善，并随着法国建筑业进军欧洲市场而得以传播和推广。

二、IDI 的演变发展历程

1. 20世纪末，IDI 从法国进入欧洲各国

在20世纪90年代，伴随着法国建筑承包商进军东欧与中欧建设工程市场，这种建筑质量缺陷责任保险体系也得到了充分发展，被世界其他国家大量引入，包括西班牙、意大利、英国、芬兰、比利时、菲律宾、巴西、瑞士、沙特阿拉伯、加拿大以及突尼斯等国，只是在具体称谓上存在一定差异，比如法

---

① 徐波，赵宏彦，高小旺，等. 法国建筑工程质量保险体系和实施情况［J］. 工程质量，2004（8）.

国与西班牙称为"十年保险",而英国则称为"内在缺陷保险"或"潜在缺陷保险"。

2. IDI 在欧洲各国的调整与创新

(1)法国调高费率。法国 IDI 实施的开始几年,保险费率为建设工程总造价的 1.0%～1.5%（不含税）,费率设置较低,加之保险运作不规范,运行十年间出现行业性巨额亏损,后费率调整为 3% 左右。

(2)西班牙设置适当的免赔额。1999 年,西班牙开始强制推出 IDI 制度。西班牙充分参考借鉴法国建筑质量保险模式经验,并根据自己的国情作出调整和创新。主要体现在西班牙 IDI 只推行工程质量潜在缺陷保险,未强制十年责任险;同时在保险中合理设置免赔额,大大降低保险赔付率,以吸引保险公司参与。

(3)意大利指定运用范围。2000 年,意大利通过 *Merlori* 法案的颁布与实施开始引进 IDI 制度。与法国、西班牙不同的是,意大利将工程质量保险运用于公共建筑领域,这主要是出于对公共利益保护的目的。

在此之后,日本、英国、澳大利亚等世界二十多个国家陆续借鉴法国保险制度引进 IDI,并根据各自国情演变出不同特点。

3. IDI 已有百年历史

总体来看,从最早的 1804 年工程质量保险萌芽诞生至今,IDI 已经经历了200 多年的历史,其保险种类、标的范围、保险费率等都经过复杂的演变和发展,逐渐在世界各地生根发芽。

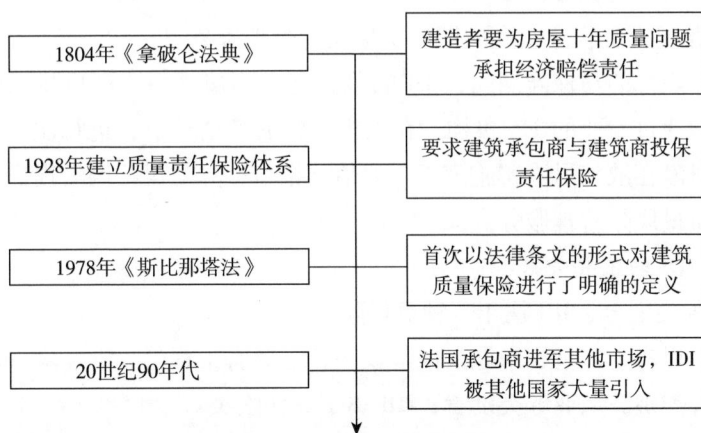

1804年《拿破仑法典》	→	建造者要为房屋十年质量问题承担经济赔偿责任
1928年建立质量责任保险体系	→	要求建筑承包商与建筑商投保责任保险
1978年《斯比那塔法》	→	首次以法律条文的形式对建筑质量保险进行了明确的定义
20世纪90年代	→	法国承包商进军其他市场,IDI被其他国家大量引入

图 1.1 IDI 的由来与发展

第三节　IDI 与建筑业其他险种的比较

一、IDI 的主要特点与关系

IDI 是由保险公司向建设单位提供的、保证在保修范围和保修期限内出现的由于工程质量潜在缺陷所导致的投保建筑物损坏履行赔偿义务的保险。

（一）IDI 的三大特点

1. 保险标的为因"潜在缺陷"导致的建筑物损坏赔偿

依据"潜在缺陷"的概念，这类缺陷风险往往具有较强的隐蔽性，即便经过专业的竣工验收也难以完全发现。同时，这类风险一旦引发相应的质量风险事故，其事故损失往往十分严重，包括建筑物本身的财产损失、相应人员伤亡或财产的经济赔偿损失。IDI 以"工程质量潜在缺陷所导致的投保建筑物损坏履行赔偿义务"为保险标的，能够通过有效的风险管理与保险理赔服务，较好地防范与应对各类"潜在缺陷"造成的工程质量风险。

2. 保险期间较长，保险保障作用更长效

IDI 的保险期间较长，最长可达十年。对建设单位来说，这是一个较为关键的保障时间段。一般因设计、施工工艺或材料等缺陷导致的工程质量事故在这个阶段发生的概率较高，而 IDI 有着长达十年的保险期间，为建设工程质量风险提供了有效的保险保障。

3. 覆盖建设工程全生命周期的质量风险管理服务

除了保险标的与保险期间，IDI 的最大亮点当属其引入的质量风险管理服务机制，即通过专业的 TIS 机构，在工程实施的各个环节，进行质量监控、风险管控，对潜在缺陷风险实施辨识、评估、报告，并对风险因素提出控制、处理建议的质量风险管理服务。

（二）IDI 的主要关系

1. 从种类划分，IDI 属于一种责任险

建设工程在生产过程中涉及保险较多，主要有工程险、责任险、保证险和意外险四大类别。从业务类别看，IDI 属于责任险类。

2. IDI 的投保人一般是建设单位

从生产周期看，建设工程行业可分为策划决策阶段、勘察设计阶段、施工

12

准备阶段、施工阶段以及竣工验收阶段。

从参与方看，建设工程一般包括建设单位、勘察单位、设计单位、施工单位、监理单位、供应商及最终使用方等。其中，建设单位、勘察单位、设计单位、施工单位、监理单位作为建设工程领域的五方责任主体，接受建设工程质量的终身责任追究。而 IDI 的投保人一般为工程的建设单位，被保险人一般为建设工程所有权人（见表 1.1）。

表 1.1　　　　　　　　　　**建设工程各参与方及参与阶段**

参与方	决策阶段	实施阶段				使用阶段
		勘察设计	施工准备	施工	竣工验收	
建设单位						
勘察单位						
设计单位						
施工单位						
监理单位						
供应商						
最终使用方						

注：虚线代表主要是配合性工作。

3. 从市场角度，IDI 的潜在市场规模较大

党的十九届五中全会提出，"十四五"时期经济社会发展要以推动高质量发展为主题，这是根据我国发展阶段、发展环境、发展条件变化作出的科学判断。未来，通过市场化运作模式管理工程质量是政府职能转变的必然趋势。中国 IDI 市场将进入加速发展时期。

二、IDI 与其他建筑业相关险种的区别和联系

由于工程建筑活动的专业性、复杂性和高风险性，建设相关责任方普遍面临较为严峻的工程质量风险、财产损失风险、安全生产风险及合同履约风险。工程保险是现代工程建筑风险管理的重要保障工具之一，能够帮助建筑企业有效规避和减少各类风险事故带来的损失。建设工程领域常见的保险包括 IDI、工程财产保险、安全生产保险、工程保证保险等险种体系。

（一）建设工程领域常见的其他保险

1. 工程财产保险

工程财产保险即建筑（安装）工程一切险，是指以工程项目（包括建筑物本身、建筑材料、工程机械等）在整个施工（安装）期间因自然灾害和意外事故造成的物质损失，以及被保险人依法应承担的第三者人身伤亡或财产损失的民事损害赔偿责任为保险标的的工程保险。

从概念来看，建筑（安装）工程一切险具有明显的综合性财产保障属性，即集财产损失险（物质损失保障）与责任险（民事损害赔偿责任保障）于一体。

财产损失保障部分，建筑（安装）工程一切险具有较广的保险标的范围。二者并不针对某一特定的保险标的风险（如建筑物本身的损毁风险，或建筑材料的损毁风险），而是只要在保险合同明细表中分项列明的保险财产，都可以成为其保险标的，如建筑物本身、建筑材料、各类工程机械、临时建筑物、施工范围内的绿化苗木等损失赔偿。

责任险保障部分，建筑（安装）工程一切险在保险期间与保险责任范围内，负责赔偿因保险事故导致工地范围内及工地附近地区的第三者人身伤亡、疾病或财产损失。

2. 安全生产保险

安全生产保险是指以各类安全生产事故对相关人员的人身生命安全以及企业生产经营单位合法权益为保障目标的商业保险。主要险种包括建设工程意外伤害保险、雇主责任保险与安全生产责任保险。

安全生产保险能够以保险理赔的形式对相关人员及其家属提供有效赔偿保障，无论对于伤残人员的医疗恢复，还是相关人员家属未来的生计生活都有着重要意义。此外，如雇主责任保险和安全生产责任保险，两类安全生产险种都能够以保险补偿金的形式代替企业雇主应承担的相关赔偿责任；同时，安全生产责任保险还能够为企业雇主提供有效的事故风险预防服务，从源头上防止、规范安全生产事故的发生，提高企业安全生产风险管理能力。

3. 工程保证保险

工程保证保险，是以建设工程合同履约行为为标的的合同保证保险，当投保人因作为或是不作为导致未履行约定或法定义务，给被保险人造成损失时，由保险人向被保险人赔付。主要包括建设工程投标保证保险、建设工程施工合同履约保证保险、建设工程质量保证保险、农民工工资支付保证保险、建设工程施工合同预付款保证保险、业主合同款支付保证保险等。

工程保证保险是目前国家在政策上大力推动的主要工程担保方式之一，能够有效地帮助相关活动主体转移合同履约风险，释放建筑企业长期被占用且难以追回的各类巨额工程保证金，有利于企业资金的有序运作，降低企业经营风险；同时工程保证保险不占用企业银行授信，企业可以扩大其在金融机构的融资规模，获得企业发展急需的资金，对于建筑施工企业有着重要价值意义。

（二）IDI 与其他建筑业相关险种的区别

1. 保险标的不同

IDI 的保险标的是工程质量，工程财产保险的标的是财产损失和民事损害赔偿责任，安全生产保险的标的是工程安全，工程保证保险的标的是工程保证。

2. 保险期限不同

IDI 的保险期限为竣工后 10 年，工程财产保险和安全生产保险的保险期限为施工阶段，工程保证保险的保险期限为施工阶段或工程质量缺陷责任期（竣工后 2 年）。

3. IDI 的比较优势

可以看出，IDI 与其他建筑业相关险种区别主要是保险标的和保险期限（见表 1.2）。（1）在保险标的方面，IDI 主要保障由于质量缺陷导致的建筑质量问题。一方面，通过引入新型风险管理机制，在工程实施的勘察、设计、施工、竣工等各个环节，对建设工程进行质量监控、风险管控，能够进一步落实工程参建单位的质量责任，有效提升建筑质量；另一方面，建立合理的保险理赔服务，当投保建筑出现质量问题时，业主可直接向保险公司索赔，保险公司第一时间组织维修并先行赔付，可避免因建设单位或施工单位履行维修责任不到位而带来的不良社会影响。而其他险种分别保障财产损失、工程安全及合同履约等。（2）在保险期限方面，IDI 提供较长的质量风险保障。一方面，IDI提供长达十年的质量风险保障，根据国外经验，十年保障期能够有效覆盖工程质量大部分风险，为建设工程质量风险提供有效保险保障；另一方面，十年责任期使 IDI 具备类寿险属性，资金留存期往往在 15 年以上，资金运用价值大。

而其他险种主要是保障施工期间或工程质量缺陷责任期（竣工后 2 年）的短期风险。可以看出，IDI 在建筑领域尤其是建筑质量领域起到核心险种的作用。

表 1.2　　　　　　　　　IDI 与其他建筑业相关险种的区别

保险体系	保险险种	保险标的	保险期限
IDI	IDI	工程质量	竣工后 10 年
工程财产保险	建筑工程一切险 安装工程一切险	财产损失、民事损害赔偿责任	施工阶段
安全生产保险	建设工程意外伤害保险 雇主责任保险 安全生产责任保险	工程安全	施工阶段
工程保证保险	建设工程投标保证保险 建设工程施工合同履约保证保险 建设工程质量保证保险 农民工工资支付保证保险 建设工程施工合同预付款保证保险 业主合同款支付保证保险	工程保证保险	施工阶段 或工程质量缺陷责任期（竣工后 2 年）

（三）IDI 与其他建筑业相关险种的联系

各工程类险种既有区别又彼此紧密联系，比如都是通过保险机制分散工程建设过程或运行过程中的风险，为工程平稳运行实施服务。通过施工期间的建筑（安装）工程一切险、安全生产保险、工程保证保险和缺陷责任期后的 IDI 保险，有效覆盖工程建设各个时期所面临的财产损失风险、安全风险、合同履约风险以及质量风险，共同为相关建设活动主体提供有效的风险防范、转移、分散、补偿等保险保障作用，帮助其提高自身风险管理能力，保证企业健康稳定发展。

附 1.2　工程质量潜在缺陷风险案例

【案例 1】主体结构工程缺陷

（一）巴黎戴高乐机场坍塌事件

2004 年 5 月，巴黎戴高乐机场 2E 候机厅突发屋顶坍塌事故，造成包括两名中国公民在内的 4 人不幸遇难，3 人受伤。主要原因有：（1）设计阶段不利，工况考虑不足。（2）结构的安全储备较低，在局部发生破坏时无法传递分散荷载。(3) 结构受力不合理。此次缺陷责任划分为设计方。

(二) 韩国三丰百货大楼事件

韩国三丰百货大楼于 1990 年 7 月开门营业，在倒塌前五年的营业期间，曾是韩国"繁荣发展的成果和象征之一"。1995 年 4 月，五楼的天花板开始出现裂痕。同年 6 月 29 日晚上 6 点 05 分，整个商场南翼坍塌，造成 502 人死亡，937 人受伤。主要原因有：(1) 建设方执意修改设计，改变原结构设计方案，取消部分竖向承重构件。(2) 建设方擅自改变空间使用功能，使结构荷载严重超载。(3) 建设过程中建设方为节约成本偷工减料。此次缺陷责任划分为建设方和监理方。

(三) 广东中山一酒店雨棚倒塌

2020 年 5 月 22 日，位于广东某市知名酒店雨棚发生严重坍塌，直接经济损失约 300 万元。原因分析：该大跨度雨棚采用的是钢结构形式，倒塌最初发生在靠近右侧柱子柱顶部位，与钢结构梁柱节点设计不合理有关，属典型的结构设计质量缺陷。

(四) 石景山无梁楼盖坍塌事件

2017 年 8 月 19 日，北京市石景山区某村 A－E 地块地下车库在施项目，土方回填时发生一层顶板局部坍塌事故，坍塌面积约 600 平方米，经排查无人员死亡，2 人轻微擦伤。主要原因有：(1) 地下一层顶板部分板柱节点处冲切承载力不满足设计规范要求。(2) 建设单位违反规定要求降低工程质量标准、疏于工程管理。(3) 施工单位备案的项目负责人到岗履职不到位、施工现场管理不到位。(4) 监理单位现场监理不到位。缺陷责任划分为设计方、建设方、施工方和监理方。

【案例 2】地质勘察或地基处理风险案例

(一) 广西岑溪市一住宅楼：严重倾斜

2019 年，广西壮族自治区岑溪市一栋 25 层的高档住宅楼，在交房仅一个月后，整栋楼房出现 14 厘米的严重倾斜，部分承重梁和墙体开裂，进而引发渗漏等问题。涉事楼房一共 92 户，部分业主已办理退房手续，当地住建局责令开发商进行为期 3 个月的整改。

经调查，该小区批准用地范围内有岩溶地质，承包商按要求进行灌浆处理后再打桩。但地质勘察不够详细准确，忽略了侧面的溶洞。楼房建起后，业主陆续装修，整体重量加大，对侧面进行挤压，因侧面溶洞不受力，出现楼体倾斜和开裂。

（二）浙江台州某住宅楼：因沉降问题拆除

该楼 2011 年 1 月通过竣工验收并交房入住。同年 12 月因沉降问题严重不得不拆除，原因是该小区用地此前为"填海造地"，地基稳定性不足，导致一根结构柱断裂，楼体发生严重不均匀沉降。挖掘机械被调至屋顶，自上而下逐层拆除房屋，损失在 2000 万元以上。

【案例 3】设计风险案例

（一）浙江湖州某小区

浙江湖州某小区，共 38 栋单体，2011 年 9 月完成房屋竣工验收，12 月交付业主。2012 年 8 月"海葵"台风过后，该小区有 90% 以上的房屋出现不同程度的渗漏，随后建设单位组织相关单位对外墙进行处理。2013 年 10 月"菲特"台风影响过后，据统计仍有 80% 以上的房屋出现不同程度的渗漏情况。

建筑外墙防水应具有阻止雨水、雪水侵入墙体的基本功能，并应具有抗冻融、耐高低温、承受风荷载等性能，这些功能的实现需要依靠完整的防水体系。由于设计不当，该小区房屋防水体系存在以下质量缺陷：防水层厚度不足，防水效果十分有限；外墙饰面砖粘贴不饱满，存在空鼓现象；部分阳台挑板、窗台挑板、女儿墙压顶未设滴水线。这些缺陷易引起雨水、雪水渗入，并在饰面砖与墙体间形成积水腔，造成墙体渗漏[①]。

（二）上海某装配式楼盘外墙渗漏空鼓

上海某新建小区，采用了新型装配式技术，外墙拼缝与装配式结构拼缝衔接出现问题，外墙出现大面积渗水和严重空鼓。外墙整体翻修成本百万元。原因如下：（1）装配式结构外墙拼缝设计不合理是主要原因；（2）仅采用了雨天观察的质控措施，未采取专门的外墙淋水试验，质量检查结果可靠性也存在不足。对于新技术、新工艺，TIS 必须充分评估设计工作合理性，同时应从严进行施工质量验收试验，避免系统性风险。

【案例 4】施工风险案例

2019 年 8 月，北京朝阳东坝某小区发生楼体保温层脱落事件，脱落面积

---

① 翟延波，游劲秋，干鹏飞，等．典型防水失效案例的鉴定和剖析［J］．中国建筑防水，2015（8）．

高达 600 平方米，造成 27 辆机动车受损，同时砸坏小区部分设施。据悉，该小区于 2018 年 6 月交房，住户多数在 2019 年前后入住，交房仅 1 年时间就出现严重质量问题。客观原因为当日遭遇大雨和瞬时 11 级暴风天气，极致风速达到 29.7m/s。在暴风及持续降雨的极端天气下，增大的风荷载作用效应超过了抗风压设计承载力，导致岩棉保温体系脱落。主观原因为选材不合理，施工质量把控不严，岩棉保温系统与基层墙体锚固不够牢靠，存在严重缺陷。

【案例 5】建筑材料风险案例

（一）湖北武汉某公寓小区

湖北武汉某公寓小区位于光谷创业街，总建筑面积 30035 平方米，共 11 栋住宅楼，于 2008 年建成。房子早期就出现大面积开裂等严重质量问题，2018 年 8 月房产局发出通告，8 栋楼属于 D 级危房，3 栋楼为 C 级危房，小区房屋整体处于危险状态，随时可能坍塌，要求居民搬离。如今，该小区房屋已拆除重建。

经质量检测有限公司检测，该公寓小区房屋的墙体材料存在以下质量问题：（1）墙体材料中混凝土普通砖强度未达到设计 MU10 等级要求，砖质量较差；（2）混凝土普通砖中含有过多氧化钙等膨胀性物质，造成砌体砖松散。

（二）混凝土材料质量问题——"豆腐渣"工程

天津某小区因混凝土质量问题全拆。2018 年 4 月，天津河西区某项目 18 栋高层住宅楼因混凝土强度不符合设计要求而全部拆除重建，直接经济损失超过 2 亿元。

义乌某项目混凝土材料质量问题。浙江义乌的一个楼盘出现严重质量问题，业主称花一千多万元买的房子，混凝土竟然用手一抠就掉，原因是混凝土材料强度不达标，施工单位偷工减料、以次充好等。

【案例 6】维护使用风险案例

2020 年 3 月 7 日，福建泉州鲤城区欣佳酒店发生坍塌事故，事发时楼内共有 71 人被困，大多是从外地来泉州，需要进行集中隔离健康观察的人员。经过救援，42 人得以生还，另外 29 人不幸遇难。

经调查，国务院认定欣佳酒店坍塌事故是一起因使用期间违法违规建设、改建和加固施工导致建筑物坍塌的重大生产安全责任事故。该建筑为钢结构，楼高 22 米，2013 年开始建设，2018 年改造为酒店。事故责任单位泉州市新星机电工贸有限公司将欣佳酒店建筑物由四层违法增加夹层改建成七层，达到极限承载能力并处于坍塌临界状态，加之事发前对底层支撑钢柱违规加固焊接作业引发钢柱失稳破坏，导致建筑物整体坍塌，造成严重质量安全事故[①]。

附1.3 现行的建设工程质量管理的系列文件与规定

一、勘察设计阶段

（一）工程建设标准强制性条文

原建设部自2000年以来相继批准了《工程建设标准强制性条文》共十五部分，包括城乡规划、城市建设、房屋建筑、工业建筑、水利工程、电力工程、信息工程、水运工程、公路工程、铁道工程、石油和化工建设工程、矿山工程、人防工程、广播电影电视工程和民航机场工程，覆盖了工程建设的各主要领域[②]。与此同时，原建设部颁布了《实施工程建设强制性标准监督规定》（建设部令81号），明确工程建设强制性标准是指直接涉及工程质量、安全、卫生及环境保护等方面的工程建设标准强制性条文，从而确立了强制性条文的法律地位。强制性条文对保证工程质量、安全、规范建筑市场具有重要的作用[③]。

（二）建设工程施工图设计文件审查办法

为了加强建设工程勘察设计质量的监督管理，原建设部文件《建筑工程施工图设计文件审查暂行办法》（建设质〔2004〕41号）规定施工图审查的主要内容为：（1）建筑物的稳定性、安全性审查，包括地基基础和主体结构体系是否安全、可靠；（2）是否符合消防、节能、环保、抗震、卫生、人防等有关强制性标准、规范；（3）施工图是否达到规定的深度要求；（4）是否损害公众利益。建设工程施工图设计文件审查，有助于贯彻工程建设标准强制性条文和提高建设工程的设计质量，同时也是保证建设工程质量的重要步骤[④]。

（三）建设工程勘察设计资质管理

为了加强对建设工程勘察设计活动的监督管理，保证建设工程勘察设计质量，2007年原建设部颁布了《建设工程勘察设计资质管理规定》（建设部令

---

① 《福建省泉州市欣佳酒店"3·7"坍塌事故调查报告》，国务院事故调查组，2020.
② 《工程建设标准强制性条文》，原建设部，2000.
③ 《实施工程建设强制性标准监督规定》，中华人民共和国建设部令第81号，2000.
④ 《建筑工程施工图设计文件审查暂行办法》（建设〔2000〕41号），2000.

160 号），将工程勘察资质分为工程勘察综合资质、工程勘察专业资质和工程勘察劳务资质；将工程设计资质分为工程设计综合资质、工程设计行业资质、工程设计专业资质和工程设计专项资质；并分别明确各资质企业承接业务的范围①。

二、施工建造阶段

（一）建设工程质量监督

根据《条例》和原建设部《关于质量监督机构深化改革的指导意见》，制定了《建设工程质量监督机构监督工作指南》（建质〔2000〕38 号），而后又制定了《工程质量监督工作导则》（建质〔2003〕162 号），该导则规定了监督的主要内容是监督工程建设各方主体质量行为和地基、基础、主体结构和使用功能，主要监督方式是巡回抽查，对建设单位组织的竣工验收实施监督②。

（二）建筑业企业资质

住建部负责全国建筑业企业资质的统一监督管理。国务院交通运输、水利、工业信息化等有关部门配合住建部实施相关资质类别建筑业企业资质的管理工作。建筑业企业资质分为施工总承包资质、专业承包资质、施工劳务资质三个序列。施工总承包资质、专业承包资质按照工程性质和技术特点分别划分为若干资质类别，各资质类别按照规定的条件划分为若干资质等级。施工劳务资质不分类别与等级。

（三）工程监理

根据《条例》，2000 年原建设部颁布了《建设工程监理范围和规模标准规定》（建设部令第 86 号），规定下列建设工程必须实行监理：（1）国家重点建设工程；（2）大中型公用事业工程；（3）成片开发建设的住宅小区工程；（4）利用外国政府或者国际组织贷款、援助资金的工程；（5）国家规定必须实行监理的其他工程③。《工程监理企业资质管理规定》将工程监理企业资质分为综合资质、专业资质和事务所资质，其中专业资质可细分为甲、乙、丙三级。各资质企业按照相应许可的业务范围承接项目④。

---

① 《建设工程勘察设计资质管理规定》，中华人民共和国建设部令第 160 号，2007.
② 《工程质量监督工作导则》（建质〔2003〕162 号），2003.
③ 《建设工程监理范围和规模标准规定》，中华人民共和国建设部令第 86 号，2000.
④ 《工程监理企业资质管理规定》，中华人民共和国建设部令第 158 号，2007.

三、竣工验收阶段

为了加强建设工程竣工管理，做好工程的竣工验收备案工作，2000年原建设部颁布了《房屋建筑工程和市政基础设施工程竣工验收备案管理暂行办法》（建设部令78号），将原由政府参与施工质量验收改为备案制[①]。

建设工程施工质量验收系列规范也进行了修订和建立。围绕《条例》的实施，遵从"验评分离、强化验收、完善手段、过程控制"的指导思想，将建设工程施工质量验收统一标准和各专业验收规范进行了全面修订，形成对进场材料和构配件进行复验、工序间交接检验的过程控制，以及监理工程师或建设方专业技术负责人组织抽样检验和验收的建设工程质量验收体系。

主要验收标准有：

（1）《建筑工程施工质量验收统一标准》（GB 50300—2013）；

（2）《砌体结构工程施工质量验收标准》（GB 50203—2011）；

（3）《混凝土结构工程施工质量验收标准》（GB 50204—2015）；

（4）《钢结构工程施工质量验收标准》（GB 50205—2001）；

（5）《木结构工程施工质量验收标准》（GB 50206—2012）；

（6）《屋面工程质量验收规范》（GB 50207—2012）；

（7）《地下防水工程质量验收规范》（GB 50208—2011）；

（8）《建筑地面工程施工质量验收规范》（GB 50209—2010）；

（9）《建筑装饰装修工程质量验收规范》（GB 50210—2001）。

四、质保期阶段

2017年住建部、财政部印发《建设工程质量保证金管理办法》（建质〔2017〕138号），对质量保证金管理办法进行了修正。建设工程质量保证金是指发包人与承包人在建设工程承包合同中约定，从应付的工程款中预留，用于保证承包人在缺陷责任期内对建设工程出现的缺陷进行维修的资金。缺陷责任期一般为1年，最长不超过2年，由发包、承包双方在合同中约定。缺陷责任期从工程通过竣工验收之日起计。

《建设工程质量保证金管理办法》主要规定为：（1）在工程项目竣工前，已经缴纳履约保证金的，发包人不得同时预留工程质量保证金。采用工程质量

---

① 《房屋建筑工程和市政基础设施工程竣工验收备案管理暂行办法》，中华人民共和国建设部令第78号，2000.

保证担保、工程质量保险等其他保证方式的，发包人不得再预留保证金。（2）缺陷责任期内，由承包人原因造成的缺陷，承包人应负责维修，并承担鉴定及维修费用。如承包人不维修也不承担费用，发包人可按合同约定从保证金或银行保函中扣除，费用超出保证金额的，发包人可按合同约定向承包人进行索赔。承包人维修并承担相应费用后，不免除对工程的损失赔偿责任。由他人原因造成的缺陷，发包人负责组织维修，承包人不承担费用，且发包人不得从保证金中扣除费用。（3）缺陷责任期内，承包人认真履行合同约定的责任，到期后承包人向发包人申请返还保证金①。

五、维护使用阶段

根据《条例》规定，建设工程实行质量保修制度。建设工程承包单位在向建设单位提交工程竣工验收报告时，应当向建设单位出具质量保修书。质量保修书中应当明确建设工程的保修范围、保修期限和保修责任等。

建设工程的质量保修不仅对建设工程的正常使用，而且对工程耐久性和安全都是非常重要的。为了规范建设工程的质量保修，2000年，原建设部颁布了《房屋建筑工程质量保修办法》（建设部令第80号），该保修办法规定了房屋建设工程的最低保修期限。

在正常使用条件下，建设工程的最低保修期限：（1）基础设施工程、房屋建筑的地基基础工程和主体结构工程，为设计文件规定的该工程的合理使用年限；（2）屋面防水工程、有防水要求的卫生间、房间和外墙面的防渗漏，为5年；（3）供热与供冷系统，为2个采暖期、供冷期；（4）电气管线、给排水管道、设备安装和装修工程，为2年。其他项目的保修期限由发包方与承包方约定。建设工程的保修期，自竣工验收合格之日起计算。

建设工程在保修范围和保修期限内发生质量问题的，施工单位应当履行保修义务，并对造成的损失承担赔偿责任。建设工程在超过合理使用年限后需要继续使用的，产权所有人应当委托具有相应资质等级的勘察、设计单位鉴定，并根据鉴定结果采取加固、维修等措施，重新界定使用期②。

---

①　《建设工程质量保证金管理办法》（建质〔2017〕138号），2017.
②　《房屋建筑工程质量保修办法》，中华人民共和国建设部令第80号，2000.

附1.4 法国2002年IDI保单条款[①]

第1条：定义

为了更好地实施本合同各项条款，在此规定：

1.1 申请人。特殊条款所指的，为其自己或者所委托的相关人员缔结合同，并且承诺支付与建设相关的全部保费的自然人或法人。

1.2 投保人。特殊条款所指的自然人或者法人，或者缔约各方协议指定的各种委托人。

1.3 建造商。参与建设施工的建筑师、承包商及其分包商、技术人员。

1.4 专家。出险时申请人任命的自然人或法人。

1.5 建筑。整体工程，包括特殊条款指明验收的各种结构物或建筑物。

1.6 主体结构

（1）确保建筑稳定和坚固的承重构件（地基、立柱、墙体、楼板、楼梯井、穹顶、梁网或屋顶下的屋架）；

（2）确保建筑封闭和覆盖的构件，不包括可移动构件和可拆卸墙面覆盖物。

1.7 次要结构

（1）属于主体结构的部分构件，或者其他构件，如与相关的坚硬覆盖物（方砖、瓷砖等）共同形成主体结构的构件；管道、管路、管子和套管；天花板、固定隔墙、门窗框和玻璃（不包括可移动构件）；客梯和货梯固定构架。

（2）另一方面还包括上述第1.6条未包括的其他构件。

1.8 特殊设备。主要是用于特殊建筑目的的构件，包括生产机械、工具、家用设备、室内装修。

1.9 倒塌风险。主要是专家认定的全部或部分主体结构倒塌的紧急风险。

1.10 不可抗力。受损建筑不可抵抗的、不可预测的和外部造成的事件。

1.11 完美竣工。合同标的建筑竣工、精细处理工程，以及合同规定的或按惯例建造商应实施的工程验收时所确定的各种缺陷的整改工程。

---

① 此条款为全球较早期的可供借鉴的IDI保单条款。

1.12　验收。业主（或其代表）对工程无保留意见或有保留意见的验收行为或事件，并对业主（或其代表）、申请人、建造商和技术检测部门签署的验收纪要进行确认。

1.13　出险。在质保期限内，导致承保人执行承保，并要求承保人进行赔偿的各种事件。唯一认定标准是验收后的 12 个月内因技术原因导致的建筑毁损。

1.14　防水缺陷。因设计、施工或材料缺陷造成的，导致建筑渗水的封闭和覆盖构件缺陷。

1.15　技术检测部门。技术检测部门是承保人选定的，并且由申请人或者投保人付酬，在投保人所批准的任务范围内，自工程开始直至验收参与工程的组织。

1.16　现存物。在此规定，现存物是指在建造商工程施工之前，实际存在或者已验收的各种建筑、结构物或建筑物。

第 2 条：承保范围

在普通条款和特殊条款所确定的范围内，并在遵守后文明确列举的例外事项的前提下，本合同仅对下述事项提供承保：

2.1　完全因建筑商主体结构设计、材料或施工缺陷造成的建筑有形毁损赔偿；

2.2　在合同有效期限内归结于建造商的，并且属于建筑保护必须处理的主体结构倒塌风险所产生的费用赔偿。

2.3　上述毁损出现后各种拆除、清理和重装的必需费用。

第 3 条：生效日期和承保保证期限

3.1　对于上述第 2.1 条和第 2.2 条所阐述的承保范围，合同生效日期为承保人签发的承保生效证明中的日期，前提是承保人已完成下述工作：收取特殊条款所规定的各项预测费用；签收有保留意见或无保留意见的验收纪要；签收技术检测部门工程竣工报告。如果工程竣工报告中阐述了保留意见，或者对建筑质量做出了负面结论，则承保人应保留或修改保险条件，或承担全责或部分责任，或者拒绝提供承保。

仅限在遵守第 14.2 条所阐述的方式下本合同才有效。承保期限不得超过特殊条款所指明的期限。

第4条：建筑预测总成本和实际总成本

建筑预测总成本等于申请人在投保方案中申报的与定义第1.6条和第1.7条阐述的建筑主体结构和次要结构相关的成本、税赋费、运费、关税，和建筑师、设计部门与技术检测部门酬金的和值。

建筑最终总成本等于最终决算单中确定的与定义第1.6条和第1.7条阐述的建筑主体结构和次要结构相关的成本、税赋费、运费、关税，与建筑师、设计部门和技术检测部门酬金的和值。

此外，如果特殊条款规定，必须对第1.6条和第1.7条所指明的工程之外的工程提供承保，则此类其他工程金额将加入上述成本中。

第5条：承保金额范围

承保金额范围见特殊条款的规定。

此金额范围将自动扣除出险时已支付的赔偿金额，以便承保人不会超出此承保的金额范围，即此承保金额范围是对质保期限内全部灾难所承担的最高金额。

在投保人或有保护义务的所有相关人员同意后，承保人可按照本合同第9条所规定的方式修改承保金额范围。

对于各出险，普通条款第2.3条阐述的拆除和清扫费用赔偿金额，限定为前述普通条款第2.1条和第2.2条所阐述赔偿金额的10%。

第6条：例外事项

6.1　本合同承保对象，不包括下述原因造成的损失：

（1）申请人或投保人故意欺诈或欺骗；

（2）火灾或爆炸；

（3）矿石爆破造成的地面滑坡；

（4）龙卷风、飓风、洪水、地震或其他灾害性的自然现象或不可抗力；

（5）外部战争；

（6）国内战争、恐怖或破坏行动、叛乱、革命、暴乱、国内骚动，或者各级政府部门或某主管单位没收、征用、破坏、限制或占有；

（7）来源于核、原子或放射物质衰变产生的爆炸、发热、辐射的直接或间接影响，以及人造粒子加速所造成的辐射影响。

6.2　下述损失不在本承保范围内：

（1）非本合同标的对象的投保人其他物品蒙受的损失，尤其本普通条款

第 2 条承保的灾害，对非承保标的对象的其他专业设备造成的连续或断续损失；

（2）本普通条款第 2 条承保的灾害，对非承保标的对象的次要结构和完美竣工造成的断续损失，以及未完成竣工及其相关后果；

（3）本普通条款第 2 条承保的灾害，对非承保标的对象的环境带来的连续或断续影响；

（4）建筑缺陷或者不当维修、异常使用、正常磨损或老化造成的损失；

（5）验收后对建筑进行变更造成的毁损影响，不包括已向承保人通报，并且承保人已通过附加合同同意对此承保，并且已收取了新增保费的情况；

（6）技术检测部门已告知申请人在技术层面的保留意见，但是在工程验收时仍旧存在，而且被技术检测部门认定为未整改的缺陷所造成的损失；

（7）依据司法审判，由投保人承担的各种罚金、损失和利息，通常还包括与此相关的各种金钱赔偿结果；

（8）美学性质的损失；

（9）施工材料受到的虫害或植被毁损；

（10）因化学、发热或机械作用造成的某些毁损因素，比如降雨、霜冻、粉尘、蒸汽、水汽、烟雾、煤气、化学产品、腐水、腐蚀造成的失调、腐化，防腐油漆或保护层不足造成的各种变质或毁损，或者结构物在必须使用腐蚀材料时造成的或直接或间接毁损；

（11）本普通条款第 2 条承保的灾害，对非承保标的对象造成的连续或断续非物质损失；

（12）本普通条款第 2 条承保的灾害，对非承保标的对象的路网、其他系统、室外整治、室外停驻场地，包括相关土方工程和回填、绿地施工造成的连续或断续毁损影响；

（13）本普通条款第 2 条承保的灾害，对非承保标的对象的第 1.16 条规定的现存结构物造成的连续或断续毁损影响。

6.3　下述损失不在本承担范围内，并且投保人在本保险范围内无权要求补偿，特殊条例另有规定除外：

（1）因确保建筑覆盖和封闭的构件防水缺陷，给建筑带来的各种有形毁损；

（2）因建筑地下部分套接构件防水缺陷，给建筑带来的各种有形毁损；

（3）本普通条款第 2 条承保的灾害，对非承保标的对象的第三方人身、设备和无形资产造成的各种连续或断续损失，和投保人承担责任的各种金钱赔偿。

第 7 条：免责条款

本合同承保金额范围，应扣除各出险情况的免责部分，免责金额将在特殊条款或特殊附录中予以明确。

此外，明确禁止投保人对自担责任的部分再投保，承保人事先书面同意的情况除外。

第 8 条：按比例偿付

如果在出险之日，发现建筑总成本高于向承保人已申报的最终总成本，则在计算赔偿时，并在扣除免责金额之前，应对此差额部分按照比例予以扣除。

尽管如此，在保险生效之日后的 10 个月内，承保人不执行上述按比例扣除规定，而应按照第 14.2 条实收的全部预测保费进行处理。

第 9 条：承保责任限额恢复

投保人在支付保险人厘定的特殊保费后，可书面申请恢复申请之日现行的承保责任限额。但须指明的是，承保责任限额恢复仅适用于在承保责任限额恢复的附加合同签字后的首次出险情况。因此，申请人承诺在承保责任限额恢复申请前，应自费委托承保人选定的技术检测部门对承保工程进行检测。

第 10 条：技术检测

本合同承保依赖于技术检测部门对建筑主体结构的检测。

本合同申请人或投保人接受下述规定，并在未来不会对此向承保人进行与此相关的各种抗诉：向承保人转交各种报告、信息申请；对在验收之日仍旧存在的，对技术检测部门阐述的技术保留意见未整改所造成的各种损失，免除全部或部分承保责任；因工程施工进度或者本保险承保生效中止，而造成落实上述承保被连续推后。

申请人承诺在建筑验收时邀请技术检测部门在场。

第 11 条：申请人有关风险、疏漏或不准确申报

11.1 申请申报

将在申请人申报后编制本合同，因此申请人在申请时，必须向承保人或其

代表申报其所知道的各种资料信息，以便承保人进行风险评估，尤其包括建筑状况、工程性质和内容、施工方法和方式、工程开始日期和预定工期、建筑预测总成本，以及各组成部分的成本。

11.2 疏漏或不准确申报

在申请人故意虚假申报或者隐瞒导致承保人风险评估结果发生变化时，本保险合同无效。已付保费将归承保人所有，并且承保人有权要求支付各种到期应付保费，以便补偿损失和利息。

对于申请人非故意疏漏或不准确申报，不会导致保险合同无效：

如果在各种损失之前已确认，则承保人有权继续维持合同有效，并加收投保人接受支付的保费；或在采用挂号信通知投保人后的 10 天内解除合同，并按比例对实际承保时间收取保费。

如果是在各种损失之后确认，将对比风险被完全正确申报时应支付的保费，按比例扣除实际支付的保费。

第 12 条：工程变更、减速或停工、风险加剧

12.1 申请人承诺在施工期间，向承保人和技术检测部门，申报发生的各种建筑变更。申请人应承诺在了解此类变更事项后在最短时间内申报。

12.2 申请人同样承诺，在了解此类变更事项后，在最短时间内进行施工异常减速或停止申报。若技术检测部门同意，申请人将进行各种必需保护处理，以保证已开始施工的工程不会遭受任何毁损。

12.3 如果上述某事项造成了实质性变更或风险加剧，则承保人将收取保费，并缔结规定本合同继续有效承保条件的附加合同，或解除本合同。

12.4 在第 12.1 条和第 12.2 条所阐述的事项中，申请人故意隐瞒或虚假申报时，本保险合同无效。已付保费将归承保人所有，并且承保人有权要求支付各种到期应付保费，以便补偿损失和利息。

对于申请人各种非故意疏漏或不准确申报，不会导致保险合同无效。

第 13 条：工程竣工申报

申请人向承保人承诺：在申报验收之日起 30 天内，采用带有签收回执挂号信的方式，向承保人提交一份验收纪要样本。

在验收后 10 个月内申报上述第 4 条所阐述的建筑最终总成本。

若申请人申报上述第 4 条所阐述的建筑最终总成本时出现疏忽，对于各出

险赔偿，将按照上述第8条阐述的按比例支付规则，根据上述第4条所阐述的建筑预测总成本进行计算。

第 14 条：保费、保费支付

14.1 保费

通过建筑预测总成本确定预测保费，包括特殊条款确定了金额的部分付款和尾款。将通过建筑最终总成本来确定最终保费。

14.2 保费支付

在承保人通知申请人之日起30天内，应支付部分付款。

尾款应在自建筑验收之日起45天内支付。

全部最终保费，将最晚在承保人通知申请人之日起30天内支付。

所有追加保费，必须在通知投保人应付保费金额之日起30天内支付给承保人。

特殊条款确定了金额的所有附加费，以及（当前或未来应缴纳的）税费，将由申请人承担（包括先征后返的税费）。

在支付保费到期10天后，如未支付保费或者未全额支付保费，或者调整金额，承保人可在继续履行本承保合同的情况下，采用挂号信发往已知申请人的法定住所，通知在本函发送后提供承保45天。

承保人有权采用催告挂号信，或采用新挂号信，在上述期限届满后，通知申请人解除本承保合同。

第二章 研究和推动 IDI 发展的 重大意义

第一节 IDI 在推进治理能力现代化中的重要意义

一、IDI 直击我国建筑工程质量与维修赔偿领域的民生"痛点"

伴随着改革开放后我国经济的快速发展,我国的工程建设规模不断扩大,建筑工程业在国民经济中的比重持续上升,当前已成为重要的国民经济支柱产业。我国住房商品化始于二十世纪八九十年代,受制于传统生产模式以及配套法律法规的影响,作为一种"商品",房屋工程在质量体系层面还有许多痛点亟待解决。

(一)当前建筑工程的质量问题严重

长期以来,建筑工程领域存在的渗、漏、堵、空、裂等质量问题,已经频频侵害用户的基本权益,严重影响房屋居住体验,给人民的"安居乐业"带来了较为普遍的负面影响。据全国消协数据显示,房屋及装修建材质量类投诉占总投诉量1/3以上,住房质量缺陷的责任承担与维修赔偿引发社会广泛关注。

表 2.1　　　　　　全国消协各年房屋及装修建材类投诉统计表

时间	投诉总量（件）	质量类投诉（件）	质量类投诉/投诉总量（%）
2018 年	27916	9914	35.51
2017 年	21416	7141	33.34
2016 年	28091	12672	45.11
2015 年	22858	11390	49.83

注:杜静,戚菲菲.工程质量潜在缺陷保险的国外经验与国内探索 [J].工程管理学报,2020, 34 (2):6-10.

（二）建筑工程质量问题的深层原因是制度缺陷

1. 建筑工程行业的粗放式生产和质量管理不到位

施工单位为了能够竞标成功，普遍存在低价竞标、偷工减料、以次充好的行为，底层质量行为存在一定瑕疵；建筑工地现场存在大量的纯手工操作环节，且质量行为无法实现全过程跟踪，一旦分部分项工程隐蔽后，将无法对质量行为进行有效辨别；建筑行业从业人员的专业素质也参差不齐，同一施工工艺由不同操作人员操作，质量结果可能会有很大波动性，从而导致建筑工程行业传统粗放式生产模式无法与人民日益增长的美好生活需求相匹配。

2. 建筑行业缺少明确量化规定

目前建筑行业规范更多的是基于建筑使用安全的基本需求，对于影响使用体验的部分缺少明确量化规定。以结构工程规范为例，规范中大量强制性条款都是针对结构的承载能力和安全储备设置的，对于结构工程的开裂、挠度、耐久性缺少足够的强制性可量化约束。然而在现实居住需求中，结构的开裂、变形将会在房屋使用过程中造成渗漏、起壳脱落等质量缺陷事故，进而影响房屋使用体验甚至使用安全。

3. 在制度层面，业主利益缺位

现行制度下，建筑工程建设环节以开发商利益为核心，缺乏代表最终使用业主利益的相关方的介入。开发商的核心是追求经济利益的最大化，工程质量只要合规即可，而相关规范规定发展相对滞后，仍处于不断完善的阶段，因此质量行为便"有空子可钻"。业主作为房屋的最终使用人，对房屋工程的质量是最为关切的，然而在房屋质量不断形成的过程中，业主却无法通过有效途径参与到工程质量的监管中。

（三）引入 IDI，从制度上建立工程质量保障机制

IDI 是从制度上建立工程质量保障的重要机制。IDI 有以下几个特点，一是 IDI 以"工程质量潜在缺陷所导致的投保建筑物损坏履行赔偿义务"为保险责任，能够通过有效的风险管理与保险理赔服务，较好地防范与应对各类"潜在缺陷"造成的工程质量风险。二是 IDI 的保险期间较长，最长可达十年。保险期越长，保险质量问题越容易暴露，一般因设计、施工工艺或材料等缺陷导致的工程质量事故在这个阶段发生的概率较高，保险保障作用十分重要。三是 IDI 保险制度提供覆盖建设工程全生命周期的质量风险管理服务。在 IDI 制

度中，引入了 TIS 这种质量风险管理服务机制，在工程实施的各个环节的质量监控和风险管控中发挥作用。四是 IDI 有助于解决业主利益代表缺位问题。在 IDI 保险体系中，保险公司代表了小业主的利益。一方面，聘请独立第三方机构对建筑工程建设的全过程实施质量风险管控，对建筑工程进行质量把控，减少质量问题发生概率，提高小业主的居住品质。另一方面，一旦出现质量责任事故，只要确认是保险责任，小业主就能第一时间获得理赔维修服务，避免了各个参建方责任相互推诿导致的小业主利益受损。

二、IDI 促进政府部门在建筑业领域的"放管服"

党的十九届四中全会提出，要全面推进国家治理体系和治理能力的现代化。其中，城市治理体系是国家治理体系的重要组成部分，而居民住宅质量保障则是城市治理体系中的核心环节①。

在传统的政府监管模式下，建筑工程尤其是住宅工程的物业维修金管理、建筑质量维权事件、重大工程质量事故处理等需要耗费大量的政府监管精力。而这些琐碎而社会关切度又高的事务，其实并非政府监管力量的核心职责所在。引入 IDI 制度之后，保险公司通过事前风险防控、事中及时维修补偿、事后代位追偿的模式，能够有效地改善工程质量水平，化解质量纠纷，落实各个参建方质量责任，进而帮助政府实现简政放权，创新质量监管机制。

2011 年 12 月 22 日，上海市人大通过的《上海市建设工程质量和安全管理条例》第十九条明确规定，鼓励建设单位投保工程质量潜在缺陷保险，并可免予缴纳物业保修金②。2015 年 9 月 25 日，北京市人大颁布的《北京市建设工程质量条例》第六十二条也明确规定，在北京市推行建设工程质量保险制度，鼓励建设单位投保 IDI 且保费计入建设费用③。2020 年 4 月 30 日，江苏无锡人大也批准颁布了《无锡市建设工程质量管理条例》，"鼓励从事住宅房地产开发的建设单位在建设工程开工前，按照本市有关规定投保建设工程质量潜在缺陷保险"④。

---

① 许琴，冯兴，宁人宣. 立法推行住宅工程质量潜在缺陷强制保险南报融媒体［J］. 南京日报，2020.
② 《上海市建设工程质量和安全管理条例》，上海市人民代表大会常务委员会，2011.
③ 《北京市建设工程质量条例》，北京市人民代表大会常务委员会，2015.
④ 《无锡市建设工程质量管理条例》，无锡市人民代表大会常务委员会，2020.

IDI 能够助力建筑行业的"放管服"，缓解政府行政压力，维护社会稳定。利用 IDI 保险制度，可以对建设工程各个主体的质量行为实施全过程、全方位的管理和控制，遏制事故萌芽，以达到降低出险概率和减少损失的目标。只有在完善的工程质量安全保证机制和高效率的信息联动机制及市场诚信机制的共同作用下，才能够有效地保证建筑市场、保险市场及工程现场的多方主体高效协作，进而为政府职能的转变创设良好的条件。

IDI 能够有效地建立起政府监管体系之外的市场化工程质量治理机制，有助于进一步深化建筑行业的"放管服"改革。社会管理职能的本质是防范和化解社会风险，尤其是避免出现系统性风险。保险公司运营的核心逻辑是通过各种技术手段，充分降低可保风险的风险事件发生概率以及风险事件带来的损失大小，从而实现其商业和社会价值。在实现社会管理职能转变的众多途径当中，保险风控机制是最为契合、最行之有效的方式。通过引入商业化的保险制度，政府可将部分监管职能交由市场运行，通过市场经济这只"看不见的手"的推动，将管理职能和管理效率不断迭代提升，实现最优化目标。政府监管职能"放管服"转型后，政府住建系统中有限的监管力量可以得到极大的释放，从琐碎的日常性监管事务中抽身后，政府监管力量可以将更多的时间和精力投入到顶层设计和宏观监督当中，进而形成多层次、可持续的良性循环，加速实现高质量发展的目标。

三、IDI 助力保障人民群众基本合法权益

据中新网报道，2011 年 12 月 6 日浙江省台州市某纯海景住宅项目，由于地基出现了严重不均匀沉降，导致 17 号住宅楼中一根结构框架柱断裂，整栋楼出现了明显倾斜。经专家调查分析发现，此小区的用地为"填海造地"，整栋大楼的桩基承载力不足，是事故发生的根本原因。由于维修加固方案过于复杂、成本过高，最终这栋刚刚竣工交付不到一年的住宅楼被自上而下完全拆除。2018 年，上海市奉贤区某回迁保障房项目，小区内居住的多为当地老人。他们本想在新建小区里颐养天年，可入住还不到三年，小区外墙就开始出现大面积的起壳脱落，甚至出现砸伤小区居民的事件。外墙质量问题不从根本上进行维修解决，小区居民就一日无法安心居住。

以上的住宅质量事件都和小区居民的基本合法利益息息相关，住宅工程质

量对城镇居民生活的安全感、获得感、幸福感有着巨大影响。从目前我国财富结构看，住宅房屋是人民群众最主要最核心的财产和生活保障，住宅质量的优劣直接关系到最广大人民的切身利益。通过引入 IDI 保险，以上述事件为代表的群众利益相关问题能够非常及时有效解决，帮助人民群众真正地实现安居乐业。

IDI 保障涉及地基基础、主体结构、防水保温工程、装饰装修工程及电气管线、给排水管道等主要建筑工程标的物，覆盖范围广，能够集中解决群众"急难愁盼"的与居住相关的现实问题。同时，IDI 保费完全是由建筑开发商在投保时缴纳，无须后期入住的小业主负担任何额外保险费用，大大增强了人民群众受保障的体验。

当前，IDI 保险方案可以有效延长房屋原有的保修期限，让人民群众实实在在受益。国家规定的房屋质量正常保修年限中，防水工程和保温工程保修期限为 5 年，供热供冷系统为 2 个采暖期或供冷期，电气管线、给排水管道、设备安装和装修工程保修期限为 2 年。标准 IDI 的保障方案为竣工满两年后，主体结构保障 10 年，防水保温保障 5 年，装饰装修和其他附属工程保障 2 年。相较于国家规定，防水、保温、装饰装修以及附属工程的质量保修保障都延长了 2 年之久，人民群众的利益得到了更持久的保障。

此外，在 IDI 保险体系中，保险公司完全代表了小业主的利益，聘请第三方独立的质量风险管理机构对建筑工程建设全过程实施质量风险管控，对建筑工程的勘察设计、施工、竣工备案、缺陷观察期等各个阶段进行质量把控，减少质量问题发生的概率，提高小业主的居住品质。一旦在责任期内出现质量责任事故，IDI 保险无须将参建方责任归属认定作为赔偿的前置条件，只要确认是保险责任，小业主就能第一时间获得理赔维修服务，避免了各方责任相互推诿，有利于维护小业主合法利益。

通过实施工程质量保险制度，完善了工程质量保障体系，消除了因责任主体消失或难以履责而导致的人民群众利益得不到保障的情况，实现了人民群众安居乐业的美好期盼，维护了社会的和谐稳定。

四、IDI 有助于落实工程参建单位的质量责任

目前，我国工程建设领域的法定五方责任主体为建设单位、勘察单位、设

计单位、施工单位和监理单位。根据住房和城乡建设部 2014 年发布的《建筑工程五方责任主体项目负责人质量终身责任追究暂行办法》规定，建设单位的项目负责人、勘察单位项目负责人、设计单位项目负责人、施工单位项目经理、监理单位总监理师应按照各方职能对建设项目质量终身负责①。

在项目实际建设过程中，由于各个建设环节的相对独立导致质量责任有所脱节，进而出现质量问题。例如，设计单位往往更重视设计阶段工作的合规性，只要符合规范以及强条要求即可，设计方案在施工过程中的可实施性缺乏充分考量。一些设计节点方案由于过于复杂，导致现场施工时钢筋密布、锚固长度不足，进而给混凝土浇筑质量以及钢筋的受力承载性能带来质量隐患。再如，审图机构在对设计单位图纸进行施工图审查时，更加关注图纸是否违反规范强条，而设计方案的合理性以及可能引发的裂缝、渗漏隐患并不做强制要求。

通过引入 IDI 制度，保险公司以最终质量目标为导向，反推建设过程中一切可能带来工程质量隐患的环节，充分协助压实各个参建单位的质量责任。风险管理机构会将每一份质量风险检查报告发送建设单位，提醒并要求建设单位充分协调落实质量整改工作，做实建设单位首要责任制；风险管理机构会对勘察设计单位的报告以及施工图纸进行全面评估，指出其中符合规范要求但仍然可能导致工程质量隐患的内容，要求其优化整改；风险管理机构会要求监理单位监督施工单位的整改落实过程，对于出现严重质量问题的项目，在风险管理机构确认前，监理机构不得同意施工单位的验收工作。全过程、全方位地以质量目标为导向的风险管理工作，有效落实参建各方主体的质量责任，有助于我国工程质量的进一步提高。

五、IDI 有助于构建多方共赢模式

随着建筑质量问题日益增多，政府部门对建筑质量管理心余力绌。在建设工程领域引入 IDI 保险制度，是一种让政府部门、建设单位、业主和保险公司等多方共赢的模式。

（一）对于政府而言，IDI 能协助政府职能转变

一是 IDI 的实施能运用保险公司的力量，化解政府在发生事故后的巨额经

---

① 《建筑工程五方责任主体项目负责人质量终身责任追究暂行办法》，住房和城乡建设部，2014.

济赔偿压力。二是把政府部门从物业保修金管理、质保金管理、事故处理、经济补偿等具体事务中解放了出来，简政放权，创新管理机制由职能管理向社会化运作转变。三是 IDI 是政府通过采购社会化服务提供社会管理的机制创新，是工程质量管理手段创新。通过建立信息平台，并提供数据共享的载体，利用大数据，为住建部门管理建筑质量提供依据。四是引入 IDI，通过市场行为分担政府社会管理职能，协助政府职能转变，有助于构建起市场化的建筑质量监控体系。

（二）对于建设单位而言，IDI 能提供全过程质量风险管理服务

一方面，购买保险的建设主体，可以免交物业保修金，释放建设单位流动资金；另一方面，建设单位通过引入 IDI 保险风控机制，能加强对工程质量的监控力度，进一步提升产品质量，这将有助于提升其销售业绩和品牌价值。

（三）对于业主而言，运用 IDI，能让其享受房屋质量安全保障

在 IDI 的机制中，如果业主的房屋出现质量问题，可直接向保险公司索赔，第一时间化解维修矛盾，有效提升社会效益；对于出现质量问题的房屋，保险公司会组织专业队伍快速进行维修。简单来说，只要房屋建筑投保了该险种，只要在保险期限内确定出险，一般情形下保险公司无条件且必须在规定期限内履行维修义务。对于应急维修的情形，保险公司的响应时间则要求更短。IDI 有利于保障小业主的利益，为保险受益人免除后顾之忧。

（四）对于保险公司而言，运用 IDI 可以提高社会保障功能实现社会价值

IDI 保险实现了保险服务手段创新，使保险行业从提供传统的事后理赔服务，转型为开辟风险管控为主、事后理赔服务为辅的全过程服务，为未来建筑质量的提升提供了新的通道，具有很强全国推广价值。与第三方专业建筑风险管理机构共同参与建筑项目的全过程风险管理，各方主体责任得到有效监督和落实，建设工程质量得到整体有效提升。保险公司引入专业机构介入风险管理，可以减少建造方的疏忽和错误，提高工程质量，避免巨额赔偿引发的财务危机甚至倒闭。此外，对工程质量较差的单位通过提高保费等经济惩罚手段，甚至使其无法中标工程，进而实现净化建筑业市场、避免"劣币驱逐良币"目标。

总之，引入 IDI 后带来了一系列积极改变。一是政府职能转变。无 IDI 制度情况下，政府需要为建筑质量"兜底"。一旦建筑质量出现问题，各方都会

找政府解决；有时，政府需要参与各类善后事宜的处置，甚至承担一定的经济补偿负担。通过强制推行 IDI，引入市场的手段进行质量管控，政府对建筑质量体系的管控方式从微观转为宏观。二是引入 TIS 机构，实现全面而中立的监督，并提高建筑质量。过去监理无法完全中立，因受托于建设方，费用由建设单位支付，难以充分保持公正客观；同时，监理仅参与施工过程，无法获取工程全周期的风险数据，实现全过程监督引入 IDI 后，TIS 机构受雇于保险公司，独立于原有建筑体系，从而保持完全中立；同时，TIS 全面参与建筑工程建设全周期，从而实现风险全面管控。三是释放和盘活保修金。引入 IDI 制度前，部分地区建设单位需要缴纳大量的保修金；引入 IDI 制度后，IDI 保费费率相对于原有保修金较低，建设单位资金得到释放盘活。四是业主能够获得快捷理赔。引入 IDI 制度前，业主处于弱势地位，业主缺乏专业背景和必要证据，普遍存在定责难、维权难的问题。引入 IDI 制度后，业主通过保险公司快速理赔。保险公司通过先行赔付、迅速理赔以及理赔后的代位追偿，进而实现保险机构经济补偿和社会管理职能。

第二节　IDI 是促进建筑工程质量提升的看门人

一、IDI 中的质量风险管理机构是对现行监理制度的补缺

监理是工程质量管理体系的基础。在过去的 30 年，我国运用监理制度使建筑工程质量有了较大提升。但以工程建设监理制为主的工程质量风险管理模式也存在不少问题，如重施工而轻勘察设计，无法对勘察设计阶段的质量风险进行预控，从而对工程的后期质量造成影响；对监理人员的资质管理不严格，存在低质高挂、非法转包、专业能力良莠不齐等现象；监理报告缺乏独立性等诸多问题。

针对现行监理制度存在的问题，引入 IDI 风险管理机制将会发挥更大的补缺效能。因为在 IDI 风险管理机制中，有一个特殊的角色，即质量风险管理机构（Technical Inspection Service，TIS）。TIS 与监理有着不同的角色定位。（1）在法律地位上，监理是建设五方责任主体（即建设单位、勘察单位、设计单位、施工单位、工程监理单位）之一，有上位法的支持；而 TIS 是一个纯市场

化的主体，暂无上位法支持。（2）在角色定位方面，监理是代表建设单位进行现场的综合管理，而 TIS 机构则是代表保险公司进行质量风险管理。（3）在工作范围方面，监理的工作范围涵盖了施工安全、进度、成本和质量等，质量只是其中的一个点，而 TIS 机构专注于承保责任范围的工程质量，工作更加聚焦。（4）工作目标方面，监理的目标是按照工期顺利完成工程建设项目即可，而 TIS 机构的目标是要充分降低保险责任期间内质量风险发生的概率和损失大小。（5）在技术力量和标准依据上，两者也有明显的区别。总之，如果把监理比喻成"常规部队"，那么 TIS 机构则可类比为"特种部队"。从这些区别中，我们不难发现，想要进一步提高我国的工程质量，必须依靠 TIS 的力量，通过高素质的技术人才队伍、先进的质量风控理念、高精尖的仪器设备配置，做好工程质量风险管理。未来 TIS 机构必将在工程建设领域发挥更加重要的作用。

表 2.2 TIS 机构与监理的区别

项目	监理	TIS 机构
法律地位	五方责任主体之一，有上位法支持	市场化行为，暂无上位法支持
角色定位	代表建设单位对现场进行综合管理	代表保险公司对工程进行质量风险管理
工作范围	施工安全、进度、成本、质量等	专注承保责任范围内的工程质量
工作目标	按照合同工期顺利合规完成工程建设项目	充分降低保险责任期间质量风险发生概率和损失大小
技术力量	施工领域	勘察、设计、施工等专业领域
标准依据	以建筑行业技术标准为主	建筑行业技术标准、风险控制理论、保险理赔数据等

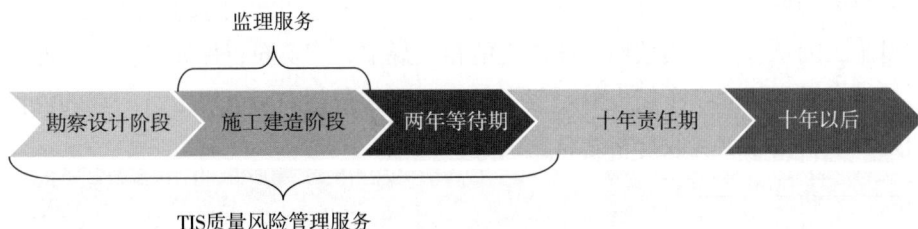

图 2.1 TIS 机构与监理服务周期对比

通过 TIS 机构的参与，能够对结构工程类风险、防水工程类风险、保温工程类风险及装饰装修等附属工程类风险进行有效的识别与预防。

二、引入 TIS，IDI 实现对建设单位质量行为的全程跟踪

IDI 保险制度之所以能够切实有效提高工程质量水平，主要是因为引入了质量风险管理机构（TIS）。质量风险管理机构经保险公司委托授权后，可参与项目建设的全过程。保险公司、风险管理机构与小业主的利益高度一致，其使命就是要充分降低工程质量潜在缺陷发生的概率以及可能产生的损失大小。以此为出发点，风险管理机构将代表保险公司和住宅小业主，对工程建设展开质量相关的风控行为。IDI 制度相当于将原有房屋的最终使用业主无法在工程建设过程中行使监督权和话语权的弊端进行优化，通过质量风险管理机构代表最终业主的利益，充分对工程质量形成过程实施监督、管控。

IDI 制度构建起事前预防的风控体系，可以覆盖工程建设各个阶段的质量监督。在勘察设计阶段，质量风险管理机构会对勘察和设计成果进行全方位的审查，从中识别可能在施工过程中带来系统性风险的勘察设计缺陷，并提醒勘察设计单位进行及时整改；在施工准备期阶段，质量风险管理机构会对项目的施工组织方案、施工计划、专项施工措施进行审核，发现后期质量行为的可能关键点，并有针对性地安排风控查勘计划；在施工过程中，风险管理机构会对施工方的施工过程、工艺流程及材料供应商所提供的重要原材料进行监督、把控，对于质量风险水平有争议的部分，可通过第三方检验检测的方式进行科学严谨的测评，确保对建设方质量行为的有效可控。

三、代位追偿制度，IDI 促进工程质量管理更加高效

我国《建筑法》以及《建设工程质量管理条例》规定，我国的建设工程采用保修制度。一旦工程项目在保修期和保修范围内出现了质量原因的破损，项目施工的承包方应当按照法律法规的相关规定，切实履行保修义务，与此同时，还应承担因此产生损失的赔偿责任。法律和条例中明确规定，工程的保修期是从项目的竣工验收合格之日正式起算[1][2]。

---

① 《中华人民共和国建筑法》，全国人民代表大会常务委员会，1997.
② 《建设工程质量管理条例》，中华人民共和国国务院，2000.

在正常使用条件下，建设工程的最低保修期限为：

1. 基础设施工程、房屋建筑的地基基础工程和主体结构工程，为设计文件规定的该工程的合理使用年限；

2. 屋面防水工程、有防水要求的卫生间、房间和外墙面的防渗漏，为5年；

3. 供热与供冷系统，为2个采暖期、供冷期；

4. 电气管线、给排水管道、设备安装和装修工程，为2年；

5. 其他项目的保修期限由发包方与承包方约定。

建设工程在保修范围和保修期限内发生质量问题的，施工单位应当履行保修义务，并对造成的损失承担赔偿责任。按照法律法规或合同约定，应由相关责任单位承担的法律责任，并不因建设单位投保 IDI 而免责。

参考国际上实施的 IDI 制度，保险公司在出险赔付后，享有代替被保险人对建设者的责任进行追究的权利——代位追偿权。在这种模式下，保险公司对被保险人进行理赔支付后，自然代替被保险人成为追究所赔付质量缺陷责任的权利人，有向有关责任人进行追偿的权利和利益动机，使得追究参建单位的工程质量责任更具可行性①。

以上海市为例，IDI 实施细则中明确规定，保险公司对 IDI 合同约定的质量缺陷进行维修或赔付后，有权依法对质量缺陷的责任单位实施代位追偿，被保险人与相关责任方应予配合。保险公司可留存相关责任证据，通过代位追偿从各责任主体获取应得补偿。代位追偿机制的设置，有利于督促工程参建各方提高作为工程质量责任主体的责任意识，实现工程质量水平的真正提升。

四、IDI 促进建设工程质量监督更为系统合理

按照《建设工程质量管理条例》的规定，国家采取建设工程质量监督管理制度。通过监督机构，对建筑工程质量进行合理有效的监督，并且在监督过程中结合国家出台的有关规定，对参建主体行为进行规范，切实有效地监督管理工程的质量。当前建设工程质量的政府监督部门或单位组成包括两方面内容，一是政府单位内的行政主管部门；二是政府授权的第三方机构，不仅包括

---

① 纪颖波. 商品住宅工程质量强制保险研究［D］. 天津：天津大学，2009.

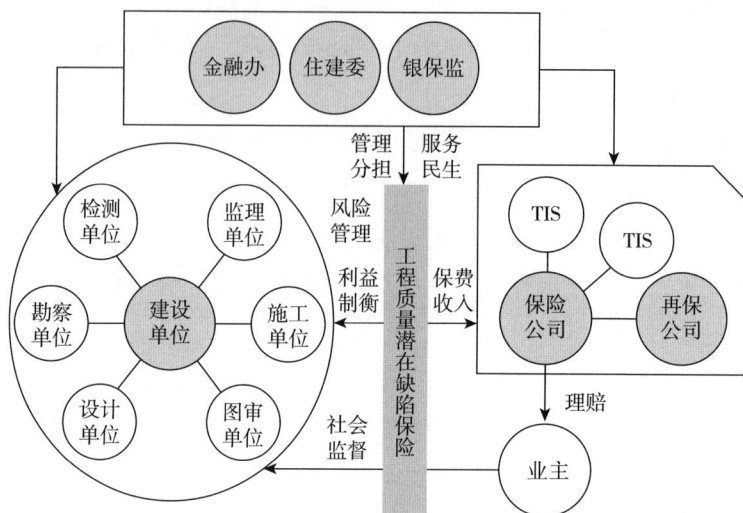

图 2.2　建设工程 IDI 制度设计示意图

监理单位，还包括如下两个机构。第一个机构是施工图审查机构。该机构根据具体法律规定，提出了高标准的要求，对有关公众安全等方面内容展开严格审查，担负着重要的审查责任；第二个机构是工程质量检测机构。该机构接受政府机构的委托，按照国家制定的具体标准，从质量安全角度出发，展开抽样检测。在我国，这种建筑领域传统的质量监督机制已运行数十年。依靠这套体制机制，在过去的数十年中我国的工程质量水平有了长足的提升。但是近年来，

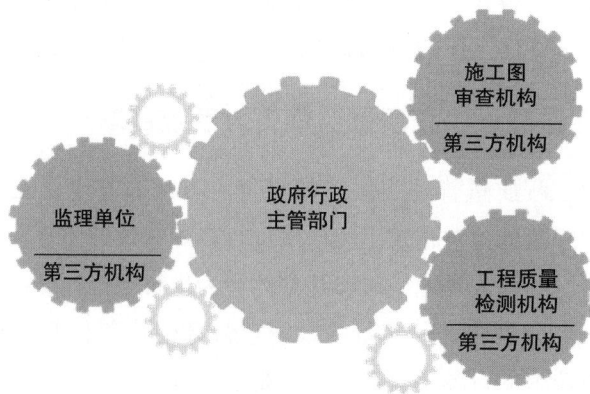

图 2.3　建设工程质量监督主体

工程质量水平似乎也进入了瓶颈期。

在传统质量监督体系中，包括审图公司、监理公司、第三方检测公司在内的第三方机构，他们均属于建设单位的合作乙方。为了在激烈的市场竞争中获取更多的项目资源，审图公司、监理公司、第三方检测公司在行使质量监督行为的过程中，一方面要审核质量成果，另一方面需要顾及甲方的利益关切，进而在其质量监督行为与理论预期之间出现新的平衡点。此外，在传统建筑工程质量监督体系中，审图公司、监理公司、第三方检测公司在发挥监督作用的过程中，往往仅专注于特定环节的质量控制，缺少从全过程全周期视角进行综合性质量评估。例如，审图机构在施工图纸审查中，关注的是图纸表达是否标准、是否满足规范要求等，对于设计图纸中涉及开裂、构件挠度及施工可行性的质量评估不足，而此类设计问题正是造成住宅建筑质量缺陷的主要原因。

通过引入 IDI 保险制度，保险公司聘请专业的工程质量风险管理机构 TIS 对投保工程进行全过程全方位的质量风险管理，风险管理机构与传统质量监督体系中的审图公司、监理公司、第三方检测公司相比，是完全独立的第三方质量监督机构，质量风险管理机构的工作目标与住宅工程小业主的质量需求完全契合。因此，在实际质量行为监督中，风险管理机构能够更加充分、更加客观地评估工程建设各个环节的质量风险，切实履行质量监督和管理角色定位，全力发挥保险的事前预防、事中控制作用，使 IDI 成为加强工程质量管理的有力支撑，使工程质量监督体系更加系统、合理。

第三节　IDI 促进建筑领域社会整体效益的提升

一、IDI 促进建设资金节约使用

所谓物业质量保修金，是指由开发单位向房屋管理部门交存的保证金。如果在质保期内物业出现质量问题，施工单位不作为或者维护维修不到位，物业公司和业委会有权向主管部门提交申请动用物业保修金来进行维修。我国上海市、浙江省等地实施了住宅物业保修金制度。以上海市为例，《上海市住宅物业保修金管理暂行办法》第六条规定，新建住宅及同一物业管理区域内的其他建筑物，其建设单位按照建筑安装总造价的 3% 交纳保修金。建设单位已投

保的工程质量保证保险符合国家和本市规定的保修范围和保修期限的，经房屋管理部门审核同意，可以免予交纳物业保修金①。

需要加以区别的是建设工程质量保证金的概念。建设工程质量保证金是指发包人与承包人在建设工程承包合同中约定，从应付的工程款中预留，用于保证承包人在缺陷责任期内对建设工程出现的缺陷进行维修的资金。工程质量保证金是由施工承包商交纳或预留的，时长以缺陷责任期为限。缺陷责任期从工程通过竣工验收之日起计，一般为 1 年，最长不超过 2 年，由发、承包双方在合同中约定。

2017 年 6 月 20 日，住房和城乡建设部、财政部印发《建设工程质量保证金管理办法》（建质〔2017〕138 号），对质量保证金管理办法进行了修正。

《建设工程质量保证金管理办法》主要规定为②：

（1）发包人应按照合同约定方式预留保证金，保证金总预留比例不得高于工程价款结算总额的 3%。

（2）在工程项目竣工前，已经交纳履约保证金的，发包人不得同时预留工程质量保证金。采用工程质量保证担保、工程质量保险等其他保证方式的，发包人不得再预留保证金。

IDI 有利于减轻建设企业的资金压力。通过引入工程质量潜在缺陷保险制度，建设单位花费较小成本即可获得远大于交纳保修金所能带来的风险保障。建设单位交纳的物业保修金占总造价的约 3%，而 IDI 的保费仅为总造价的 1.2% 左右，IDI 保险费远低于物业保修金，省下约 1.8% 的资金可滚动再利用，能够有效缓解企业资金压力、提高了资本市场资金的流动性，为稳定和推进经济发展起到积极作用。

二、IDI 促进消费者利益的保护与提升

在商品经济时代，商品的买卖双方及商品本身构成了经济活动的基本要素。住房消费领域中，买卖双方及商品均具有一定的特殊性，因此催生出新的问题。

住房作为一般消费者可以购买到的体量最大、使用周期最长的商品，不同

---

① 《上海市住宅物业保修金管理暂行办法》，上海市政府，2011.
② 《建设工程质量保证金管理办法》，住房和城乡建设部，2017.

于一般消费商品。建筑工程生产的商品具有无法批量复制的单件属性、外露式生产施工带来的质量波动性以及质量缺陷暴露的滞后性。由于建筑工程无法实现工厂固定流水线式的生产，生产工艺和质量监督无法完全量化和透明化，施工过程中存在大量的交接环节及隐蔽环节，因此人为操作的离散性以及道德风险将无法避免。在建筑工程完全竣工交付后，建筑物其实仍在以肉眼无法识别的速度发生着缓慢的沉降、变形以及荷载应力重分布。随着这些变化的缓慢发生，商品住宅的质量问题才会逐步显露。在没有完全可量化的标准商品件做参照的情况下，消费者在购买住房商品时，不可避免地将承担更大的商品质量风险。

其次，在当前的制度条件下，消费者完全处于弱势的市场地位，在面对质量维权情况时，消费者利益往往得不到有效伸张。一旦小区出现质量保修问题后，物业往往会将质量责任推向开发商，而开发商又会进一步把责任引向施工单位或设计单位，在没有有效责任认定的情况下，各方往往存在不同程度的推诿扯皮，最终导致消费者的利益蒙受损失。即使各个责任方的责任得到了有效判定，商品住宅的参建各方也可能因为采用项目公司的形式完工清场，而难以和责任主体取得联系；或者即使找到责任主体，因为赔偿能力有限，也无法有效履行赔偿义务。

IDI 制度能够有效避免上述问题的发生，充分保证消费者的利益。消费者作为房屋的最终使用人，也是 IDI 保险的被保险人，一旦房屋出现质量缺陷，消费者只需联系保险公司，即可第一时间获得保险公司的上门查勘以及后续质量维修服务。责任认定以及追偿完全由保险公司专业人员统一处理，无须消费者牵扯过多精力，消费者的房屋购买和居住体验可明显提升。

三、IDI 有效提升社会整体效益

2017 年党的第十九次全国代表大会以来，高质量发展的理念深入人心。当前，我国经济已经从高速增长阶段转向高质量发展阶段，中国的发展模式正在从"大"向"强"演变。IDI 制度充分践行高质量发展的理念，通过推广 IDI，能够有效地服务建筑工程领域高质量发展的目标，提升整个社会的效益水平。

1. 提升社会整体经济效益

从社会整体成本角度讲，建筑业只有通过高质量发展，能够真正地提升其社会整体效益，实现全局利益的最大化。百年大计，质量第一。任何一个局部团体的小利益最大化，都将影响到全局长远利益。对于建筑工程行业，一次性完成高质量的建筑工程，才能确保社会整体成本最低，社会整体效益最优。设计环节的疏忽大意、缺图少项，必将导致施工过程的变更、返工；施工环节的偷工减料，必将导致在使用过程中数倍的维修成本损耗；开发商以眼前利润为目标的低成本、高周转，必将导致建设项目的低品质、低耐久性。通过 IDI 制度的介入，能够有效地将工程项目的勘察、设计、施工等环节有机整合到一起，通过全过程的质量控制，确保建设工程的高质量完成。

2. 提升绿色经济效益

通过实施 IDI 制度，有助于提升我国绿色经济效益。有数据显示，在发达国家当中，日本建筑的平均寿命已经超过 60 年，美国建筑的平均寿命已超过 70 年，法国建筑平均寿命已超过 100 年，而我国在粗放式发展模式下的建筑平均寿命只有 30 年。在我国，2000—2016 年建筑业碳排放呈现持续增长状态，16 年时间内碳排放量从 6.68 亿吨增长至近 20 亿吨，建筑业碳排放量占比达到全国总排放量的 19%。在绿色高质量发展的新要求下，通过贯彻新发展理念，实施 IDI 保险制度，可以有效提高工程建设质量，延长建筑使用寿命，降低潜在的建筑维修频率和维修成本，进而为缩减建筑业碳排放、碳增量起到积极作用，为"碳达峰""碳中和"的战略目标增加新引擎。

3. 降低社会维权成本

IDI 的快速理赔机制，能够有效地化解群体上访问题，降低社会整体维权成本。百姓说"心安处才为家"，只有让百姓"安居"，百姓才能够"乐业"，社会才能长治久安。传统制度体系，在出现房屋质量维权状况时，房屋业主作为弱势群体，往往被参建各方"踢皮球"。一个简单的保温渗漏索赔，可能需要小业主东奔西走，持续数月甚至数年的维权。从整个社会的角度看，即使是维权成功，整个社会的综合效益也是降低的。IDI 制度是先行赔付机制须使广大业主免遭质量问题的困扰。IDI 制度可以有效地将所有小业主的房屋利益绑定到一起，通过法人对法人的形式弥补小业主群体弱势的问题，通过保险公司统一先行赔付、代位追偿的方式，降低整个社会的维权成本。

第四节　IDI 促进我国营商环境的改善和国际形象的提升

一、IDI 是世界银行营商环境的重要评分项

2019 年 10 月 24 日世界银行发布《2020 营商环境报告》，中国营商环境在全球 190 个经济体中排名第 31 位，相比上年报告第 46 位大幅上升。这也是世界银行发布营商环境报告以来，中国获得的最好名次。中国营商环境总体得分77.9 分（即中国达到了全球最佳水平的 77.9%），比上年上升 4.26 分[①]。

该报告写到，通过大力推动改革进程，中国已连续第二年跻身全球营商环境改善最大的经济体名单的前十位。世界银行相关人士表示，中国在改善中小企业境内营商环境方面做出了巨大的努力，保持积极的改革步伐，多项指标进步可喜。

所谓营商环境是指企业等市场主体在市场经济活动中所涉及的体制机制性因素和条件。营商环境是一个国家或地区有效开展国际交流与合作、参与国际竞争的重要依托，是一个国家或地区经济软实力的重要体现，是提高国际竞争力的重要内容。随着营商环境评价影响力的逐渐扩大，世界上越来越多的经济体参评，优化营商环境已成为一场全球性竞赛。世界银行监测 190 个经济体的营商环境，在中国主要监测北京和上海两个城市，其中上海的统计权重为55%，北京为 45%。

《营商环境报告》从 10 个领域对各个国家营商环境的便利性进行打分评价，衡量因素包括开办企业、办理施工许可证、电力获取、财产登记、信贷获取、少数投资者的保护、纳税、跨境贸易、合同执行、破产办理。

中国 2020 年营商环境评价之所以能有大幅提升，与评分第二大项"办理施工许可证"的加分密不可分。中国"办理施工许可证"的排名从上年度的第 88 位上升至第 33 位，提升明显。"办理施工许可证"项下又细分为 4 项二级评分项，包括办理手续、时间、成本和建筑质量控制。其中建筑质量控制又

---

① 《2020 营商环境报告》，世界银行，2020.

是基于 6 个指数，分别为建筑法规质量、施工前质量控制、施工中质量控制、施工后质量控制、责任和保险制度以及专业认证。

"责任和保险制度"指数范围在 0 到 2 之间，分值越高，表明责任保险制度越严格。此项指数主要是考察相关城市的工程建设过程中，是否有充分的法律和保险制度保障，以确保在工程出现质量缺陷问题后，有相关方能够对质量缺陷损失承担责任。通过在监测城市北京、上海实施 IDI 制度，2020 年我国完全获得此项下的 2 分。在"施工许可证"项下的"质量控制系数"评分中，中国大陆是全球仅有的 6 个满分经济体之一。

二、IDI 助力我国营商环境评分提升

在我国，党中央、国务院高度重视优化营商环境工作。近年来，各地区、各部门按照党中央、国务院部署，顺应社会期盼，持续推进"放管服"等改革，国内营商环境明显改善。为了持续优化营商环境，不断解放和发展社会生产力，加快建设现代化经济体系，推动高质量发展，有必要制定专门行政法规，从制度层面为优化营商环境提供更为有力的保障和支撑。

为此，国务院总理李克强签署国务院令，公布《优化营商环境条例》，自 2020 年 1 月 1 日起施行。制定《优化营商环境条例》的目的在于持续优化营商环境，不断解放和发展社会生产力，加快建设现代化经济体系，推动高质量发展。

《优化营商环境条例》认真总结近年来我国优化营商环境的经验和做法，将实践证明行之有效、人民群众满意、市场主体支持的改革举措用法规制度固定下来，重点针对我国营商环境的突出短板和市场主体反映强烈的痛点、难点、堵点问题，对标国际先进水平，从完善体制机制的层面作出相应规定①。

发展 IDI 能切实减少因找不到保修主体引发的各类纠纷和社会矛盾，确保住宅质量问题有人修、有人管，维护广大业主利益，有效助力政府减轻负担，切实有利于营商环境的提升。我国多个省市均发布了优化营商环境的相关条例。

《北京市优化营商环境条例》由北京市第十五届人民代表大会常务委员会

---

① 《优化营商环境条例》，国务院，2020.

第二十次会议于 2020 年 3 月 27 日通过，自 2020 年 4 月 28 日起施行。《北京市优化营商环境条例》第四十条规定，北京市在民用和低风险工业建筑工程领域探索推行建筑师负责制，注册建筑师为核心的设计团队、所属的设计企业可以为建筑工程提供全周期设计、咨询、管理等服务。探索建筑师负责制职业责任保险制度，支持保险企业开发建筑师负责制职业责任保险产品。对于可以不聘用工程监理、建设单位不具备工程建设项目管理能力的建设项目，建设单位可以通过购买 IDI，由保险公司委托风险管理机构对工程建设项目实施管理。

《上海市优化营商环境条例》由上海市第十五届人民代表大会常务委员会第二十次会议于 2020 年 4 月 10 日通过，自 2020 年 4 月 10 日起施行。《上海市优化营商环境条例》第三十五条规定，上海市推行工程建设项目风险分级分类审批和监管制度。市住房城乡建设、交通等部门应当制定并公布各类工程建设项目的风险划分标准和风险等级，并会同市发展改革、规划资源等部门实行差异化审批、监督和管理。上海市加强对重大工程建设项目跨前服务，对不影响安全和公共利益的非关键要件在审批流程中探索试点"容缺后补"机制，允许市场主体在竣工验收备案前补齐相关材料。上海市推行 IDI 制度，探索推行建筑师负责制①。

广州市第十五届人民代表大会常务委员会第四十二次会议于 2020 年 10 月 28 日通过的《广州市优化营商环境条例》，经广东省第十三届人民代表大会常务委员会第二十六次会议于 2020 年 11 月 27 日批准，自 2021 年 1 月 1 日起施行。《广州市优化营商环境条例》第四十六条规定，鼓励社会投资低风险工程建设项目的建设单位聘请建筑师、工程师等专业技术人员负责内部技术检查，加强企业内部质量管理。社会投资低风险工程建设项目的具体范围由市住和房城乡建设部门确定并向社会公布。从事施工图审查的建筑专业审查人员、施工现场监理的专业技术人员以及工程质量安全监督管理人员应当具备国家、省相关规定的专业资格要求。广州市探索在建筑工程领域推行建筑师负责制，注册建筑师为核心的设计团队、所属的设计企业可以为建筑工程提供全周期设计、咨询、管理等服务。新出让居住用地的土地出让人应当将投保 IDI 列入土地出让合同。新建保障性住房和安置房项目应当投保 IDI，鼓励新建商品房项目投

---

① 《上海市优化营商环境条例》，上海市人民代表大会常务委员会，2020.

保 IDI[①]。

《重庆市优化营商环境条例》于 2021 年 3 月 31 日经重庆市第五届人大常务委员会第二十五次会议通过并公布，共五章八十条，自 2021 年 7 月 1 日起施行。《重庆市优化营商环境条例》第四十七条规定，重庆市、区县（自治县）人民政府及其有关部门应当按照国家规定全面开展工程建设项目审批制度改革，推行工程建设项目分级分类管理和全流程监管。鼓励购买 IDI，并探索推行建筑师负责制[②]。

---

① 《广州市优化营商环境条例》，广州市人民代表大会常务委员会，2021.
② 《重庆市优化营商环境条例》，重庆市人民代表大会常务委员会，2021.

第三章 IDI 的基本构成与主要内容

第一节 IDI 主要关系人的角色定位

IDI 既是链接各关系人的监管、运营、产品创新、技术服务支持、沟通协助的管理系统，也是各关系人多方利益制衡机制，可实现公司利益、商业利益和消费者利益的有效结合，取得最大公约数。

IDI 主要关系人包括各级住建部门、各级保险监管部门、直保公司、再保险公司、TIS 机构、建设单位以及工程业主等。

一、各级住建部门

各级住建部门是从实体经济的角度承担 IDI 的政策制定和业务的监管部门，IDI 在工程质量监督中发挥程度和力度，需要住建部门联合有关部委作出顶层设计。住建部门最早关注和认知 IDI 是在 21 世纪初，建设部到海外调研，深入了解法国、西班牙等国 IDI 制度的实施情况和经验，提出将 IDI 机制引入我国建设工程质量风险管理体系中的建议。随后，各地纷纷开展住宅 IDI 的试点工作。2017 年住建部发文并提出在上海、江苏、浙江、安徽、山东、河南、广东、广西、四川 9 个地区开展 IDI 试点。

二、各级保险监管机构

各级保险监管部门是从金融监管的角度担当 IDI 的政策制定和行为监督的管理部门。保险业作为金融业的重要组成部分，主要受到中国银行保险监督管理委员会的强力监管。2018 年 3 月，中国银保监会成立，其主要职能是依照法律法规统一监督管理银行业和保险业，维护银行业和保险业合法、稳健运行，防范和化解金融风险，保护金融消费者合法权益，维护金融稳定。2018

年 4 月 8 日，中国银行保险监督管理委员会正式挂牌，中国银行业监督管理委员会和中国保险监督管理委员会成为历史。

就业务层面而言①，中国银行保险监督管理委员会主要对 IDI 的风险管理、内部控制、资本充足状况、偿付能力、经营行为和信息披露等实施监管。从市场行为而言，中国银行保险监督管理委员会主要开展风险与合规评估，保护金融消费者合法权益，依法查处违法违规行为，打击非法金融活动。就市场准入而言，对 IDI 业务的市场准入保险公司进行资格检查。就运行规则而言，中国银行保险监督管理委员会负责指导和监督 IDI 业务运行模式和交易规则。

三、直保公司

保险公司是采用公司组织形式的保险人，经营保险业务。在国家金融监管部门的政策监管下，保险公司通过收取保费，然后进行资金运作，当所承保的客户发生自然灾害或财产损失时，保险公司依照条款给予赔偿或支付。在保险市场中，直保公司往往直接面对客户服务实体经济。直保公司尤其是头部直保公司较为重视 IDI 市场，不仅探索开展 IDI 业务、开拓 IDI 市场，还积极参与政府政策制定，主动为住建、银保监提供总体解决方案服务。

四、再保险公司

再保险也是一种风险分散行为。相比原保险合同，再保险合同具有批量、风险转移规模大、专业要求高和对最大诚信原则要求更高的特点。再保险业务的原保险人一般称为分出人或分出公司。一般情况下，再保险可以按照分出人向再保险人转移风险的方式，分为合约分保和临时分保。其中，合约分保是指分出人与分入人预先订立合同，约定将一定时期内其承担的保险业务，部分向分入人办理再保险的经营行为；临时分保是指分出人与分入人约定，因为该笔业务超出了风险承担，所以将此笔业务向再保人办理分保的经营行为。再保险也可以按照再保险分出人和再保险分入人确定各自责任的方式，分为比例再保险和非比例再保险。其中，比例再保险是指以保险金额为基础确定分出人自留额和分入人分保额的再保险方式；非比例再保险也称为超赔再保险，是指以赔

---

① 本段内容借鉴了中国银保监会官方网站公布的中国银保监会主要职能部分。

款金额为基础确定分出人自负责任和分入人分保责任的再保险方式。

从 IDI 运营机理看，再保险公司在 IDI 运营中发挥着核心作用。一定程度上说，再保险公司在 IDI 发展中起到规划和推动的作用。一是再保险在 IDI 运营中起到统筹规划的作用。各关系人在参与 IDI 运作中均是在 IDI 某一个或两个方面起到重要作用。地方政府起到推动协调的作用，直保公司在 IDI 运作中起到承担保险风险、进行查勘理赔的作用，TIS 在 IDI 运作中起到质量监督管理的责任作用。但是，IDI 各方运作需要在一个沟通平台中，确保各方在一个逻辑体系内。再保险公司作为最终风险承担者，往往相对地位超然，能统筹整个项目的运作。二是再保险公司在 IDI 机制中起到推动发展的作用。作为一种先进的工程质量潜在缺陷管理机制，再保险公司往往能利用技术优势和信息优势，推动 IDI 项目向前进行。三是再保险公司在 IDI 产品设计中起到先行作用。IDI 作为一项创新产品，直保公司需要再保险公司给予风险定价，在分保方案确定之后才能给予承保。

例如，法国再保险（以下简称法再）IDI 业务自 1973 年开展，至今已经在 IDI 领域经营数十年，也积累了大量的 IDI 经营数据、管理经验和既往案例。法再自称能为各国 IDI 推行提供顾问服务，以推动 IDI 行业发展为使命担当。

又如，"十三五"以来，中再集团积极切入 IDI 市场，推动上海、北京、广州等地 IDI 试点工作，在国内 IDI 市场处于引领地位。2018—2020 年协同中再产险公司和中国大地保险公司累计为市场提供千亿元 IDI 风险保障。

五、TIS 机构

TIS 机构是 IDI 制度中最重要的角色，是经保险公司委托授权后承担质量风险管理职责的第三方专业机构，参与工程项目建设的全过程，并代表保险公司进行质量风险管理。TIS 机构的目标是要充分降低保险责任期间质量风险发生的可能性，并尽量降低损失的大小。

TIS 机构的风险评估报告根据工程的不同阶段而有所不同，从设计期的岩土勘察、图纸设计、施工组织设计、材料选取规范、试验方法等方面，到建造期的现场作业审核，最终向保险公司出具风险评估报告。报告内容包括按照预定的计划检验、对施工现场的检验和对缺陷部位的整改意见。TIS 机构现场检查的工程量通常不得低于总工程量的30%。TIS机构作为独立的第三方，应提供公正的风险评估和技术建议，并且不能参与建筑的设计和施工及现场管理和监督。

目前，国内外均有较为专业的TIS服务机构，国际有名的TIS服务商，如法国国际检验集团；国内专门的TIS公司，如盛安保险技术公司。另外，一些国内监理公司等传统责任主体积极尝试开拓TIS业务，如上海建科、港惠建设、上海三凯等公司。

TIS机构的工作应该遵循以下四方面原则。一是客观性原则，TIS机构应实事求是地对工程质量潜在缺陷进行定性、定量评估，用数据来说话，既不能低估了风险，也不能夸大了风险；二是重点关注原则，TIS机构应对形成工程质量潜在缺陷的关键指标、关键工艺、重点部位进行重点检查，切不可"眉毛胡子一把抓"；三是可追溯原则，TIS机构应对风险源进行及时的记录、归档，确保风险检查结果可追溯，形成质量管理闭环；四是独立性原则，TIS机构应始终站在独立第三方的角度，不参与工程建设，不与相关单位产生利益关系。应严禁TIS机构与工程参建单位（包括其上级单位、集团公司）存有交易或关联关系，不得由参建方或明或暗指定TIS机构。

TIS的风控服务从工程勘察设计阶段开始介入，直至保险责任起期前结束服务，涵盖了勘察设计阶段、施工建造阶段及两年等待期，此过程统称为风险管理阶段。

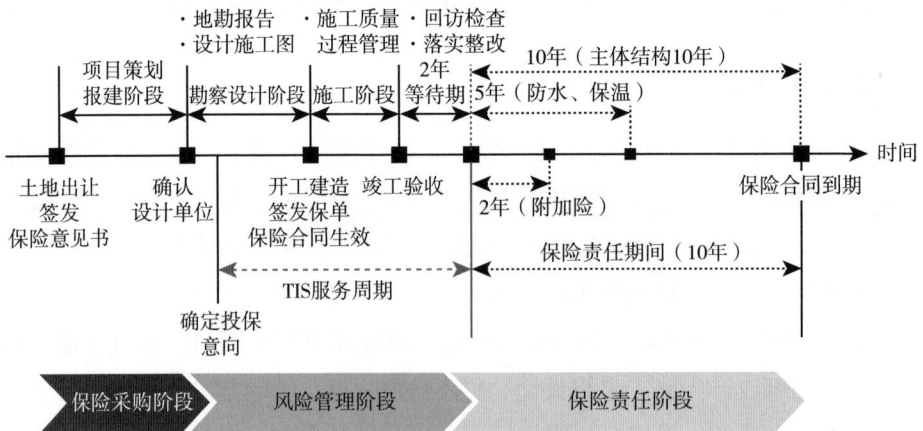

图3.1　TIS机构服务周期

六、工程建设单位

建设单位是指主导和使用建设投资资金的基层单位，从事各种建筑安装施工活动的经营，是实行独立核算的经济实体。它包括各种土木建筑公司、设备安装公司、机械施工公司等。根据《中华人民共和国建筑法》的规定，从事建筑活动的建筑施工企业，按照其经营资质、专业技术人员的数量，以及过往业绩，经过审批，可以取得相应的经营资质，然后在资质范围内开展业务。

建设单位为 IDI 的投保机构。在 IDI 制度中，在工程开工前，建设单位就要向保险公司一次性缴纳保费。以上海和深圳为例，上海和深圳均由政府设置统一保险费率，保险费为建安工程造价的 1% ~ 1.5%，在投保时一次性收取。国外则不同，法国是根据保障范围不同，一般为建安工程造价的 0.5% ~ 3%，通常在投保时预付 20% ~ 30% 的保险费，当工程竣工并取得竣工验收合格证书后，保险单生效，投保人缴纳剩余的保险费。IDI 保险通常设置一定时长的等待期，国内等待期为两年，即在竣工验收合格两年后开始保险赔偿责任，且在整个保险期限内不得退保，通常足额投保。国外也要求足额投保，不允许退保。

另外，对于有物业保修金的省市，IDI 保费可置换保修金，建设单位就比较愿意接受 IDI。但对大部分没有物业保修金的省市，建设单位就认为 IDI 保费会对建设工程成本造成一定的压力。将保费列入工程造价有助于提高建设单位投保意识，并缓解建设单位短期资金流压力。

七、物业业主

从字面意义上理解，物业业主是指特定物业的主人，对建筑工程行业来说，物业业主也即该建筑工程项目的所有人，对该建筑工程项目享有权利，同时，也承担该建筑工程项目的责任。从这个意义上说，物业公司本是全体业主聘请的"管家"，帮助业主管理小区、维护小区的服务机构。工程公司是业主的"帮手"，协助业主进行工程项目，直至完成或部分完成。

在 IDI 体系中，保险公司通过聘请独立第三方的质量风险管理机构 TIS，对建筑工程建设的全过程实施质量风险管控，减少质量问题发生的概率，提高业主的居住品质；IDI 保费也是由建筑开发商在投保时缴纳，无须入住业主负担任何额外保险费用；IDI 保险方案还有效地延长了房屋原有的保修期限，在国家规定的防水、保温、装饰装修以及附属工程的质量保修保障基础上都延长 2 年之久；一旦在责任期内出现质量责任事故时，只要确认是保险责任，业主就能第一时间获得理赔维修服务，IDI 保险无须将责任认定作为赔偿的前置条件，避免了各方责任相互推诿。可见，IDI 制度有利于维护业主合法利益，切实提高人民群众的安全感、获得感以及幸福感。

目前，国内已开展 IDI 的住宅项目中有一小部分项目进入理赔阶段，主要集中在上海，居民对保险公司快速理赔维修服务评价较高。例如平安保险近期采用快修机制维修上海某小区 IDI 责任期内管线漏水缺陷，维修费用 500 万元，获得住户高度认可。

第二节　IDI 的保险责任

一、潜在缺陷与责任承担

1. 潜在缺陷论述

"缺陷"是区别于自然损耗的，缺陷和自然损耗导致的损害结果可能都是逐渐出现的，因此，不能仅仅因为损害是逐渐发生的就将其归因于自然损耗。两者不同之处在于前者是人力的作为所致，无论是积极作为或者消极作为，使得建筑工程使用寿命缩短或发生风险事故；而后者则是建筑工程经过岁月累积自然损耗的结果。普遍认为，潜在缺陷是指具有熟练技术的人员以通常的注意及周到的检查仍不能发现的瑕疵，如果该瑕疵显而易见，则不能称为潜在缺陷。从工程责任看，要构成潜在缺陷一般要具备 3 个条件，一是建筑工程损失发生的原因是"缺陷"造成的，而不是自然原因是主因。二是该缺陷必须是潜在的。三是潜在缺陷发生在工程上，而且要区别于除外风险的自然磨损。缺陷和自然磨损导致的损害结果可能都是逐渐出现的，因此，不能仅仅因为损害是逐渐发生的就将其归因于自然磨损。

2. 关于建筑正常使用与损坏的论述

建筑正常使用与损坏的定义关系到保险责任的划分与保险费率的厘定。正常使用指按照建筑工程的原设计条件使用，包括但不限于：（1）不改变建筑工程主体结构和竣工验收包含的设备设施位置；（2）不改变原设计用途；（3）不超过原设计荷载。建筑工程的损坏指建筑工程原结构出现的结构性损坏或防水工程的渗漏，以及建筑工程竣工验收时所包含的装修、设备设施因前述结构性损坏或渗漏造成的损坏。

二、IDI 的保险条款与保险责任

IDI 条款中的保险保障范围。从国内市场实行的情况看，建筑工程质量的保险责任的划定，首先是划定保险范围，其次是在范围内划定保险责任。

1. 划定保障范围

以上海市标准 IDI 保险方案为例，地基基础和主体结构工程保险责任期限为十年，自被保险项目竣工验收合格满两年时起算，即保险责任期间为自竣工验收合格之日起第三年至第十二年，承保范围如下：（1）整体或局部倒塌；（2）地基产生超出设计规范允许的不均匀沉降；（3）阳台、雨篷、挑檐等悬挑构件坍塌或出现影响使用安全的裂缝、破损、断裂；（4）主体结构部位出现影响结构安全的裂缝、变形、破损、断裂。

2. 明确保险期限

以上海市标准 IDI 保障方案中以防水工程险保险责任期限为例，一般为五年，即保险责任期间为自竣工验收合格之日起第三年至第七年。承保范围包括：（1）地下防水工程存在质量缺陷造成的渗漏；（2）建筑屋面防水工程存在质量缺陷造成的渗漏；（3）外墙防渗漏工程存在质量缺陷造成的渗漏；（4）有防水要求的房间存在质量缺陷造成的渗漏。

3. 分清保险责任

建筑工程在竣工验收合格后两年内出现质量缺陷的，由施工承包单位负责维修；在保险责任期限内，建筑物发生保险责任范围内的损坏，由保险公司负责赔偿。

4. 确定赔偿责任

保险事故发生后，除正常维修赔偿外，被保险人为防止或减少被保险项目的损失所支付的必要的、合理的费用，保险人按照本合同的约定负责赔偿。

三、IDI 的免责条款

当前，IDI 承担的保险责任是列明责任，除了列明责任之外的其他责任保险公司不承担。从市场操作看，IDI 条款中的责任免除一般由三部分构成。

1. 免除非保险责任范畴内的风险

IDI 中，第一部分是保险产品的传统免除责任范畴，主要免除非保险责任范畴内的风险。（1）投保人、被保险人或被保险项目使用人的重大过失、故意行为、违法行为、犯罪行为；（2）战争、敌对行动、军事行为、武装冲突、罢工、骚乱、暴动、恐怖活动；（3）核辐射、核爆炸、核污染及其他放射性污染；（4）大气污染、土地污染、水污染及其他各种污染；（5）行政行为或司法行为；（6）超过设计标准值的风荷载和雪荷载；（7）冰雹、雷电、洪水、滑坡、泥石流及地震等自然灾害；（8）火灾、爆炸；（9）外界物体碰撞或空中运行物体坠落；（10）投保人、被保险人或被保险项目使用人使用不当或改动原设计结构、设备位置或原防水措施。

2. 免除工程质量潜在缺陷以外的风险

在 IDI 中，第二部分主要是防范道德风险和自然磨损划定为免除保险责任的范畴。（1）被保险项目竣工验收后，被保险人或被保险项目使用人自行添置的包括装修在内的任何财产的损失；（2）在对被保险项目进行修复过程中，为满足被保险人或被保险项目使用人要求，超过原设计施工标准所产生的额外费用；（3）自然磨损、折旧、物质本身变化或其他渐变原因造成的损失和费用；（4）非因工程质量潜在缺陷造成的被保险项目的任何损失；（5）保险事故致使被保险人或被保险项目使用人无法使用被保险项目、停业、停电、停水、停气、停产、通信或者网络中断、数据丢失、电压变化等造成的损失以及被保险人或被保险项目使用人财产因市场价格变动造成的贬值、修理后因价值降低造成的损失等各种间接损失；（6）人身伤亡或精神损害赔偿；（7）罚款、罚金和惩罚性赔偿；（8）保险合同载明的免赔额。

3. 其他不属于保险责任范围内的

第三部分是其他部分的责任免除，即 IDI 对于其他不属于保险责任范围内的任何损失、费用，保险人也不负责赔偿。

第三节　IDI 的定价

一、保险产品的定价原则与方法

（一）保险产品的定价原则

1. 损失补偿的原则

保单签订时，保险人按照保险合同的约定，向被保险人收取保险，保险事故发生后，保险人按照承诺向被保险人支付损失。保险的基本职能是通过补偿或给付提供经济保障，而保险费是保险人履行补偿或给付的主要来源，因此，保险人收取的保险费应能充分满足其履行赔偿或给付责任的需要，以保障被保险人的保险权益，并维持保险人的稳定经营。保险费率是保险人收取保费的依据。

2. 公平性原则

风险的损失补偿的承诺是可以度量的。第一方面，风险的度量就是保险业收费的依据，保险公司依据纯风险损失率来收取保费。第二方面，为了保证保险公司能顺利运行下去，保险公司除了收取纯风险损失保费外，还要再增加一部分管理费。面对保险业激烈竞争的市场和严格的监管规定，保险公司收取保费要保持公平性原则。第三方面，面临性质或程度相同或类似风险的投保人应执行相同的保险费率，负担相同的保险费，而面临不同性质、不同程度风险的投保人，则应实行差别费率，负担不同数额的保险费。

3. 合理性原则

即保险公司收取的保费要符合社会组织或个人的承受能力，同时又必须承担一定的风险责任。既不能过高，也不能过低。费率过高，虽然有利于保险人获得更多的利润，但同时加重了投保人的经济负担，不利于保险业务的扩大；费率过低，则会影响保险基本职能的履行，使被保险人得不到充分的经济保障。

4. 稳定灵活的原则

一般情况下，保险费率是基本保持稳定的，以保证投保人对保险公司的信任和信心。但从长期来看，保费费率并非恒定不变。如 2021 年，受疫情等其他因素影响，全球企业营业中断损失较大，保险业承担此类业务面临大幅度的损失，到 2022 年，保险公司为了弥补风险敞口，对营业中断风险提高风险费率，以保证持续经营。

5. 促进防损的原则

保险费率的厘定应体现防灾防损精神，即对防灾防损工作做得好的被保险人降低其费率或实行优惠费率，而对防灾防损工作做得差的被保险人可适当提高费率以示惩戒。

（二）保险产品定价方法

1. 成本导向定价方法

当前，保险业定价基本是依照此方面进行定价，一般情况下，保险公司首先对风险进行分析，划定可保风险和不可保风险，针对可保风险，按照风险损失的频率、风险损失额两方面对风险损失进行定价，而风险损失的定价就是保险公司制定保险产品并进行收费的成本基础。

2. 竞争导向定价方法

在部分非车险尤其是工程险领域最为典型，如某保险公司为了承接某工程项目的风险管理，从费率角度分析，该笔业务的收费已经完全不能覆盖该笔业务的风险损失时，保险公司为了赢得业务，加强业务积累，而以亏损的形式承担风险责任。

3. 客户导向定价方法

客户导向定价方法更多的是关注客户的需求，从现在保险业运行态势看，主流的保险公司已经从成本定价或者竞争导向定价转向了客户导向定价，结合客户的个性化需求和风险需求品类进行产品定价。

二、IDI 的费率计算原理

从 IDI 保险费的构成看，呈现在客户面前的是某些风险损失赔偿的承诺，对应相应的保费。但是，从 IDI 内部保费构成看，一般又可以分为纯风险损失费和附加费用。其中，纯风险损失保费是保险合同定价的基础，保险公司依照纯风险损失保费进行产品开发，收取过保费后，保险公司要根据纯风险损失保费进行准备金的提取和财务管理与投资管理，以应对未来的赔付。附加费用主要包含质量风控和运营的费用。

值得说明的是，随着我国保险业经营的专业化不断演进，保险公司不断降低附加费率，降低营销成本和运营成本，以更加普惠的产品回馈社会。保险费率是保险人按单位保险金额向投保人收取保险费的标准。保险费率与保险费之间一般存在以下关系：保险费 = 保险金额 × 保险费率 × 费率调整系数。

对于 IDI 保险业务而言，基准费率和费率调节系数情况如下：

1. IDI 基准费率

从现行市场上 IDI 实施的保险费率看，一般毛坯房费率为 1.83%，装修房费率为 1.69%。

2. IDI 费率调整系数

当前，在 IDI 业务承保过程中，一般有 8 个费率调整系数可以使用，包括：（1）建设单位资质调整系数；（2）总承包方资质调整系数；（3）设计单位资质调整系数；（4）存量房调整系数；（5）风险管理机构报告结论调整系数；（6）承包方式调整系数；（7）工程项目性质；（8）赔付率调整系数。表3.1 为中国保险行业协会公布的某保险公司的 IDI 保险费率。

表 3.1   **某保险公司 IDI 保险费率**

1. 建设单位资质调整系数

建设单位资质	调整系数
一级	[0.98, 1.0]
二级	(1.0, 1.05]
三级、四级及其他	(1.05, 1.2]

2. 总承包方资质调整系数

总承包方资质	调整系数
特级	[0.98, 1.0]
一级、二级	(1.0, 1.05]
三级	(1.05, 1.2]

3. 设计单位资质调整系数

设计单位资质	调整系数
甲级	[0.98, 1.0]
乙级	(1.0, 1.02]
丙级	(1.02, 1.1]

4. 存量房调整系数

是否为存量房	调整系数
非存量房	[1.0，1.1]
存量房	(1.1，1.3)

5. 风险管理机构报告结论调整系数

风险管理机构报告结论	调整系数
基本无缺陷	[0.95，1.0]
有缺陷但整改到位的	(1.0，1.1)
有缺陷且未整改到位的	(1.1，2.0]

6. 承包方式调整系数

承包方式	调整系数
工程总承包	[0.9，0.98]
其他承包方式	1.0

7. 工程项目性质

工程项目性质	调整系数
政府建设工程	[0.8，1.0)
非政府建设工程	[1.0，1.3]

8. 赔付率调整系数

经验/预期赔付率	调整系数
[0，20%]	[0.5，0.6]
(20%，40%]	(0.6，0.8]
(40%，60%]	(0.8，1.0]
(60%，80%]	(1.0，1.3]
>80%	(1.3，2.0]

第四节　IFRS17 规则下的 IDI 探讨

2017 年 5 月，国际会计准则理事会（IASB）正式发布了《国际财务报告准则第 17 号——保险合同》（IFRS17），将于 2023 年 1 月 1 日实施。对保险业来说，新的会计准则也就意味着新的价值计量标准和经营标准，新会计准则对保险业的影响是方方面面的，也必将带来保险业经营格局的深刻变革。

　　财险公司主要经营的是短期的风险管理和责任承担业务，寿险公司主要经营人身意外、疾病甚至养老需求的风险责任承担，大多数的寿险产品附加有投资分红和理财等功能，新会计准则的核心原则之一即是风险损失的度量。从这个角度看，新会计准则对寿险业的影响远远大于财险行业。

一、IFRS17 规则下的 IDI 保费收入将更加平滑

　　IFRS17 实施后，保险公司的核算规则对保费的确认将更加严谨。对行业寿险公司来说，一些万能险、带分红的长期寿险，其保险费的确认由于核算规则将大幅度减少。IDI 是一个新生险种。在 IFRS17 规则下，IDI 保费收入需要在保险期（一般是 10 年或 15 年）内分年度确认，也就意味着，同一笔 IDI 业务，每一个保障年度均有对应的保费收入确认。长期来看，业务确认更加平滑，更加便于保险公司进行财务管理和资金安排。

二、IFRS17 规则下的 IDI 净资产收益率探讨

　　净资产收益率又称为 ROE，主要是站在股东的角度，衡量一定单位内的资金股本和股息，在一定年度内能够带来的收益水平。对所有公司而言，净资产收益率指标可以建立起跨行业的资本效率分析的桥梁，使得不同行业的公司也可以放到同一个体系下进行高低评比衡量。对 IDI 而言，净资产收益率的贡献主要包含三个维度，分别是承保收益、保险经营期间现金流投资收益和保险承保资金结余投资收益。

　　在 IFRS17 规则下，对收益的计量除了列示现行准则下的资产公允价值变动计入其他综合收益的部分外，还包含保险合同负债变动计入其他综合收益的部分。

　　相比一般财产险，IDI 是负债变动最为灵敏的险种，所以，IDI 负债变动对 IDI 净资产收益率影响最为显著。站在净资产收益率角度，保险公司也对 IDI 的承保盈利要求更为迫切。

三、IFRS17 规则下 IDI 对保险公司有更高的要求

（一）组织架构

IFRS17 的实施，对保险公司而言，更多的是管理理念和价值衡量的变革，需要公司各部门通力配合，重新审视职责权利。在 IFRS17 的基础上，重新审视经营战略，在经营战略之后，配置更加科学合理的组织架构。IDI 作为财险公司一种"长期险种"，其更需要各部门重新审视，搭建更加适应的组织架构。

（二）工作流程

IFRS17 下保险公司的经营将更加"纯粹"。经营的就是风险承担，风险承担意味着更加科学的风险度量，所以，精算思想将更加深入公司经营的各个环节。从最前端的市场调研、产品开发、财务管理等，一直到客户理赔服务等都需要精算思想的引入，以更加准确地经营核算。在 IFRS17 规则下，IDI 产品核算以及投资收益的分析，是与现行的财产险完全不同的逻辑，所以，对财险公司的工作流程也有更高的要求。

（三）信息系统

就财险公司而言，其核心业务系统对保险产品的设定要素中，产品的期限多数是一年，产品的缴费绝大多数情况下是一次缴费，所以，面临新的核算规则，必须对现有的核心业务系统进行改造，而且，各项指标的内涵也将发生变化。经营分析和产品的对标等均发生实质性变化。IDI 的产品尤其如此。

（四）人员队伍

IDI 的业务特点和核算特点，迫切需要与现有财产险不同逻辑的业务系统，需要专门的运营团队和财务核算团队。某种程度上，不能用现有的财产险业务管理思维去看待 IDI 业务，而是需要一个全新的视角。

附3.1　IDI 的类寿险属性探讨

关于 IDI 是否具有类寿险属性的问题，还存在较大争论。有支持观点认为，IDI 具有类寿险属性，比如和寿险一样，IDI 的保险期限长，所以，IDI 与寿险的保险人一样，应该对每份保单逐年提取准备金；也应该有更多资金用于投资。而持反对观点认为，不能将 IDI 理解为具有类寿险属性，这样很危险。

因为 IDI 的保险期限长，而风险暴露大都在保险的后期，工程在竣工交付后会有大量的理赔需求。如果只注重前期的保费收入而轻视后期的保费支出，将存在很大风险。

特别提醒的是，本附件主要展示的是"IDI 具有类寿险属性"的支持观点，但这并不代表本书就赞同这一观点，只是提出问题，供大家探讨。

一、IDI 与一般财产险的特征不同

IDI 具有与一般财产险所不同的特征：（1）IDI 的保险期限长，一般财险业保险期限为一年，而 IDI 的保险期限为 15～20 年，甚至更长。（2）IDI 的签单日期与起保日期是分离的。一般财险业签单日期与起保日期相邻，但 IDI 的签单日期早于起保日期两年以上甚至更长。签单日期一般在土地拍卖环节以后，起保日期一般在完成工程竣工验收以后。（3）IDI 代位求偿权的使用。相比一般的财险业，IDI 的所有损失补偿，保险公司在赔付完毕业主之后，行使代位求偿权，向有关责任单位追偿。

二、寿险产品的主要特点

寿险产品是以人的身体、寿命或者养老支付为标的的一种保险。其核心的管理理念是围绕人的需求进行产品开发和财务安排。一是相比财产保险，寿险产品一般收费期限较长，寿险公司从财务安排和稳定经营的角度来说，更加喜欢期缴产品。二是寿险产品的开发和研究的基础是人的生命周期表，通过生命周期表来划定纯风险保费和毛保费。三是寿险产品多数附加投资分红或一定的理财功能。所以，从某种程度上说，财险保险是管理风险，寿险保险是经营人生规划和财务安排。

（一）寿险产品的需求面广，但需求弹性较大

一方面，无论人的年龄大小、性别、财富状况如何，都会面临生老病死的问题，因此，与人的切身利益关系密切的寿险产品有广泛的市场需求。另一方面，寿险产品却具有较大的需求弹性。这主要是由于观念上的原因，人们对于死、伤等字眼的忌讳，导致寿险的推销难度加大。而且，寿险产品通常是自愿购买，在经济状况不好，对寿险产品及对保险公司的了解不够时，往往会放弃购买。另外，人们对银行储蓄、现金的依赖，对证券投资的期望，以及受养儿防老思想的影响，都使得人们对寿险产品的需求具有较大的弹性。

（二）寿险的保险金额是依据多种因素来确定的

在财产保险中，保险金额的确定以保险标的的价值为依据，而在寿险中，

人的生命和身体是保险标的，其价值难以衡量。因此，在寿险中，保险金额不是以保险标的的价值来确定的，而是依据被保险人对保险的需求程度和投保人的缴费能力，以及保险人的可承受能力来确定的。另外，在一些保险中还存在没有确定的最高给付限额，而只规定保险人在一定时期内定期给付保险金的情况。如养老金保险，受益人通常在约定的领取期开始后，一直领取保险金直到被保险人死亡，其领取期限总是不确定的。

（三）寿险的保险金给付属于约定给付

与财产保险的补偿赔付方式不同，寿险通常采用约定给付方式。寿险合同一般为给付合同。作为定额保险的寿险，当发生保险事故时，保险人按照合同约定的保险金额承担保险费给付责任，而不能有所增减。在健康保险和意外伤害保险中，也可以采用补偿方式，但补偿金额不能超过约定的保险金额。另外，寿险的给付不实行比例分摊，不实行代位追偿原则（医疗费用保险除外）等损失补偿原则，也表明寿险的保险金给付为约定给付。

（四）寿险的保险利益决定于投保人与被保险人之间的关系

寿险的保险利益与财产保险不同，它是以人与人的关系来确定的，而不是以人与物或责任的关系来确定的。

（五）寿险保单的储蓄性

人寿保险在为被保险人提供危险保障的同时，兼有储蓄性的特点。综观全球，我国的寿险市场具有较大的特殊性，寿险保单不仅将风险保障进行了安排，而且对财务规划也进行了安排。从资产配置角度和寿险业扩表的角度看，这是一个巨大的创新。寿险的保险事故和保险产品的特点，对寿险的业务经营产生的影响，使其与财产保险明显不同。主要表现在保费的收取、准备金的提取、资金的运用、保单的调整和连续性管理等方面。

三、IDI 与寿险产品的比较

（一）从收费方式看，IDI 与寿险业务有所相似

对寿险业务而言，因为寿险一般都是长期业务，而寿险的死亡事故发生概率往往随被保险人年龄的增大而增加。如果保险费的计收依据是当年的死亡率，则易出现年老的投保人的保险负担过重而放弃续保的情况，不利于保险业务的开展。因此，对于长期的寿险，通常采用年度均衡费率来计收保险费。年度均衡费率计收保险费的具体做法是：保险人每年向投保人收取相同的保险

费，保险费率在整个保险缴费期间保持不变。显然，在投保人缴费的早期，均衡费率高于自然费率；而在缴费后期，均衡费率低于自然费率。保险人通过用投保人早期多缴纳的保险费来弥补后期的保费不足，均衡投保人的经济负担，保证被保险人在晚年也能得到保险保障。

IDI 目前多是采取一次趸交的方式收取保费；日后，如果从减轻投保人负担角度来看，有可能实现逐年缴费。总之，IDI 与寿险业务通常都是按年度均衡费率计收保险费或一次趸交保费。

（二）从经营原理看，IDI 与寿险的保险人对每份保单都应该逐年提取准备金

由于寿险以投保人缴纳保费为保险人履行赔付责任的前提，投保人缴纳的保费相当于保险人对被保险人的负债。因此，为了履行将来的给付责任，保险人必须计提保险准备金。在寿险中，由于每份保单的具体情况不同，每年保险金给付责任准备不同，因此需要对每份保单在保险期间通常为 1 年的准备金进行精确计算，以便于提取。通常，保险人在保单确立时就要计算出保险期间每年的准备金数额。

（三）从业务运营角度看，IDI 与寿险的保险人有更多资金用于投资

在寿险中，保险人可以从保费中获得长期稳定的资金。保险人采取年度均衡费率收取保险费，这意味着在每笔业务的缴费期，保险人都可以获得稳定的保险费，而在保险前期多收的保费，通常需要经过很长时间才被用于保险支付。因此，保险人可以将此笔可观的资金用于各种投资。而财产保险的保险期间通常为 1 年，不存在均衡缴费的问题和多年后保费被应用于支付的问题，因此，相对而言，寿险的保险人有更多资金用于长期投资。

IDI 业务的保险期限长，由于资金留存期间往往在 15 年以上，对保险人来说，通常有更多的资金可以用于投资。

（四）从业务管理角度看，IDI 与寿险的保单的调整难度都比较大

寿险合同，特别是人寿保险合同，大多为长期性的合同，在保险合同签订之初确立的保险费率和保险金额，可能会不再适应新的形势的需要，此时，要对原保险单进行调续，将会对投保人和保险人产生重大影响。如通货膨胀的存在，对保险人来说存在提高保险费率的需要，但提高保险费率将增加投保人的经济负担，投保人可能会选择退保，将影响保险业务的稳定发展。如果投保人

的经济状况，在投保后有所提高，对保险的需求也会随之增加，投保人若按原有的保单确定的保险费率增加保额，则对保险人不公平。因此，寿险单的保险费率和金额的调整存在较大的难度。

（五）从业务持续角度看，IDI 与寿险经营管理具有较好的连续性

寿险业务的长期性特点，要求寿险经营管理具有连续性。在比较长的保险期内，被保险人情况可能会发生各种变化，可能有要求减保或加保的情况，以及迁移或退保的情形。这些情况的变化，要求保险人必须有严格的经营管理制度，对被保险人的变化进行及时记录，以便准确核算、随时查阅。投保人缴纳的保费有相当数量可用于各种投资。从人身险业务的连续性出发，在资金运用上也要求保险人考虑资金的安全性、效益性和流动性等。

IDI 保单均为长期保单，一般保险期限是自免赔期满开始十年，其中根据不同责任范围又分五年和十年两种，每个条款具体期限定义不同，一般描述如下：第（一）至（四）项的保险赔偿责任期间，自被保险项目竣工验收满两年之日起算，最长不超过十年。本合同第四条第（五）、（六）项的保险赔偿责任期间，自被保险项目竣工验收满两年起算，最长不超过五年。保险赔偿责任期间开始前（含被保险项目竣工验收两年内），保险人不承担保险赔偿责任。条款决定了 IDI 经营具有较好的持续性。

第四章　IDI 的运作流程与数字化平台

第一节　IDI 保险周期与建设工程各阶段的关系

一、IDI 保险周期与建设工程阶段不同

IDI 保险周期包括承保、风险管理、理赔三个阶段。而建设工程各阶段主要包括工程项目的决策阶段、实施阶段和使用阶段。其中，项目决策阶段主要包括编报项目建议书、项目立项、可行性研究等工作；项目实施阶段主要包括勘察设计、施工前准备、施工、调试验收等工作；项目使用阶段则主要是一些运营管理工作①。IDI 保险周期与工程建设各阶段的起始和持续时间存在一定差异，具体详见图 4.1。

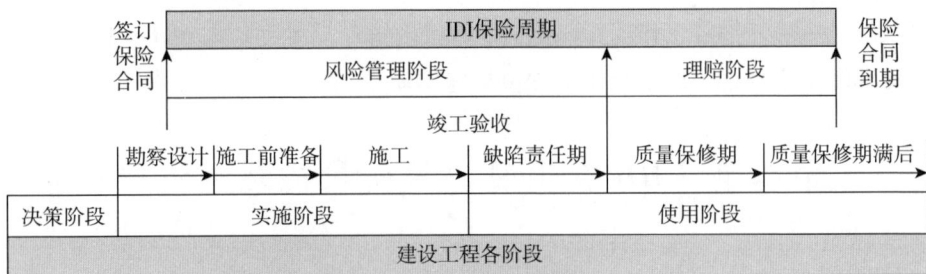

图 4.1　IDI 保险周期与工程建设各阶段关系

二、IDI 保险周期中的几个重点

1. TIS 机构是全过程追踪项目的质量风险

TIS 机构是受雇于保险公司，独立于建设五方主体的专业技术机构，其主

---

① 《建筑工程管理与实务》，中国建筑工业出版社。

要工作是对工程建设或使用过程中的质量风险和缺陷，提供检查、检测、鉴定、评估等技术服务，服务期间覆盖项目勘察设计阶段、施工阶段、竣工阶段以及缺陷责任期的复查阶段。

保险公司通过聘用 TIS 机构介入建设工程实施阶段和部分使用阶段，全过程追踪项目的质量风险，同时，为项目使用阶段的质量风险提供维修保障。建设工程的质量风险有隐蔽性强、道德风险高等特点，因此，TIS 机构的过程管理是 IDI 运行的核心，对于控制前端风险和后期理赔都有十分重要的意义。

2. IDI 承保时间节点应在项目设计施工图图审之前

这里强调，IDI 的承保时间节点应在项目设计施工图图审之前，最好是在项目方案设计阶段，因为目前在国内的试点实践中，一般要求建设单位在办理施工许可证之前投保 IDI。如果将 IDI 的承保时间前移，从办理施工许可证移至项目设计施工图图审之前，一方面有助于保险人尽早介入项目，了解情况，另一方面可使风险管理机构能够及时介入项目前期进行风险管理，避免后期发现设计问题无法及时敦促整改。

3. IDI 理赔责任期应与工程质量保修期匹配

IDI 的风险管理工作范围涵盖勘察、设计、施工、调试、验收以及不超过 2 年的缺陷责任期。保险公司聘用风险管理机构对投保项目进行风险查勘、整改跟踪、风险评估等工作。IDI 的理赔从缺陷责任期开始，直至 IDI 保险赔偿责任期结束之日，一般不早于工程质量保修期。

第二节　IDI 在项目决策阶段的运作流程

一、策划阶段多角度考虑是否投保 IDI

在编制项目建议书和可行性研究时，建设单位需从当地政策要求、社会效益、综合成本等角度考虑投保 IDI 的必要性。

（一）政策要求角度

目前，在国家层面，并没有强制投保 IDI，只是有一些指导性文件。如 2020 年 9 月 11 日，住建部发布《关于落实建设单位工程质量首要责任的通知》（建质规〔2020〕9 号），指出"房地产开发企业应当在商品房买卖合同中明确企业发生注销情形下由其他房地产开发企业或具有承接能力的法人承接质量保修责任。房地产开发企业未投保工程质量保险的,在申请住宅工程竣工验收备案时应提供保修责任承接说明材料"。在地方层面,有的地方政府已出台强制投保 IDI 政策,如上海、北京已在住宅工程项目中强制实施 IDI 制度。因此,建设单位可以根据地方政策要求提供相应的维修保障。

（二）社会效益角度

建设单位投保 IDI 可给业主增加一份长期的维修保障,也是推进绿色建筑、节能减排的一项重要举措。根据 2019 年 8 月 1 日开始实施的《绿色建筑评价标准》（GB/T 50378—2019）,采用建筑工程质量潜在缺陷保险产品,可得到 20 分的提高与创新加分项评分。

（三）综合成本角度

建设单位还需从综合成本角度考虑是否投保 IDI,如 IDI 的保费成本、维保成本、质量相关的项目变更成本等。部分地区将投保 IDI 作为预售优惠条件的,还需考虑资金成本。如建设单位确定投保 IDI,需将保费纳入工程预算统一考虑。

二、建设准备阶段多方考虑如何投保 IDI

（一）将投保 IDI 与土地出让关联

对于是否投保 IDI,我国各地政策不一样,有强制和非强制的。对于那些强制的地方,即地方政策规定必须投保 IDI 的,土地交易相关部门在编制土地出让文件时,可以进一步建议将投保 IDI 作为土地出让条件,如上海市《关于本市推进商品住宅和保障性住宅工程质量潜在缺陷保险的实施意见》（沪府办规〔2019〕3 号）规定在全市住宅工程中推行 IDI 保险,并要求住宅工程在土地出让合同中将 IDI 保险列为土地出让条件;《北京市住宅工程质量潜在缺陷保险暂行管理办法》（京政办发〔2019〕11 号）规定北京市新建住宅工程项目,在土地出让合同中,将投保 IDI 列为土地出让条件。另外,土地竞买人在竞标时应出具投保承诺函①,投保承诺函格式可参见图 4.8 所示。

（二）将投保 IDI 与保险公司资质相联系

由于 IDI 对保险公司的专业要求较高,地方政府相关部门通常会制定相应

---

① 关于印发《上海市住宅工程质量潜在缺陷保险实施细则（试行）》的通知（沪住建规范〔2017〕4 号）。

的试点文件，明确 IDI 的保障范围和运行要求，并对保险公司的资质、经验和服务能力提出具体条件，部分地区会组织对保险公司的招标。建设单位需根据各地具体情况，储备有相应资格的保险供应商。

第三节　IDI 在项目实施阶段的运作流程

一、勘察设计阶段

建设单位在项目设计阶段通过招投标等方式确定建设工程项目 IDI 的保险人，按照保险公司的承保流程进行投保并向政府备案，大部分地区的政府相关部门通过公开招标，确定可开展 IDI 业务的保险机构名录。建设单位应当在办理施工许可手续时间节点前，与保险机构签订保险合同，并按照合同约定支付保险费用，具体的投保流程如图 4.2 所示。

图 4.2　投保流程

（一）建设单位提供投保资料

建设单位根据保险公司要求及项目建设进度，向保险公司提供投保所需资料，如表 4.1 所示。

表 4.1　　　　　　　　　投保所需材料

序号	投保所需材料
1	投保单、投保企业统一社会信用代码
2	投保项目概况、土地出让证明
3	投保项目参建方信息（勘察单位、设计单位、总承包或施工单位、监理单位等）
4	总承包或施工合同、建筑安装工程总造价、工程量清单
5	地质勘察报告、设计施工图纸、设计计算书、施工组织设计、施工进度计划、专项施工方案
6	"四新"技术内容及评审文件、证明文件、建筑质量、保修特殊要求（如有）

在勘察设计阶段，若部分材料如参建方信息、施工组织设计等缺失，缺失

的材料可随工程进展情况补充提供。保险公司在收到投保人的投保申请函及投保材料后，需出具承保意向函或报价函（包含项目概况、项目总保额、基准费率、浮动因子等）。投保单可在建设单位确定投保时提供。

（二）保险公司确定风险管理机构

保险公司需通过招标、邀标等方式确定 TIS 机构并向投保人备案。我国大部分试点地区对可开展 TIS 服务的单位资质有明确要求，部分地区如上海、杭州等明确了 TIS 机构名录。

TIS 机构与保险公司签订风险管理合同后，保险机构需向其出具质量风险管理授权书。风险管理合同应当明确项目 TIS 机构的名称、风险管理专业人员的条件、风险管理负责人人选、风险管理工作范围和服务期，以及委托人的费用、委托人为风险管理工作开展所提供的资料和其他条件等内容。

TIS 机构应结合工程建设资料、现场踏勘情况制订风险管理计划，依照法律法规、工程建设标准、风险管理合同要求，对项目实施质量风险管理工作，出具初步风险评估报告。TIS 机构需结合工程勘察资料，针对项目的初步设计、施工图设计、计算书等文件进行审核评估，识别设计风险，对项目未来可能发生的比较大的质量风险进行预警提示。初步风险评估报告内容应包含对勘察文件检查的合规性评价、对主要参建方的尽职调查评价和对项目各分部分项工程主要风险点的预估等。

（三）保险公司确定保险费率

保险公司收到投保人报价材料及 TIS 机构初步风险评估报告后，根据投保人资质、TIS 机构初步风险评估报告内容，结合地方相关制度规定，初步确定项目保险费率。

（四）双方签订保险合同

建设单位确认向保险公司投保并提交签章的正式投保单后，保险人签发保单，并与投保人签订保险合同。保险合同包括投保单、保单正本、保费发票等相关附件，投保人需按保险合同约定支付保险费用并配合 TIS 机构的风险管理工作。

如地方有鼓励投保 IDI 优惠政策的，保险公司需将建设单位的投保情况向政府相关部门报备，明确 IDI 保障范围，报备说明样式详见附 4.1。

二、施工准备阶段

在施工准备阶段，TIS 机构需要收集相关的工程资料、梳理勘察设计阶段的风险整改情况，编制现场工作检查计划。

项目开工前，保险公司应组织 TIS 机构、建设单位及项目参建各方（设计单位、施工单位、监理单位等）召开风险管理交底会。交底会上，TIS 机构应对工程中可能存在的质量风险点、过程质量检查方式以及参建各方需配合事宜等进行告知，向各方发放现场工作检查计划，并形成会议纪要①。

三、施工阶段

在施工过程中，TIS 机构根据施工进度和现场工作检查计划审查施工单位的具体施工方案及深化设计图纸、检查工程实体质量和抽查质量文件，评估施工阶段质量风险和控制手段的有效性，出具书面的风险隐患清单和过程风险评估报告。报告应包括检查情况的描述、质量缺陷及潜在风险的分析提示、质量缺陷的处理建议等。TIS 机构的现场检查频率为 1~2 次/月，可根据施工过程中重点专项工程的进度，有针对性地安排现场检查和增加频次。

TIS 机构在施工阶段主要检查内容如表 4.2 所示。

表 4.2 TIS 机构在施工阶段主要检查内容

检查项	检查内容
资料检查	审查施工单位的施工方案及深化设计图纸，抽查施工过程中的质量控制文件和记录报告，包括参建各方的施工质量记录文件、施工方案、工程检测及监测报告、工程变更、监理记录等。
实体检查	对工程实体进行实测实量，包括外观质量、尺寸偏差、结构强度等。
一致性检查	实际施工和资料一致性的检查；实际施工和施工方案一致性的检查。
工序检查	现场施工工序检查，检查可以是普通工序的抽查，也可针对特殊工序进行专项检查（提前约定检查节点），尤其对于隐蔽工程施工的过程检查。检查内容包括现场施工方法是否符合设计要求和施工规范的要求、工序的实施和验收是否合规、施工成品是否保护到位等。

---

① 《建筑工程质量潜在缺陷保险质量风险控制机构工作规范》，中国保险行业协会，2018 年 11月。

TIS 机构需根据保险责任范围，对项目的地基基础工程、主体结构工程、防水保温工程、设备安装工程、装饰工程等分项风险进行评估，明确质量缺陷相对应的风险等级。对于特殊质量风险问题，TIS 机构需进行专项研究和分析，并在风险评估报告中体现，主要包括装配式建筑综合分析、钢结构住宅综合分析、地下室无梁楼盖安全性分析、外墙外保温系统稳定性分析、地基稳定性分析、裂缝可能性分析、其他特殊风险分析等。

根据事故发生概率和损失程度，可将质量缺陷风险分为 5 个等级，如表 4.3 所示。

表 4.3　　　　　　　　　　　质量缺陷风险分类

风险等级	风险描述	风险接受程度
正常技术风险	风险发生概率极低，不影响结构安全、使用安全的质量缺陷。	风险可接受
轻微技术风险	风险发生概率低，可能造成轻微的财产损失的质量缺陷；或轻微影响结构安全、使用安全、使用功能的质量缺陷。	风险允许在一定条件下发生
一般技术风险	影响结构安全、使用安全，可能造成一定的财产损失的质量缺陷	风险不可接受
严重技术风险	风险发生概率高，严重影响使用功能，可能造成严重的财产损失或产生恶劣社会影响的质量缺陷；或严重影响结构安全、使用安全的质量缺陷。	风险完全不可接受
技术保留风险	由于在检查过程中未能查见相关的工序材料或控制资料以证明其为正常技术风险，故将该类检查内容的风险判定为"技术保留风险"，需有进一步的资料证明其实际风险等级。	需进一步跟踪验证

对于一般技术风险及以下的质量缺陷，TIS 机构应与相关单位沟通协商整改措施，并在评估报告中记录；对于严重技术风险，需及时提示保险公司，并要求参建单位进行整改处理。TIS 机构需跟踪风险整改情况，及时更新项目风险清单。

建设单位在收到评估报告后，应当组织参建各方及时改正质量缺陷。质量缺陷改正完毕后，建设单位应当及时回复保险公司，如质量缺陷未整改或整改不力，TIS 机构需跟踪相关风险项并在评估报告中说明。严重技术风险未得到实质性整改的，建设单位不得竣工验收。建设单位与保险公司就工程质量缺陷的认定发生争议时，选择争议双方共同认可的具有相应资质的工程质量鉴定机构进行鉴定，鉴定费用由责任方承担。

四、竣工验收阶段

在项目竣工验收前，TIS 机构需对整个工程实施过程中的质量检查情况、质量缺陷处置结果进行汇总评价，在与保险机构服务合同约定的基础上，出具针对保险保障范围的项目竣工风险评估报告。竣工报告应当作为工程竣工验收的必备资料，主要内容应包括检查情况汇总、整改及销项质量缺陷汇总、未销项问题汇总，以及可能存在隐患的说明、需要进行无损检测的建议项、工程质量情况的总体评价，以及是否满足建筑工程质量潜在缺陷保险的要求等。保险公司根据项目建筑安装工程结算价及项目最终的质量风险情况对保险保额和费率进行调整。

在项目竣工验收后，保险公司需编制工程质量潜在缺陷保险告知书，交付房屋所有权人。保险告知书内容包括保险范围、保险期间、保险责任开始时间、保险理赔流程、负责保险理赔工作的部门及其联系方式、所有权人变更通知义务及投诉方式等。同时，保险公司、TIS 机构、建设单位、运营管理单位如物业公司等宜在此阶段建立沟通联络机制，以便项目后期的复查、维保工作。

第四节　IDI 在项目使用阶段的运作流程

一、缺陷责任期

缺陷责任期是指工程承包人因建设工程质量不符合工程建设强制性标准、设计文件，以及承包合同的约定，所应承担维修责任的期限，对应承包人缴纳的质量保证金。缺陷责任期自实际竣工日期起计算，在专用合同条款中约定，最长不超过 24 个月。保险公司一般将 IDI 的等待期设为投保项目的缺陷责任期，如在此期间内存在质量缺陷，由建设单位承担保修义务、组织相关维修工作。

TIS 机构在缺陷责任期内开展复查工作，通过物业维修记录调查、外观检查、入户检查等方式，重点检查竣工遗留质量风险、新暴露的质量缺陷以及用户非正常使用建筑产品的风险。TIS 机构需在保险赔偿责任生效前，对质量缺陷处置结果进行汇总评价，出具竣工复查风险评估报告，保险公司敦促建设单位对项目的质量风险进行整改。

二、保险赔偿责任期

等待期结束后，项目就进入了保险的责任赔偿期。IDI 理赔的侧重点在于修复和还原，以达到正常使用功能的要求。保险公司以通过委托物业公司、第三方房屋维修公司等方式，解决工程质量修复问题。索赔人也可以经保险公司同意后自行维修，并向保险公司提出修复费用的索赔。

保险公司需为 IDI 保险设立专门的理赔服务团队和 24 小时专线电话。索赔人认为住宅发生了保险条款约定的质量问题时，应及时告知保险公司。保险公司也可委托物业公司按照签订的代理合同的约定进行初审，初步认为符合保险责任的，由物业公司统一向保险公司报案。

（一）IDI 的出险触发机制

被保险项目在保险赔偿责任期间内，保险单中载明的工程项目在正常使用条件下，因设计、材料和施工等质量潜在缺陷，发生下列事故，造成被保险项目物质损坏的，即视为出险，保险公司按照保单约定履行赔偿责任：

1. 保险公司按照保单约定应当履行的赔偿责任

主要包括：（1）主体结构整体或局部倒塌；（2）地基产生超出设计规范允许的不均匀沉降；（3）阳台、雨篷、挑檐等悬挑构件和外墙面坍塌或出现影响使用安全的裂缝、破损、断裂；（4）主体承重结构部位出现影响结构安全的裂缝、变形、破损、断裂；（5）屋面防水工程，外墙面的防渗漏工程，有防水要求的卫生间、房间的渗漏；（6）围护结构的保温工程出现影响使用安全的脱落、开裂、破损；（7）其他保险合同约定的事故。

2. 索赔人需提供的索赔单证

主要包括：（1）出险通知书；（2）损失清单；（3）有资质的工程质量检测机构出具的检测报告（对保险责任不明确、重特大事故、事故原因或损失情况比较复杂的案件，需提供能够详细说明出险原因和损失情况的事故检测报告）；（4）房屋所有权证明文件或其他可以证明保险利益的文件；（5）定损资料原件（在由物业公司查勘定损的案件中，索赔人应提供现场照片，复勘照片、维修合同、相关发票、物业派工单，施工竣工验收报告等）；（6）权益转让书（在保险事故涉及第三方责任的案件中，索赔人需提供本人签章的权益转让书）。

（二）IDI 的理赔流程

IDI 的理赔流程包括常规理赔流程和应急理赔流程。常规理赔流程包括报案、现场查勘、保险责任认定、索赔资料收集、维修方案确定、维修验收等环节。如发生断电、断水、水管爆裂（漏水）等严重影响索赔人日常生活的报案事故，或其他需要急修、抢修的突发情况，保险公司应启动应急处理机制，第一时间提供维修方案，并委托第三方房屋维修公司或物业公司先抢修后查勘，待事态相对稳定后，再启动正常理赔程序。IDI 的理赔服务流程如图4.3所示。

1. 常规案件理赔服务流程

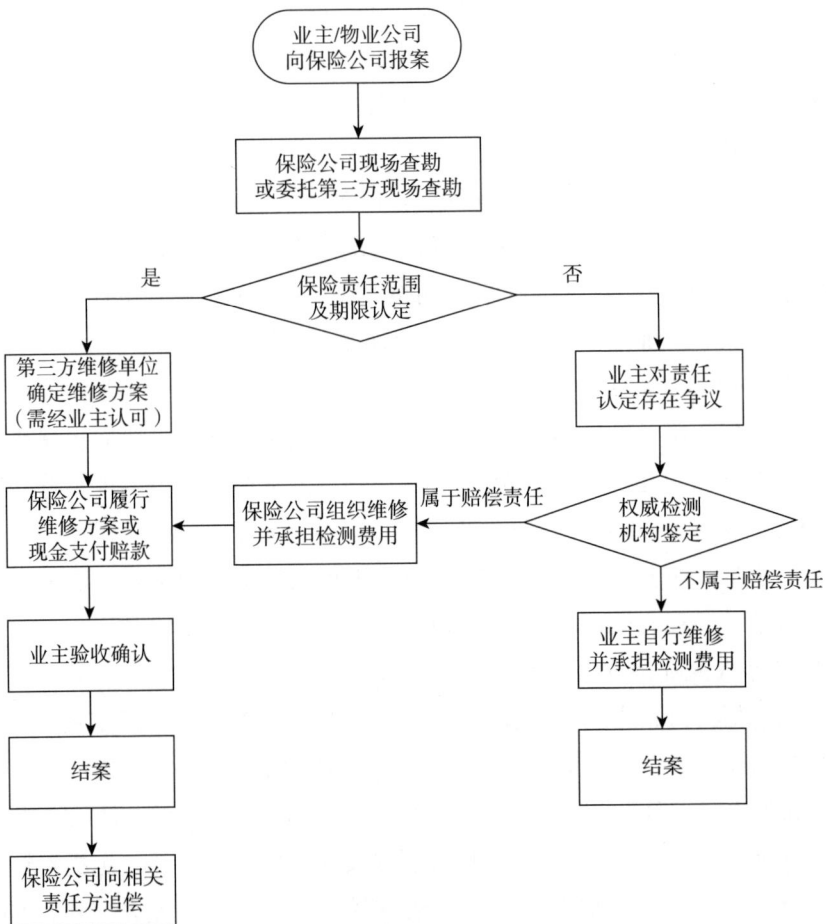

图4.3 常规案件理赔服务流程

2. 应急案件理赔服务流程

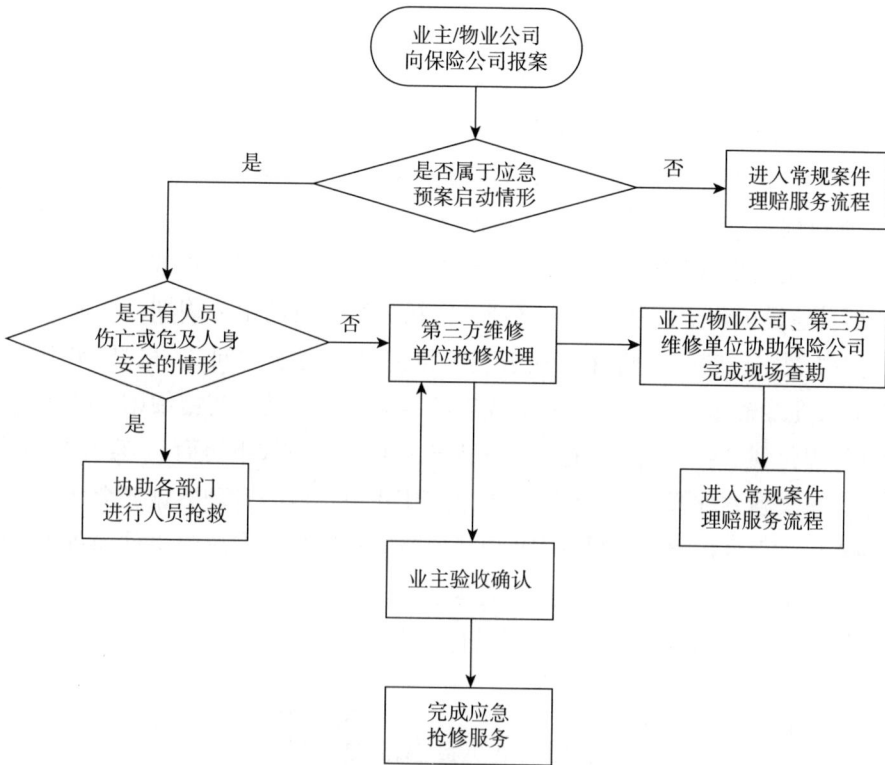

图 4.4　应急案件理赔服务流程

第五节　IDI 运营的数字化平台

一、建设 IDI 数字化平台的必要性

（一）与其他保险产品比较，IDI 运营机制较为复杂

IDI 运营机制的复杂性，主要表现在以下几方面：一是 IDI 时间跨度长。IDI 运营要跨越项目准备期、项目施工期、建筑物运营期等主要阶段，时间可长达 15 年，较长的时间使信息分散、容易遗失、真实性难校对，项目前景不明。二是 IDI 关联方多。IDI 的关联方涉及住建、银保监会等政府部门，建设

单位、施工单位、监理单位、勘察设计单位等建筑业传统主体，以及保险公司、TIS 等新增主体，运营期还涉及广大个人住户。各方信息不对称，关切不同，项目管理难度大。三是 TIS 的遴选和评价需要数据积累。IDI 的最大优势在于 TIS 制度，由于我国 IDI 发展还处于早期，对 TIS 机构的遴选和评价缺乏历史业绩和数据支撑，TIS 风险管理能力难以客观评价。

（二）建设 IDI 数字化平台，形成多方共治的运营机制

通过建设 IDI 数字化平台，推动形成多方共治的平台运营机制，如图 4.5 所示。一是实现 IDI 运营的全过程在线化管理。通过建设 IDI 数字化平台，将 IDI 项目建设运营全过程在线化管理，依托建筑项目的生命周期，生成每个项目的 IDI 数字档案，这将极大地解决项目前景不明晰的问题。二是实现各项 IDI 政策在线解读和广泛宣导。将政府的 IDI 实施意见、实施细则、技术指导标准等固化到平台功能，以透明的平台规则代替各方线下协商，节约沟通协调成本，解决各方难管理的问题。三是实现 IDI 项目风险管理数据的全面归集和长期累积。平台积累的详尽的 IDI 项目风险管理数据，在风险事件和各类风险报告基础上，形成量化的 TIS 风险管理能力动态评分，推动对 TIS 机构进行基于实际工作业绩的考核和评价，促进行业优胜劣汰。

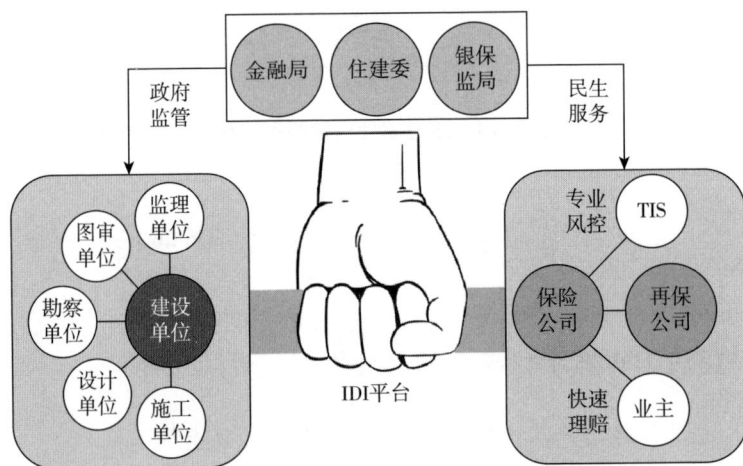

图 4.5　多方共治的运营机制

二、IDI 数字化平台支持多方在线协同工作

IDI 数字化平台连接政府、建筑业、保险业、居民等各方，如图 4.6 所示，对保险项目全过程进行管理，汇聚多方数据，智能管控 IDI 业务发展，形成良性生态。IDI 平台面向多方提供服务，满足各方业务办理、协同工作、信息查询等需求。

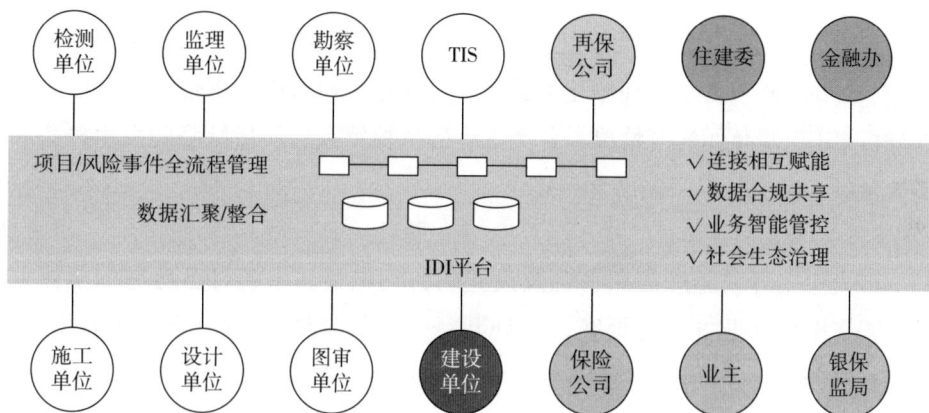

图 4.6　IDI 平台连接各使用方

（一）政府管理角度

政府部门可通过平台实时了解所有投保 IDI 保险项目的信息。一是保单信息，如主承保公司、共保公司、再保公司的基本情况，入围的各家 TIS 机构的基本情况，保费、保额、费率、共保比例、再保险比例等。二是工程进展和风控信息，如工程施工质量潜在风险暴露情况，风险事件发现、上报及整改情况，过程和专项风险评估报告上传情况，风险分类统计数据及数据分析等。三是报案和维修理赔信息，掌握理赔案件的报案、立案、查勘定损、维修/赔付、住户评价全过程的数据。平台将事故发生的原因、部位、维修的费用等进行数据化并予以汇总，对案件提供阶段性的统计和分析报告，为政府提高工程质量管理提供大数据支持，进而对于改善房屋施工质量提出指导性意见。

（二）项目单位角度

建设、施工、监理、勘察、设计单位可以实时了解工程项目的保险状况、质量缺陷、整改意见和建议，现场各方通过平台在线协同工作。

（三）质量风险管理机构角度

TIS 机构上报发现的风险事件，协同现场各方推动整改销项。施工单位及时报告整改情况，监理和勘察设计单位补充审核意见，TIS 机构确认整改，保险公司销项。TIS 机构定期进行现场巡查，基于巡查结果形成过程或专项查勘风险评估报告，重点针对 IDI 涉及的地基沉降、主体倒塌、防水渗漏、墙面保温等保险责任对应的分部分项工程评估技术风险。

（四）保险角度

保险公司可以上传保单信息、理赔信息、选择 TIS 机构、了解承保项目的风险、分享 IDI 项目承保理赔相关数据。再保险公司可以依据信息平台的大数据分析 IDI 保险整体运营情况，各类工程的风控特点，质量缺陷的发生概率和损失金额，向主管部门提出合理建议。

（五）业主角度

广大业主可以通过信息平台及设立的咨询电话，了解自己房屋的承保公司、报案电话（业主自行报案）、保险责任范围、理赔流程、理赔实时进度，对维修服务进行评价，并与保险公司服务人员在线交流。

（六）物业公司角度

物业公司作为保险公司理赔处理中提供现场维修的机构，可实时获取待维修的房屋信息、保单信息及房屋业主联系方式。维修完成后，在平台上传维修现场照片，并邀请业主进行评价。

三、IDI 数字化平台支撑 IDI 全周期管理

（一）IDI 平台实现了全过程在线化管理

IDI 平台对 IDI 承保、风控、理赔全过程在线化管理，如图 4.7 所示。在承保阶段，IDI 平台对项目报建信息、保单信息等进行管理；在风控阶段，IDI 平台对风险事件、风险评估报告等进行管理；在理赔阶段，IDI 平台对报案、投诉、维修等信息进行管理。

1. 承保信息管理

保险公司通过系统对接、人工录入等方式录入含项目报建信息、施工图纸、保险信息、保单原件等在内的项目基础信息，构建完整全面的项目模型。运营方审核保险信息，核定项目平均造价，确保项目承保规范合理。同时，也

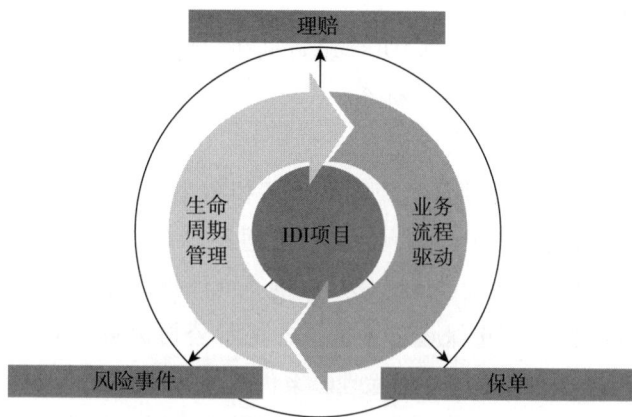

图 4.7 IDI 平台实现全周期在线管理

可为建设单位办理建设项目相关手续提供依据。

2. 风险管理

TIS 机构制订项目风险检查工作计划，录入风险交底会材料。在现场风险查勘过程中，实时上报建筑建设过程中现场查勘情况，保险公司查看项目风险，催办风险事件整改和关闭风险事件；在施工阶段结束时，保险公司录入并审核风险最终检查报告，政府监管部门监督建筑建设过程中的质量问题。实现对项目建设过程的实时高效的事中风险管理功能，减少建筑工程交付使用后的质量问题。

3. 竣工项目保险管理

保险公司录入项目竣工时的最终保险信息，并由运营方审核保险信息。TIS 机构填写项目楼栋门牌号，维护项目报建信息。

4. 质量交接管理

在建设工程保修期内，TIS 机构定期回访项目现场，录入项目回访报告，由保险公司对回访报告进行审核。

5. 理赔管理

业主可通过平台移动端进行报案，查询理赔进度，并通过社区评论方式，广泛监督，提升保险公司理赔服务质量；保险公司通过系统对接或人工录入方式，录入项目理赔信息及理赔进度明细；物业公司等提供现场维修服务的机构通过移动端上传维修结果，报告保险公司，提升理赔效率。

（二）IDI 平台提升了行业监管的有效性

1. 行业监管

对保险公司、TIS 机构根据 IDI 实施意见和细则要求进行量化考核和监管，协助监管部门构建行业主体诚信体系。

2. 信息统计和查询

多方位、多角度统计项目全流程数据，相关主管部门通过移动端实时查询、监督建筑建设过程的风险情况以及项目理赔情况，实现看得全、看得清、管得住，进而提升建筑建设和保险理赔质量。统计指标包括 IDI 项目平方米平均造价值、保险费率、IDI 保险总保费及各保险公司保费、IDI 保险总承保面积及各保险公司承保面积、IDI 保险理赔案件数及各保险公司理赔案件数、IDI 保险理赔金额及各保险公司理赔金额等，建设 IDI 平台数据大屏，实现全域 IDI 项目数据动态可视化展示。

3. 信息公开

用于政策、新闻、范本文件、行政处罚、信用信息等发布的信息公开功能。

四、IDI 数字化平台有效地保障了数据安全

IDI 平台涉及建设项目全生命周期数据和设计图纸等信息，包含人防工程、建筑结构、精确位置、材料、建筑缺陷、设计施工图纸等敏感信息，平台安全至关重要，需要全方位的保护体系。

以中再 IDI 信息平台为例。中再 IDI 平台部署中再混合云（中再云通过公安部等级保护三级备案）引入了国际领先的安全服务提供商。在应用通信层，建立 https 通道，配置企业级应用防火墙；在主机层面，安装业内先进的主机安全管理产品，提前感知非安全行为并进行告警；在网络层面，划分独立的安全域，配置网络防火墙，并进行严格的访问控制策略定义；在开发过程中进行代码安全审计；进行渗透测试，提供整套安全解决方案，确保数据安全。

基于标准化的中再 IDI 信息平台，面向当地政府、企业等用户需求，建设上海、北京等多地 IDI 信息平台，运行在中再混合云，由中再集团统一运维，确保服务稳定和数据安全。中再聘请国家信息中心电子政务信息安全等级保护测评中心，经过静态评估、现场测试、综合评估等相关环节和阶段，从网络和通信安全、设备和计算安全、应用和数据安全、安全策略和管理制度、安全管

理机构和人员、安全建设管理、安全运维管理七个方面，对 IDI 信息平台进行综合测评，最终确定 IDI 信息平台安全保护等级为第三级（国家对非银行机构的最高级认证，属于"监管级别"）。

附 4.1　有关 IDI 保单参考样式①

（1）工程质量潜在缺陷保险承诺函，如图 4.8 所示。

工程质量潜在缺陷保险承诺函

土地行政管理部门：

　　我公司是_____地块的投标方。根据《关于本市推进商品住宅和保障性住宅工程质量潜在缺陷保险的实施意见》（此处根据地方具体文件名称修改），我公司承诺，在中标上述地块后会对在该地块开发的住宅工程项目投保住宅工程质量潜在缺陷保险，在办理施工许可手续时间节点前，与保险公司签订工程质量潜在缺陷保险合同，并按照合同约定支付保险费。如违反上述承诺，本公司愿意承担相应责任。

公司（公章）

年　月　日

图 4.8　工程质量潜在缺陷保险承诺函

（2）工程质量潜在缺陷保险投保单样式，如图 4.9 所示。

工程质量潜在缺陷保险投保单

　　尊敬的客户：请您仔细阅读保险条款，尤其是黑体字标注部分的责任免除条款内容以及投保人、被保险人义务、赔偿处理等内容，并听取保险公司业务人员的说明，如对保险公司业务人员的说明不明白或有异议的，请在填写本投保单之前向保险公司业务人员进行询问，如未询问，视同已经对条款内容完全理解并无异议，您在充分理解条款后，再如实填写本投保单各项内容，您填写的内容我公司均为您保密。

　　一、投保人、被保险人基本信息

投保人全称		统一社会 信用代码					
联系地址	省（直辖市）　市（县） （具体地址）	邮政编码					

图 4.9　工程质量潜在缺陷保险投保单样式

---

① 目前全国 IDI 保单、投保单等尚无统一格式，此处样式仅供参考。

联系人		联系人手机号码									
联系人固话	区号 总机 分机	法定代表人									
注册资本金	万元	注册日期	年　月　日								
工程账号											
投保人性质	□政府财政预算（授权）单位　□国有事业单位　□国有企业　□国有资产控股企业 □集体企业　□其他事业单位　□集体资产控股企业　□私（民）营企业 □私（民）营资产控股企业　□外商或港澳台独资企业　□外商或港澳台资产控股企业										
投保人全称		统一社会 信用代码									
联系地址	省（直辖市）　市（县） （具体地址）	邮政编码									
联系人		联系人手机号码									
联系人固话	区号 总机 分机	法定代表人									
注册资本金	万元	注册日期	年　月　日								
工程账号											
被保险人性质	□城镇居民　□政府财政预算（授权）单位　□国有事业单位　□国有企业 □国有资产控股企业 □集体企业　□其他事业单位　□集体资产控股企业　□私（民）营企业 □私（民）营资产控股企业　□外商或港澳台独资企业　□外商或港澳台资产控股企业										

二、立项信息

立项批文中 招标方式：	□指定　□未指定	建设工程报建表项目编码：	
立项文件		立项文号	
发文单位		发文日期	年　月　日

图 4.9　工程质量潜在缺陷保险投保单样式（续）

86

立项级别	□国务院（各部委） □市 □区（县） □国资委下属企业 □其他			
立项分类	□审批制 □核准制 □备案制 □企业立项 □其他			
建设性质	□新建 □扩建 □改建 □技术改造 □维修养护 □装饰装修（是否改变原房屋结构） □是 □否			
总投资额		建筑面积		m²
建设工程规模				
项目资金来源构成				
资金来源	比例（%）	资金来源		比例（%）
国有资金投资		港澳台投资		
国家融资		私（民）营投资		
使用国际组织 或者外国政府资金		自有资金		
集体经济组织投资		其他资金来源		
外商投资				

三、工程信息

投保建设工程名称		投保时的建设状态	□新开工 □已开工 □已完工		
投保建设工程地址 和邮政编码		相应的建筑工程一切险或 安装工程一切险保单号			
投保建设工程 所在区域					
投保建设工程概况					
建设工程分类	□公共建筑 □保险性住房 □配套商品房 □普通商品住宅 □商住楼 □别墅 □酒店式公寓				
装修情况	□毛坯交付 □精装修交付				
工程合同关系方	名称	地址		资质	联系人
所有权人/建设单位					
代建/ EPC 总承包单位					
施工总承包单位					
分包单位 1					

图 4.9 工程质量潜在缺陷保险投保单样式（续）

分包单位 2				
分包单位 3				
监理单位				
勘察单位				
设计单位				
主要材料供货商				
风险管理机构（TIS）				
TIS 报告结论				

四、承保信息

保单保险期间	自保险合同签订之日起算，预计自　年　月　日零时起至　年　月　日二十四时止	
主险保险责任	在保险赔偿责任期间内，保险单中载明的建筑工程项目在正常使用条件下，因潜在缺陷发生下列事故造成被保险项目物质损坏的，保险人将按照本合同的约定负责赔偿修理，加固或重建的费用：	
	（一）主体结构整体或局部倒塌；	
	（二）地基产生超出设计规范允许的不均匀沉降；	
	（三）阳台、雨篷、挑檐等悬挂构件和外墙面坍塌或出现影响使用安全的裂缝、破损、断裂；	
	（四）主体承重结构部位出现影响结构安全的裂缝、变形、破损、断裂；	
	（五）屋面防水工程，外墙面的防渗漏工程，有防水要求的卫生间，房间的渗漏；	
	（六）围护结构的保温工程出现影响使用安全的脱落、开裂、破损。	
主险赔偿责任期间	主险赔偿责任期间自实际工程竣工验收合格之日两年后起算，分别如下： 1. 第（一）至（四）项为　年；预计自　年　月　日零时起至　年　月　日二十四时止 2. 第（五）至（六）项为　年；预计自　年　月　日零时起至　年　月　日二十四时止	
附加险保险责任	（一）门、窗工程	
	（二）墙面、顶棚抹灰层工程	
	（三）电气管线、给排水管道、设备安装	
	（四）装修工程	
	（五）供热与供冷系统工程	

图 4.9　工程质量潜在缺陷保险投保单样式（续）

附加险赔偿责任期间	附加险赔偿责任期间自实际工程竣工验收合格之日两年后起算，分别如下： 1. 第（一）至（四）项为二年；预计自　年　月　日零时起至　年　月　日二十四时止 2. 第（五）项为两个采暖期和供冷期
免赔额	
保险金额计价基础	□建筑安装工程费用　　　　万元 □总面积：　　　m²； 计算单价：　　　元/m² （□不含精装修　□含精装修，其中土建单价：　元/m²，装修单价：　元/m²）
保险金额计算公式	元（保险金额）×　　（费率）=　万元　保险费率　　　　　%
总保险金额	人民币（　　　）：　　¥
总保险费	人民币（　　　）：　　¥
缴费时间/方式	
特别约定	
争议处理	若投保人/被保险人与保险人发生争执，不能达成协议，被保险人自愿采取的解决方式： □诉讼　□仲裁，仲裁机构_____
投保附件	□总承包合同副本　□工程地质勘查报告　□设计图纸　□计算书　□施工组织设计（包含但不限于施工方案、防水保温方案、开工时间、施工进度安排等） □其他_____ 共____份
相关保险情况	以下内容请投保人如实填写，此内容将影响我司承保和赔偿结果 EPC 总承包单位是否有同类工程的总承包经验及总承包资质　　　　　　□是　□否 施工总承包单位是否有同类工程的施工经验及施工总承包资质　　　　□是　□否 投保人是否曾投保过类似险种：　　　　　　　　　　　　　　　　□是　□否 被保险人过去三年有无类似险种的理赔记录：　□有，如有，请填写下表　□无

保险公司	保单号	出险时间	损失金额	出险原因	改进措施

图 4.9　工程质量潜在缺陷保险投保单样式（续）

五、被保险人补充资料		

被保险人补充	主营业务行业类型	□农、林、牧、渔业　□采矿业　□制造业　□电力、燃气及水的生产和供应业　□建筑业　□交通运输、仓储和邮政业　□信息传输、计算机服务和软件业　□批发和零售业　□住宿和餐饮业　□金融业　□房地产业　□租赁和商务服务业　□科学研究、技术服务和地质勘查业　□水利、环境和公共设施管理业　□居民服务和其他服务业　□教育　□卫生、社会保障和社会福利业　□文化、体育和娱乐业　□公共管理与社会组织　□国际组织		

组织层级与员工总数部分：

员工总数	□1~19 人　□20~99 人 □100~999 人　□1000~9999 人 □10000 人以上	组织层级 （非企业不填）　□总部　□分支机构 □其他

六、保险公司提示

　　本投保意向书为工程质量潜在缺陷保险合同的组成部分，请您仔细阅读保险条款，尤其是黑体字标注部分的条款内容，并听取保险公司业务人员的说明，如对保险公司业务人员的说明不明白或有异议的，请在填写本投保单之前向保险公司业务人员进行询问，如未询问，视同已经对条款内容完全理解并无异议。

七、投保人声明

　　投保人及被保险人兹声明所填上述内容（包括投保单及投保附件）属实。

　　本人已经收悉并仔细阅读保险条款，尤其是黑体字部分的条款内容，并对保险公司就保险条款内容的说明和提示完全理解，没有异议，申请投保。

　　投保人签章：　　　　　　　　　　　　　投保日期：　　年　月　日

八、以下内容由保险公司填写

　　是否续保　□是　　　　上年保单号_____　　□否

　　业务来源　□代理业务　名称及代码_____　（□专业　□企业　□个人）

　　　　　　　□经纪业务　名称及代码_____

　　　　　　　□直销业务　□电话业务　□网上业务　□其他（_____）；

　　经办人及代码：_____　　　　联系电话：_____

　　核保人及代码：_____　　　　日　　期：_____

图 4.9　工程质量潜在缺陷保险投保单样式（续）

（3）工程质量风险管理授权书，如图 4.10 所示。

工程质量风险管理授权书

(×××风险管理机构)：

　　本公司（单位）授权你单位，自_____年_____月_____日至_____年_____月_____日，就项目___（保单号)___，实施质量风险管理。按照有关规定，开展检查。

　　特此授权。

授权单位（公章）：
年　月　日

抄送建设单位_____

图 4.10　工程质量风险管理授权书

（4）工程质量潜在缺陷保险责任范围说明书，如图 4.11 所示。

工程质量潜在缺陷保险责任范围说明书

(房屋行政管理部门)：

　　以下工程项目已投保住宅工程质量潜在缺陷保险：

　　保单号：_____

　　工程项目名称：_____

　　保险责任范围：

　　该工程项目的工程质量潜在缺陷保险保单已签发，承保情况如下：

　　保险合同上所列的主险与附加险的承保范围，与政府有关规定相比，

　　□完全覆盖／□非完全覆盖，

　　未覆盖内容包括：_____

　　保险公司确定该保险责任范围的真实性，如有虚假隐瞒，自愿承担相应法律责任和信用责任。

　　抄送建设单位_____。

保险公司（公章）：
年　月　日

图 4.11　工程质量潜在缺陷保险责任范围说明书

附 4.2 IDI 项目实践案例

【案例 1】某市体育场馆项目承保与风险管理实践

（一）项目概况

某市体育场馆项目建设用地 49436.2 平方米，总建筑面积 13061.6 平方米，其中包括 A 区射箭馆、B 区 50 米射击馆和 C 区 25 米射击馆及枪弹库，总投资 2.37 亿元。A 区建筑面积 2911.6 平方米，高度 17.4 米，层数为 2 层，屋顶为大跨钢结构；B 区建筑面积 8668.0 平方米，高度 23.7 米，层数为 3 层，屋顶为网架结构，采用直立锁边金属屋面；C 区建筑面积 1482.0 平方米，高度 11.6 米，层数为 1 层。该项机电设备安装工程较复杂，幕墙种类多样，包括真实漆幕墙、石材幕墙、玻璃幕墙等。

项目平面图如图 4.12 所示。

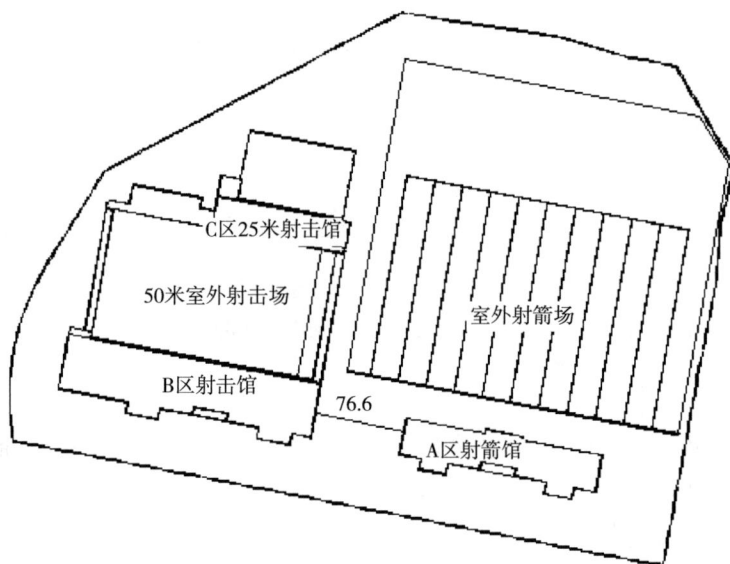

图 4.12 项目平面图

（二）项目的承保

本项目为公共建筑项目，由中国大地保险独家承保，保险方案如表 4.4 所示。

表4.4　　　　　　　　　某体育场馆 IDI 项目保险方案

基本险	十年期保障	①主体结构整体或局部倒塌； ②地基产生超出设计规范允许的不均匀沉降； ③主体承重结构部位出现影响结构安全的裂缝、变形、破损、断裂； ④阳台、雨篷、挑檐等悬挑构件和外墙面坍塌或出现影响使用安全的裂缝、变形、破损、断裂
	五年期保障	①屋面防水工程，外墙面的渗漏，有防水要求的卫生间、房间的渗漏； ②外墙围护结构的保温工程出现影响使用安全的脱落、开裂、破损
附加险	两年期保障	①门窗工程； ②墙面、顶棚抹灰层工程； ③电气管线、给排水管道、设备安装工程； ④装修工程； ⑤供热与供冷系统工程（2 个采暖期、采冷期）

目前，该项目已进入理赔期，尚未发生赔案。

（三）项目的风险管理

1. 风险管理准备工作

保险公司确定承保该项目后，委托上海建科工程咨询有限公司作为该项目的第三方 TIS 机构，开展质量风险管理相关工作。TIS 机构确定了项目

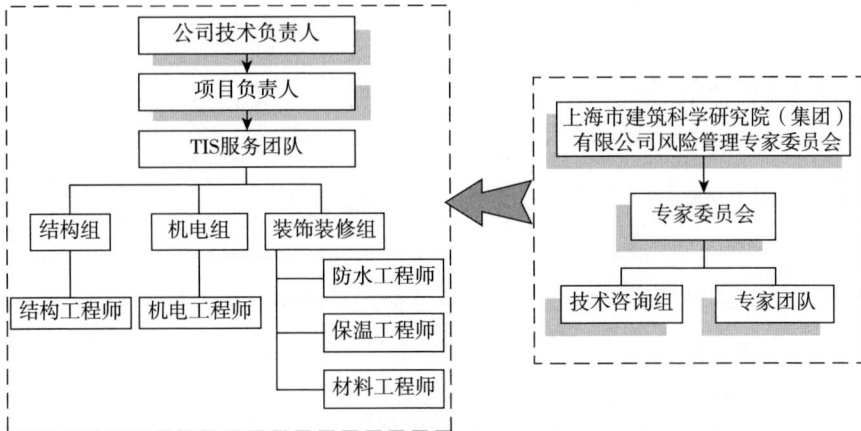

图 4.13　风险管理服务团队组织架构

工程质量潜在缺陷保险（IDI）：中国实践

负责人，组建了包括结构组、机电组、装饰装修组在内的服务团队，同时配套了专家委员会提供专家咨询和技术保障。同时，由于 TIS 机构在项目所在地未设分支机构，故其聘用了属地工程师，协助该项目日常的风险管理工作。

由于项目已进入施工前准备阶段，TIS 机构根据项目具体情况编制了风险管理计划及重点质量风险检查清单如下。

（1）风险管理计划如表 4.5 所示。

表 4.5   **风险管理计划**

建设阶段	查勘形式	查勘次数		提交报告
施工准备阶段	设计文件检查现场查勘	1 次		初步风险评估报告
施工阶段	桩基工程风险查勘	桩基完成 80% 时	合计5次	过程风险评估报告、风险清单
	地下室防水风险查勘	首次地下室防水隐蔽前		
	主体结构风险查勘	与其他专项检查一并安排		
	屋面防水风险查勘	首个单体屋面防水隐蔽前		
	外墙保温风险查勘	首个单体外墙保温隐蔽前		
	装饰装修风险查勘	屋面及外墙检查时穿插进行		
	机电安装风险查勘			
竣工交付阶段	竣工风险查勘	1 次		竣工风险评估报告、风险清单
竣工备案 2 年内	回访检查	1 次		回访检查评估报告

具体查勘频次根据工程进度及现场检查情况调整，每次风险查勘安排现场检查人员 3 人，包括 1 位高级工程师及 2 位工程师；报告编写、审核人员 2 人，包括 1 位高级工程师及 1 位工程师。

（2）重点质量风险检查清单如表 4.6 所示。

表 4.6　　　　　　　　　　　　　　　**重点质量风险检查清单**

分部工程	子分部工程	关键控制要点
地基基础	桩基工程	灌注桩：钢筋原材料质量、钢筋笼制作、钢筋笼焊接、混凝土强度、承载力试验
	混凝土基础	钢筋：钢筋原材料质量、承台基础钢筋、梁柱节点钢筋
		混凝土：大体积混凝土养护、混凝土强度
	砌体结构	砌体质量、拉结筋留置
主体结构	混凝土结构	钢筋：钢筋原材料质量、钢筋搭接和锚固长度、悬挑构件上皮钢筋
		混凝土：混凝土强度、混凝土观感质量
	砌体结构	砌体质量、拉结筋数量和设置间距
钢结构	桁架	焊缝质量、高强螺栓连接质量、钢结构安装定位偏差控制、钢结构防腐、防火涂装质量
屋面工程	屋面防水	卷材防水：卷材质量、基层处理、搭接方式、透气孔设置、保护层、细部构造、蓄水试验
幕墙工程	玻璃幕墙	预埋件或后置埋件定位、拉拔强度、龙骨焊缝质量、焊缝防锈质量、结构胶及耐候胶打胶质量、幕墙单元安装质量
	石材幕墙	预埋件或后置埋件定位、拉拔强度、龙骨焊缝质量、焊缝防锈质量、结构胶及耐候胶打胶质量、石材加工质量、挂件安装质量、干挂胶施工质量
装饰装修	建筑地面（防水）	基层处理、防水材料质量、卷材/涂料铺设、细部构造，蓄水试验
	外墙工程（保温、防水）	外墙材料质量、外墙外保温层与其他部位交接的收口、淋水试验
	门窗	门窗质量、连接节点构造、缝隙检查、淋水试验
	饰面板	饰面砖粘贴，饰面砖空鼓
	裱糊与软包	裱糊，软包
建筑给水排水及供暖	室内给水系统	给水管道及配件安装、给水设备安装、室内消火栓系统安装
	室内排水系统	排水管道及配件安装
通风与空调	送排风系统	风管与配件制作、部件制作、风管系统安装
	防排烟系统	风管与配件、风管系统安装

分部工程	子分部工程	关键控制要点
建筑电气	室外电气	电气设备安装、变压器、箱式变电所安装，成套配电柜、控制柜和动力、照明配电箱及控制柜安装，电线、电缆导管和线槽敷设，电线、电缆穿管和线槽敷设
	电气、照明安装	成套配电柜、控制柜和动力、照明配电箱安装，电线、电缆导管和线槽敷设
	防雷、接地安装	接地装置安装，避雷引下线，电位连接，接闪器安装

在施工前准备阶段，TIS 机构详细审查该项目的地勘报告、设计图纸、计算书、参建单位资质等资料，提示相应的质量风险，形成初步风险评估报告。其中，设计相关的质量缺陷，由保险公司协调建设单位，组织设计单位落实整改。

2. 首次风险交底会

项目进入施工阶段后，保险公司牵头召开项目首次风险交底会，参会人员包括建设单位、设计单位、施工总包单位、监理单位的相关责任人。风险交底会上，保险公司就 IDI 保险方案进行简要介绍，TIS 机构就其工作范围、工作方式及检查计划进行介绍，与参建各方建立沟通机制，明确各方需配合的事项，会议沟通事项以纪要形式与会议签到表一并存档。随后，TIS 机构与参建各方进行现场查勘，并就前期设计文件及现场查勘发现的质量风险与相关责任单位进行沟通，确定整改计划。

3. 现场风险管理

TIS 机构在施工现场的检查方式主要包括资料检查、实体检查、工序检查等。为提升检查效率，TIS 机构提前与现场沟通需准备的备查资料，同时，对前次发现的风险项逐一确认整改情况。

在现场查勘过程中，TIS 机构对发现的质量风险项逐条解释说明，待查勘结束后，再召集参建单位现场负责人召开详细的风险交底会并形成会议纪要，确保每个风险项至少有 3 次沟通交底。

现场查勘完成后，TIS 机构在 1~2 日内提供更新的风险清单，3~4 日内提供风险评估报告。建设单位组织相关风险项的整改，整改回复以文字加照片的形式反馈。施工现场管理及风险跟踪流程如图 4.14 所示。

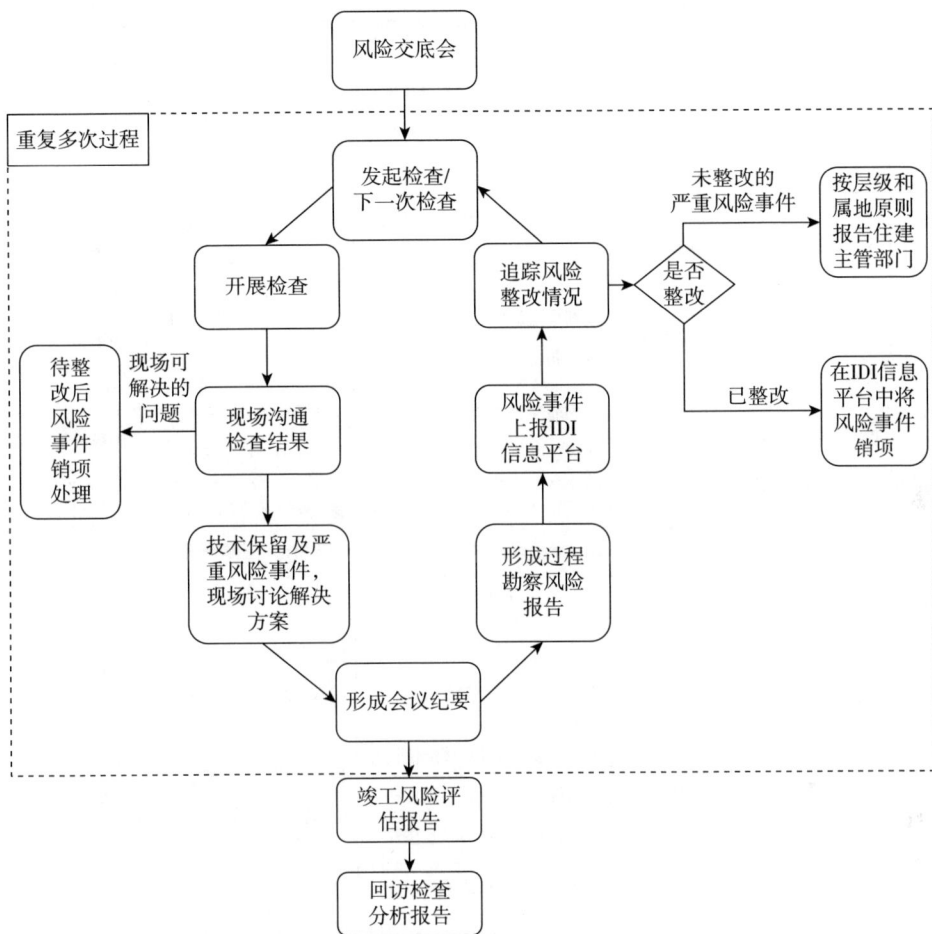

图 4.14 施工现场管理及风险跟踪流程

过程风险清单（部分）按十年保险期、五年保险期、两年保险期划分，跟踪整改情况如表 4.7 所示。

表 4.7　　　　　　　　　　过程风险清单

十年保险期					
序号	风险编号	出具日期	风险描述	整改情况	是否销项
1	R－1－001－RT1－01	2018.8.22	A 区一层梁 A1 轴交 AC 轴预留风井洞口，周边发现有裂缝及渗漏	□完全整改　□整改不到位 ■未整改　□隐蔽无法跟踪	□是　■否

续表

序号	风险编号	出具日期	风险描述	整改情况	是否销项
2	R‑1‑001‑RT1‑03	2018.8.22	A 区一层梁 A1 轴交 AD 轴顶板开裂渗漏，梁底部混凝土孔洞	□完全整改　□整改不到位 ■未整改　□隐蔽无法跟踪	□是　■否
3	R‑1‑001‑RT1‑04	2018.8.22	A4 轴线处后浇带梁底浮浆厚度超过 5cm，板底也存在浮浆	■完全整改　□整改不到位 □未整改　□隐蔽无法跟踪	■是　□否
4	R‑1‑001‑RT1‑05	2018.8.22	钢筋采用截断机加工，引起端部丝扣缺失	■完全整改　□整改不到位 □未整改　□隐蔽无法跟踪	■是　□否
5	R‑1‑001‑RT1‑06	2018.8.22	个别灌注桩头部位未留 10cm 锚固长度	■完全整改　□整改不到位 □未整改　□隐蔽无法跟踪	■是　□否
6	R‑1‑002‑RT1‑01	2018.10.15	A 区 B 区之间连廊处基础个别地脚螺栓倾斜	■完全整改　□整改不到位 □未整改　□隐蔽无法跟踪	■是　□否
五年保险期					
1	R‑1‑003‑RT3‑33	2018.11.2	A 区一层石材幕墙保温岩棉锚固件数量不符合规范要求	■完全整改　□整改不到位 □未整改　□隐蔽无法跟踪	■是　□否
2	R‑1‑003‑RT1‑34	2018.11.2	A 区一层转接件焊接烧伤铝合金型材，成品保护不到位；不同材质未加 PVC 或 PE 垫片	■完全整改　□整改不到位 □未整改　□隐蔽无法跟踪	■是　□否
3	R‑1‑003‑RT2‑40	2018.11.2	A 区幕墙龙骨焊接不符合设计要求（应四面围焊）；焊缝出现假焊、夹渣等质量缺陷；焊渣未清理，已进行防腐处理	■完全整改　□整改不到位 □未整改　□隐蔽无法跟踪	■是　□否
4	R‑1‑003‑RT1‑36	2018.11.2	A 区材料堆场铝板未加加劲条，易造成板面挠度大于 1/300	■完全整改　□整改不到位 □未整改　□隐蔽无法跟踪	■是　□否
5	R‑1‑003‑RT2‑37	2018.11.2	A 区二层龙骨与转接件焊缝长度不符合设计要求；转接件与预埋板焊接不符合设计要求（应四面围焊）	■完全整改　□整改不到位 □未整改　□隐蔽无法跟踪	■是　□否

续表

序号	风险编号	出具日期	风险描述	整改情况	是否销项
6	R-1-003-RT2-38	2018.11.2	A 区二层层间封修部位出现装冷热桥, 细部处理不符合设计及节能规范要求	■完全整改　□整改不到位 □未整改　□隐蔽无法跟踪	■是　□否
7	R-1-003-RT4-39	2018.11.2	A 区设计图纸中外墙干挂石材未开缝, 应在内侧设置衬板作为外墙防水层, 但现场未见此道工序	■完全整改　□整改不到位 □未整改　□隐蔽无法跟踪	■是　□否
8	R-1-003-RT4-40	2018.11.2	A 区一层石材幕墙竖向主龙骨未设置加劲板	■完全整改　□整改不到位 □未整改　□隐蔽无法跟踪	■是　□否
两年保险期					
1	R-1-003-RT2-18	2018.11.2	A 区外墙一层窗洞口未按设计要求预埋窗固定件或预设固定块	■完全整改　□整改不到位 □未整改　□隐蔽无法跟踪	■是　□否
2	R-1-003-RT1-41	2018.11.2	A 区一层现场已施工的 Φ40、Φ25 紧定式钢导管壁厚小于规程要求	■完全整改　□整改不到位 □未整改　□隐蔽无法跟踪	■是　□否
3	R-1-003-RT1-42	2018.11.2	A 区一层现场预留置防雷接地扁钢规格尺寸小于设计图纸要求	■完全整改　□整改不到位 □未整改　□隐蔽无法跟踪	■是　□否
4	R-1-003-RT1-43	2018.11.2	A 区一层现场已施工的 Φ25 紧定式钢导管的附件壁厚小于规程要求, 且紧定螺丝数量少于规程要求	■完全整改　□整改不到位 □未整改　□隐蔽无法跟踪	■是　□否
5	R-1-003-RT1-44	2018.11.2	A 区幕墙钢架部分已安装完成, 但防雷接地尚未施工, 有部分保温板已在固定安装	■完全整改　□整改不到位 □未整改　□隐蔽无法跟踪	■是　□否

4. 竣工风险查勘

2019 年 4 月 8 日, 项目进入竣工验收阶段, TIS 机构派专业工程师团队共计 4 人，开展竣工风险查勘。工程师团队主要针对 A 区、B 区的幕墙工程、室内装修工程和机电安装工程进行现场查勘，同时就竣工风险清单与建设单位、施工单位进行沟通确认，明确缺失的工程资料，并对实体工程的质量风险项督促整改。

TIS 机构根据现场查勘和沟通情况，提供竣工总体风险评估报告并附风险项清单（共计 24 项），同时对施工资料缺失、钢结构连接节点质量、直立锁边金属屋面细部构造节点质量、管线抗震支架等风险项进行高风险提示。

5. 回访检查

2021 年 4 月，项目即将进入赔偿责任期，TIS 机构对该项目进行回访检查，主要检查了场馆外观情况、B 区地下室渗漏情况及物业单位保留的保修记录。

2019 年 4 月至 2021 年 10 月，共计 67 条保修记录，如表 4.8 所示。

表 4.8 保修记录

保修记录项	次数	占比
排水安装（含消防）	19	28.4%
供冷供热	15	22.4%
电气安装、智能化	9	13.4%
屋面、房间渗漏	5	7.5%
外墙（含外窗）	1	1.5%
装饰装修	18	26.9%
合计	67	100%

结合项目前期遗留风险复查及回访查勘的新发现，该项目与保险保障相关的主要风险如表 4.9 所示。

表 4.9 项目与保险保障相关的主要风险

风险类型	风险描述	风险评级
十年期保障	资料缺失风险； 钢结构连接节点质量风险； 砌体结构开裂风险； 建筑沉降风险； 外挂石材脱落风险	严重技术风险

续表

风险类型	风险描述	风险评级
五年期保障	屋面渗漏风险； 卫生间渗漏风险； 地下室渗漏风险	严重技术风险
两年期保障	内墙涂饰开裂风险	一般技术风险

6. 信息化管理

该项目通过信息平台进行保险流程管理和风险管理，减少了大量纸质文件的传递、邮寄、存储等环节，便于保险公司、项目参建方、TIS 机构对风险项的跟踪查看，也有利于政府监管部门对辖区内项目施工质量的监督检查。

相比传统的质量监管模式，信息平台可对风险项进行线上化"留痕"管理，实时追踪风险项的整改进度、提示严重质量风险，有效实现政府监管部门、保险公司、TIS 机构、建设单位之间的数据互通，加强参建各方对质量的提升动力。

（四）项目总结

该项目 TIS 机构共开展 8 次专项现场风险查勘，出具相应的风险评估报告如表 4.10 所示。

表 4.10　　　　　　　　　　　风险评估报告

序号	风险评估报告
1	JKEC/2018 – 体育场馆项目 – RM – 0（初步风险评估报告）
2	JKEC/2018 – 体育场馆项目 – R – 1 – 001（过程风险评估报告）
3	JKEC/2018 – 体育场馆项目 – R – 1 – 002（过程风险评估报告）
4	JKEC/2018 – 体育场馆项目 – R – 1 – 003（过程风险评估报告）
5	JKEC/2018 – 体育场馆项目 – R – 1 – 004（过程风险评估报告）
6	JKEC/2018 – 体育场馆项目 – R – 1 – 005（过程风险评估报告）
7	JKEC/2018 – 体育场馆项目 – R – 2（竣工总体风险评估报告）
8	JKEC/2018 – 体育场馆项目 – R – 3（回访风险评估报告）

该项目识别风险项共计 158 项，其中轻微技术风险 89 项，一般技术风险 48 项，严重技术风险 10 项，技术保留风险 11 项，风险项整改 115 项，整改率约为 73%。按保险保障期限划分，10 年期保障风险占比 55.7%，5 年期保障风险占比 17.1%，2 年期保障风险占比 27.2%。从风险整改情况来看，该项目机电、防水工程整改率较低，结合回访查勘情况，5 年期的外墙、屋面防水工程及 10 年期的电气给排水工程有一定的赔付风险。

从项目管理角度，该项目实现了事前设计文件审查、事中质量控制、严重风险隐患预警等质量管理措施，既提升了工程质量，又因管理前置，避免了风险项整改对项目工期的影响，确保项目进度目标按原计划达成。

从业务经营角度，该项目的 TIS 机构创新性增设了属地风险管理工程师，由 TIS 机构专业工程师团队进行风险项的识别，属地工程师进行日常的风险项管理工作。属地工程师工作内容包括参与一周两次的现场工程例会、协同监理单位负责人共同落实已发现风险项的整改等。双重管理模式确保了风险项的整改力度，降低了 TIS 机构的运营成本，同时也为当地监理、咨询企业开展质量风险管理服务提供了借鉴。

从技术创新角度，该项目使用了信息管理平台，从多方视角对承保信息、风险管理信息和理赔信息进行汇总和过程监控，定期进行分析、提示和汇总，以技术手段整合信息资源，促进了工程质量提升。

在保险公司、TIS 机构、建设单位和参建各方的协同配合下，该项目有效提升了工程质量，为政府主管部门提供了创新的监管手段，有一定的示范意义。

【案例 2】某住宅工程项目理赔实践

（一）接到报案

2020 年 6 月 2 日，某省某小区物业公司向中国大地财产保险股份有限公司安徽分公司（以下简称"保险公司"）报案，称该住宅小区已投保 IDI，小区西北地块地下车库发生大面积渗水迹象，小业主集中维权且有向市住建委投诉的倾向。

（二）现场查勘

保险公司接到报案后，立即安排现场查勘，经现场走访及综合分析，本次渗水事故主要是因地下车库伸缩缝部位防水工艺缺陷导致。

（三）责任认定

经保险公司现场查勘，该事故的出险时间、地点、标的均在保单约定范围内，出险原因为施工质量问题导致的地下室渗水，符合保单责任范围，保险责任成立。

（四）组织维修

由于该项目施工单位已退场，且地下室渗水维修的专业性较强，对施工作业技术要求较高，当地维修单位相关资质不符合被保险人需求，故保险公司调用了其总部供应商资源，推荐了一家专业维修单位，由其制订相应的维修方案。

被保险人认可维修单位资质及维修方案后，在保险公司的见证下与维修单位签订了施工维修协议书。维修单位对事故损失部位进行维修处理，承诺对其维修部位提供一年的质量保证，得到了被保险人的认可。

（五）定损赔付

维修完成后，保险公司同被保险人共同复勘维修项目，完成项目验收。保险公司审核维修金额，剔除其中的间接损失费后，确认定损金额为人民币93822.00 元。被保险人授权保险公司通过银行转账将相关金额划入维修单位账户。

（六）项目总结

住宅项目关系小业主日常生活，一旦发生质量缺陷易引发集中维权现象，对保险公司的响应速度及服务要求较高，保险公司需建立快速响应机制及理赔服务考评机制。同时，IDI 的理赔侧重修复，专业性较强，保险公司需建立专业房屋维修单位资源库，提升维修服务及方案审核能力。质量缺陷的维修方案需经被保险人确认后方可实施，维修完成后，保险人和被保险人需共同验收。

维 修 协 议 书

甲方：

乙方：

甲方委托乙方对所投保的一期地库渗漏进行维修，经双方协商，达成如下协议

1. 工程范围及内容：   地库渗漏维修

2. 合同价款： 双方依据大地保险理赔定损金额确定

3. 工程质量要求： 乙方必须按照甲方确定的工程项目内容及现行国家施工规范要求精心施

工，确保施工质量。如质量达不到一次验收合格，乙方必须无偿整改至合格。质保期一年。

4. 付款方式： 大地保险公司转账

5. 安全要求及其他：

(1)乙方在施工过程中应确保安全、文明施工，做好现场的环境卫生、噪声控制和防火、防

盗工作，保护好现场人身及设备安全。乙方对施工期间发生的自身安全事故及引起的其他事

故负完全责任。甲方概不负责；

(2)本合同未尽事宜双方协商解决；

(3)本合同一式两份 双方各执一份，自双方签字后生效。

甲方（签   乙方（签

日期：   日期：

图 4.15 施工维修协议书

序号	项目名称	单位	工程量	单价	报损金额
	底板部位维修				
1	材料费	平方米	30	——	——
2	综合人工	平方米	30	——	——
3	机具费	平方米	30	——	——
4	安全文明措施	平方米	30	——	——
5	其他综合费用	平方米	30	——	——
	侧墙维修				
1	材料费	平方米	150	——	——
2	综合人工	平方米	150	——	——
3	机具费	平方米	150	——	——
4	安全文明措施	平方米	150	——	——
5	其他综合费用	平方米	150	——	——
	总计				——

图 4.16　维修预算清单

第五章　我国 IDI 发展的现状和问题

第一节　我国 IDI 发展的政策推进

一、IDI 在部门法规层面的推进

（一）在国家立法层面上，只对工程质量提出要求

我国现行的《中华人民共和国建筑法》明确了建设单位、勘察单位、设计单位、施工单位、监理单位参建五方主体对工程质量所需承担的责任和义务。国务院 2000 年 1 月 30 日发布的《建设工程质量管理条例》明确了建设工程的质量保修要求。

（二）在部门法规层面上，IDI 已被纳入提高工程质量保障措施中

1979 年，中国人民保险公司拟定建筑工程一切险条款与费率，初步为国内工程保险体系奠定了基础。近年来，社会对工程质量的要求逐年强化，IDI 等工程质量保险制度也逐步发展和完善，建设单位质量首要责任进一步得到落实。

2005 年，原建设部和中国保险监督管理委员会联合发布了《关于推进建设工程质量保险工作的意见》（建质〔2005〕133 号），要求各地建设行政主管部门和保险监管部门应共同推动建立工程技术风险评级体系，为在我国推行工程质量保险提供了基本制度框架。

2010 年，住房和城乡建设部发布了《关于进一步强化住宅工程质量管理和责任的通知》（建市〔2010〕68 号），要求加强工程质量保修管理，建设单位要逐步推进质量安全保险机制，在住宅工程项目中实行工程质量保险，为用户在工程竣工一定时期内出现的质量缺陷提供保险。

2017 年，在《国务院办公厅关于促进建筑业持续健康发展的意见》（国办

发〔2017〕19 号）和《住房和城乡建设部关于印发建筑业发展"十三五"规划的通知》（建市〔2017〕98 号）中"推动发展工程质量保险"发展目标的指引下，住房和城乡建设部印发《关于开展工程质量安全提升行动试点工作的通知》（建质〔2017〕169 号），要求在上海、江苏、浙江、安徽、山东、河南、广东、广西、四川九个地区试点工程质量保险，逐步建立符合我国国情的工程质量保险制度。

2018 年，《住房和城乡建设部工程质量安全监管司 2018 年工作要点》（建质综函〔2018〕15 号）提到"推进工程质量保险制度建设，充分发挥市场机制作用，通过市场手段倒逼各方主体质量责任的落实"。

2019 年，国务院办公厅印发了《国务院办公厅转发住房和城乡建设部关于完善质量保障体系提升建筑工程品质指导意见的通知》（国办函〔2019〕92 号），强调推行工程担保与保险制度。

2020 年，《住房和城乡建设部关于落实建设单位工程质量首要责任的通知》（建质规〔2020〕9 号）中明确要求，"房地产开发企业应当在商品房买卖合同中明确企业法人承接质量保修责任，未投保工程质量保险的，在申请住宅工程竣工验收备案时应提供保修责任承接说明"。

2022 年 1 月 25 日，住房和城乡建设部印发《"十四五"建筑业发展规划》（建市〔2022〕11 号），提出"大力发展工程质量保险，积极开展质量保险顶层设计研究，以城市为单位启动新一轮质量保险试点，加快推动全国工程质量保险信息系统建设。"

附 5.1 《"十四五"建筑业发展规划》相关内容

2022 年 1 月 25 日，住房和城乡建设部印发《"十四五"建筑业发展规划》（以下简称《规划》），阐明"十四五"时期建筑业发展的战略方向，明确发展目标和主要任务，是行业发展的指导性文件。"十四五"期间建筑业高质量发展将为更好地推动 IDI 形成坚实基础。摘录部分内容如下：

建筑业发展从"量"的扩张转向"质"的提升。《规划》指出，我国城市发展由大规模增量建设转为存量提质改造和增量结构调整并重，人民群众对住房的要求从有没有转向追求好不好，将为建筑业提供难得的转型发展机遇。建筑业迫切需要树立新发展思路，将扩大内需与转变发展方式有机结合起来，同步推进，从追求高速增长转向追求高质量发展，从"量"的扩张转向"质"的提升，走出一条内涵集约式的发展新路。

构建工程质量安全治理新局面。《规划》指出，加快工程质量安全信用体系建设，进一步健全质量安全信用信息归集、公开制度，加大守信激励和失信惩戒力度。完善安全生产处罚机制，严格落实安全生产事故"一票否决"制度。大力发展工程质量保险，积极开展质量保险顶层设计研究，以城市为单位启动新一轮质量保险试点，加快推动全国工程质量保险信息系统建设。制定建筑施工安全生产责任保险实施办法，建立健全投保理赔事故预防机制。推动建立建筑工程质量评价制度，形成可量化的评价指标和评价机制，鼓励通过政府购买服务，委托具备条件的第三方机构独立开展质量评价。推进实施住宅工程质量信息公示制度，充分发挥社会监督约束作用。

推进工程质量安全管理标准化和信息化。《规划》指出，全面推行工程质量安全手册制度，加快健全手册体系，完善建筑施工企业和工程项目安全生产标准化考评制度。研究制定装配式建筑质量安全管理制度，运用信息化手段，实现部品部件生产质量可追溯管理，加强竖向节点连接等施工关键环节质量安全管控。深化施工安全领域"证照分离"改革，推进涉企、涉人证照电子化，实现建筑施工特种作业操作资格证书信息联网和一站式查询。制定建筑工程材料、工艺、设备鼓励应用和限制淘汰名录，推广安全先进适用的建造技术，限制淘汰落后工艺。

推广绿色建造方式。《规划》指出，持续深化绿色建造试点工作，提炼可复制推广经验。开展绿色建造示范工程创建行动，提升工程建设集约化水平，实现精细化设计和施工。培育绿色建造创新中心，加快推进关键核心技术攻关及产业化应用。研究建立绿色建造政策、技术、实施体系，出台绿色建造技术导则和计价依据，构建覆盖工程建设全过程的绿色建造标准体系。在政府投资工程和大型公共建筑中全面推行绿色建造。

打造建筑产业互联网平台。《规划》指出，加大建筑产业互联网平台基础共性技术攻关力度，编制关键技术标准、发展指南和白皮书。开展建筑产业互联网平台建设试点，探索适合不同应用场景的系统解决方案，培育一批行业级、企业级、项目级建筑产业互联网平台，建设政府监管平台。鼓励建筑企业、互联网企业和科研院所等开展合作，加强物联网、大数据、云计算、人工智能、区块链等新一代信息技术在建筑领域中的融合应用。2025 年，建筑产业互联网平台体系将初步形成，培育一批行业级、企业级、项目级平台和政府监管平台。

（三）在行业管理层面，制定了 IDI 的工作标准

2018 年 11 月，中国保险行业协会组织编制《建筑工程质量潜在缺陷保险质量风险控制机构工作规范》，填补了国内在这一领域的空白，初步明确了 TIS 机构的工作职责与基本要求、工作依据和方法、工作内容、评估报告和质量等级划分标准等。

2019 年 3 月住房和城乡建设部发布《绿色建筑评价标准》（GB/T 50378—2019），在提高与创新加分项中明确"采用建筑工程质量潜在缺陷保险产品，评价总分值为 20 分"。

二、IDI 在地方法规层面的推进

近年来，党中央、国务院加快推进国家治理体系和治理能力现代化，深化"放管服"改革，加快政府职能转变，颁布、修订了一系列的法律法规和规范性文件。一些省、市、自治区在国家这一系列的文件基础上，结合自身的特点，推出了符合当地情况的地方性法规和制度。上海、北京、重庆、广州等地方优化营商环境条例中鼓励推行工程质量潜在缺陷保险制度[①]。其中，上海、北京在《上海市建设工程质量和安全管理条例》《北京市建设工程质量条例》等地方管理条例中也加入了关于工程质量保险相关内容，为工程质量保险制度的推动和发展奠定了良好的基础。

（一）上海和北京两地有关 IDI 试点法规

1. 上海要求在全市新建住宅项目中推行 IDI

上海推行 IDI 制度以政府主导、多方参与为原则，坚持顶层设计，深化建设工程质量管理制度改革。在制度推行过程中，试点先行、逐步推广，并通过信息技术平台实现多方的统一管理。

2011 年 12 月 22 日，《上海市建设工程质量和安全管理条例》由上海市第

---

① 《上海市优化营商环境条例》《北京市优化营商环境条例》《重庆市优化营商环境条例》《广州市优化营商环境条例》。

十三届人民代表大会常务委员会第 31 次会议通过，自 2012 年 3 月 1 日起施行。其中第十九条规定："在新建住宅所有权初始登记前，建设单位应当按照本市有关规定交纳物业保修金。建设单位投保工程质量保证保险符合国家和本市规定的保修范围和保修期限，并经房屋行政管理部门审核同意的，可以免予交纳物业保修金。"

2012 年 8 月 29 日，上海市建交委、市保监局、市房管局、市金融办联合制定《关于推行上海市住宅工程质量潜在缺陷保险的试行意见》（沪建交联〔2012〕1062 号），首次对工程质量潜在缺陷保险的操作模式予以明确，规定了建设单位已投保的工程质量潜在缺陷保险符合国家和本市规定的保修范围和保修期限，并经房屋行政管理部门审核同意的，可以免予交纳住宅物业保修金。

2016 年 6 月，上海市发布《关于本市推进商品住宅和保障性住宅工程质量潜在缺陷保险的实施意见》（沪府办〔2016〕50 号），在全市保障性住宅和浦东新区商品房住宅实施工程质量潜在缺陷保险制度。2019 年 3 月，上海市再次发文，将该制度的实施范围拓展到全市住宅工程。

2020 年 11 月 20 日，上海市住建委发布《住宅工程质量潜在缺陷风险管理标准》（DG/TJ 08 - 2346—2020，J 15645—2021），规定了上海市住宅工程质量风险管理工作的内容、要求、流程、方法等。

2. 北京强调推行建设工程质量保险制度

《北京市建设工程质量条例》由北京市第十四届人民代表大会常务委员会第 21 次会议于 2015 年 9 月 25 日通过，自 2016 年 1 月 1 日起施行。其中第六十二条规定"本市推行建设工程质量保险制度。从事住宅工程房地产开发的建设单位在工程开工前，按照本市有关规定投保建设工程质量潜在缺陷责任保险，保险费用计入建设费用。保险范围包括地基基础、主体结构以及防水工程，地基基础和主体结构的保险期间至少为 10 年，防水工程的保险期间至少为 5 年"；第六十三条规定"已经投保工程质量潜在缺陷责任保险，且符合规定的保修范围和保修期限的，可以不再办理保修担保"。

2019 年 4 月，北京市发布《北京市住宅工程质量潜在缺陷保险暂行管理办法》（京政办发〔2019〕11 号），明确在全市新建、改建、扩建住宅工程推行工程质量潜在缺陷保险制度。

（二）其他试点地区的 IDI 政策

在国家相关政策的支持下，全国其他各省市也相继开展了试点。目前，上海、北京、深圳、重庆、广东、四川、江苏、浙江、安徽、山西、河南、广西、海南、黑龙江、山东、湖南等地都已开展 IDI 保险的试点工作。

2017 年 4 月，广东省住建厅发布《广东省工程质量安全提升行动实施方案》（粤建质函〔2017〕91 号），明确在珠海试点工程质量保险。2019 年 8 月，广州市住建局发文，在简易低风险工程建设项目试点工程质量潜在缺陷保险。2020 年 7 月，广州市发布《广州市住宅工程质量潜在缺陷保险管理暂行办法》（穗建质〔2019〕1595 号），在新建住宅工程中推行工程质量潜在缺陷保险。

2017 年，深圳市首先在福田区政府投资代建项目开展工程质量潜在缺陷保险试点，随后在罗湖区、光明新区、盐田区、龙华区等区发改局也开展了试点工作，发布了相应的实施细则[1]。

2017 年 12 月，四川成都市发布《成都市住宅工程质量潜在缺陷保险试点方案》（成建委〔2017〕766 号）。2019 年 12 月，市住建局、金融局发布《成都市住宅工程质量潜在缺陷保险试点实施办法》（成住建发〔2019〕413 号）；2020 年 4 月，发布《成都市住宅工程质量潜在缺陷保险实施细则（试行）》（成住建发〔2020〕112 号），明确在全市新建国有企业投资的商品住宅中推试行缺陷保险，采用外保温饰面砖且高度大于 24 米的住宅工程须购买缺陷保险。成都模式的外墙保险责任期为 10 年，且整体费率较低。

2018 年 2 月，江苏省住建厅、保监局发布《关于推行江苏省住宅工程质量潜在缺陷保险试点的实施意见（试行）》（苏建质安〔2018〕67 号），明确在试点范围的保障性住宅工程、商品住宅工程中，推行工程质量潜在缺陷保险。泰州、镇江、江阴等地市开展了相关试点工作[2]。

---

[1] 关于印发《福田区政府投资代建项目工程质量潜在缺陷保险实施细则》的通知（福府办规〔2017〕4 号）、《罗湖区政府投资代建项目工程质量潜在缺陷保险实施细则》（罗湖改〔2017〕362 号）、深圳市光明新区管理委员会关于印发《光明新区政府投资项目代建制管理办法（试行）》的通知（深光规〔2018〕2 号）、关于印发《盐田区政府投资代建项目工程质量潜在缺陷保险实施细则》的通知、关于印发《深圳市龙华区政府投资代建项目工程质量潜在缺陷保险实施细则》的通知（深龙华发改规〔2020〕2 号）。

[2] 《泰州市住房和城乡建设局关于推行泰州市区住宅工程质量潜在缺陷保险试点工作的通知》（泰建发〔2018〕397 号）、《关于推行镇江市住宅工程质量潜在缺陷保险试点的实施意见（试行）》（镇政建〔2018〕200 号）、《关于推行住宅工程质量潜在缺陷保险的实施意见（试行）》（澄住建规〔2020〕5 号）。

2018 年 3 月，浙江省住建厅发布《浙江省住宅工程质量保险试点工作方案》（建建发〔2018〕78 号），确定在杭州、宁波、嘉兴、金华和衢州五个市的新建住宅工程开展工程质量保险试点工作。丽水、义乌、临海等市住建局也发布了工程质量缺陷保险的实施意见，积极推动试点工作①。

2018 年 5 月，安徽省住建厅、保监局发布《关于推行工程质量保险试点工作的通知》（建质〔2018〕75 号），在政府投资工程、装配式建筑和实行工程总承包的项目中，试点推行工程质量保险制度。随后，马鞍山、铜陵、亳州、安庆、黄山、池州等均发布了各地的实施方案，进一步推动工程质量保险试点工作落地②。

2018 年 6 月，山西省阳泉市发布《关于印发全市推进建设工程质量潜在缺陷保险工作的实施意见的通知》（阳政办发〔2018〕51 号），明确在政府投资工程、商品住宅工程、装配式建筑和实行工程总承包的项目，试行工程质量潜在缺陷保险制度，选取市区 10% 的项目进行试点。2019 年 7 月，阳泉市住建局与中再集团签订 IDI 信息平台建设和试点合作协议，试点项目基于信息平台，进行全流程的线上化管理。

2018 年 8 月，河南省住建厅、银保监局发布《河南省房屋建筑工程质量保险实施办法（试行）》（豫建〔2018〕150 号）。焦作市住建局发文，在社会投资小型低风险仓储项目试行工程质量保险。南阳市住建发文，在市中心城区新建、在建住宅工程试点推行试点工作。

2019 年 4 月，广西南宁市发布《关于推进南宁市建筑工程质量潜在缺陷保险的实施意见（试行）》（南住建〔2019〕22 号），明确将在各级政府投资工程项目、市辖区内的住宅工程试点工程质量潜在缺陷保险，其保障方案与上

---

① 丽水市住房和城乡建设局、丽水市人民政府金融工作办公室、中国银行保险监督管理委员会丽水监管分局关于印发《市区住宅工程质量潜在缺陷保险试点方案》的通知（丽建发〔2020〕4 号），义乌市住房和城乡建设局关于推进建设工程质量缺陷保险的实施意见、关于印发《临海市住宅工程质量潜在缺陷保险实施意见（试行）》的通知（义建局〔2021〕63 号）。

② 关于印发《马鞍山市工程质量保险试点实施方案（试行）》的通知（马住建〔2018〕291 号）、关于印发《铜陵市住宅工程质量保险试点实施方案》的通知（建管〔2018〕111 号）、关于印发《亳州市工程质量保险试点工作实施方案（试行）》的通知（亳建管〔2018〕205 号）、《市住房城乡建委关于推进安庆市建设工程质量潜在缺陷保险试点工作的指导意见》（建质发〔2018〕756 号）、关于印发《黄山市住宅工程质量保险试点实施意见》的通知（黄建管〔2019〕75 号）、关于印发《池州市工程质量保险试点工作实施方案（试行）》的通知（池建质函〔2019〕311 号）。

海方案稍有差异，等待期为一年。2020 年，玉林、河池、梧州等市也发文推进工程质量保险①。广西引入保险经纪公司，组织招标入围，主要以一家保险公司主承的大共保模式开展试点。

2019 年 6 月，海南省住建厅、银保监局发布《海南省房屋建筑工程质量潜在缺陷保险试点工作方案》（琼建质〔2019〕167 号）。2020 年，海南省进一步制定《海南省房屋建筑工程质量潜在缺陷保险实施细则（试行）》（琼建质〔2021〕24 号），明确将海口市、儋州市作为试点市县，将洋浦经济开发区、博鳌乐城国际医疗旅游先行区、海口江东新区、三亚崖州湾科技城作为先行试点产业园区，率先在全省各市县保障性住房、安居型商品房，特别是在基层教师和医务人员等住房积极开展试点。

2020 年 3 月，重庆市发布《重庆市推行住宅工程质量潜在缺陷保险试行意见》（渝建质安〔2020〕4 号），在新建、改建、扩建住宅工程试点工程质量潜在缺陷保险制度，新建住宅工程项目在土地出让合同中，需将投保 IDI 保险列为土地出让条件，并要求选择具备相应能力的保险公司。

2020 年 4 月，黑龙江省哈尔滨市松北区发布《哈尔滨新区江北一体发展区建筑工程质量潜在缺陷责任保险（IDI）实施方案（试行）》（哈新管规〔2020〕5 号），将江北一体发展区内政府投资的建设项目纳入工程质量潜在缺陷保险的试点实施范围。

2020 年 6 月，山东省济南市发布《济南市社会投资简易低风险工程质量潜在缺陷保险管理办法（试行）》（济建质安字〔2020〕27 号）；2021 年 7 月，发布《济南市全面推行住宅工程质量潜在缺陷保险的实施意见》（济建发〔2021〕41 号）。2021 年 5 月，青岛市发布《青岛市住宅工程质量潜在缺陷保险试点工作实施方案》（青建管字〔2021〕28 号），将市行政区域内新建住宅工程项目作为工程质量潜在缺陷保险主要试点对象。

2021 年 2 月，湖南省住建厅、银保监局发布《关于开展湖南省住宅工程质量潜在缺陷保险试点的通知》（湘建建〔2021〕11 号），将长沙、株洲、湘

---

① 玉林市住房和城乡建设局关于印发《关于推进玉林市建设工程质量潜在缺陷保险的实施意见（试行）》的通知（玉住建字〔2020〕36 号），河池市住房和城乡建设局、河池银保分局、河池市财政局关于印发《关于推进河池市建筑工程质量潜在缺陷保险的实施意见（试行）》的通知（河住建〔2020〕127 号），关于印发《关于推进梧州市建筑工程质量潜在缺陷保险的实施意见（试行）》的通知（梧建〔2020〕750 号）。

潭、岳阳、郴州和永州作为首批住宅工程潜在缺陷保险试点地区，并将根据评估情况适时确定后续试点地区和全省全面推广时间。

综合来看，目前已发布 IDI 相关政策的省市较多，但已有实质性试点落地形成规模保费的省市相对有限，主要集中在一线发达城市。表 5.1 比较了 IDI 试点较好的几个主要城市的保障方案。

表 5.1　　　　　　　　　　　保障方案比较

地区	投保项目	保险责任及保障期间	保险费率
上海	住宅	地基基础和主体结构工程 10 年； 保温和防水工程 5 年； 其余工程：2 年； 装修工程、电气管线、给排水管道、设备安装、供热和供冷系统工程； 等待期：2 年。	1.25% ~ 1.35%
北京	住宅	地基基础和主体结构工程 10 年； 保温和防水工程 5 年； 其余工程：2 年； 装修工程、供暖工程、通风与空调工程、电气工程、给水排水工程、智能建筑工程、建筑节能工程、电梯工程； 等待期：2 年。	基本保障方案 1.35%
广州	住宅	地基基础和主体结构工程 10 年； 保温和防水工程 5 年； 其余工程：2 年； 装修工程、给水排水工程及供暖工程、通风与空调工程、电气工程、智能建筑工程、建筑节能工程、电梯工程； 等待期：2 年。	基本保障方案 1.25% ~ 1.35%

地区	投保项目	保险责任及保障期间	保险费率
深圳	政府投资代建项目	地基基础和主体结构 10 年； 保温和防水工程 3 年； 附属工程如投保防水保持一致； 等待期：2 年。	房建不高于 2.5% ~2.8%； 部分市政不高于 2.8% ~3%
杭州萧山	住宅	施工工艺缺陷导致的： 有防水要求的室内卫生间、厨房和门窗的防渗漏处理工程 6 年； 装修中埋设在墙体及地面内的电气网络管线和给排水管道等隐蔽工程 6 年； 室内装修工程 2 年； 无等待期； 免赔为 1 万元或损失金额的 20%。	高层住宅保费 35 元/平方米， 其余住宅类型乘以 相应的加乘系数

第二节　我国 IDI 发展现状

从全国来看，IDI 已从小范围试点发展到制度、标准逐步完善后的大规模推进阶段，表现出了较强的市场潜力。从地域发展差异来看，IDI 制度在北上广深等经济发达的超大城市落地较为迅速，表现为住宅工程的强制推行和政府投资代建项目的个别试点。在浙江、江苏、安徽、四川等地区的部分城市，也落地了符合当地质量保障需求的个性化方案，并在一定范围内得到推广。其余很多地区也借鉴了前期各地的实践经验，下发了相关的试点指导文件，但由于制度建设、经济情况、市场认识等多方面的因素影响，目前大部分地区的 IDI 市场仍处于初步发展阶段。

一、IDI 市场的保费规模以亿元为单位

目前，我国 IDI 市场的规模保费主要集中在上海、北京、深圳市场。据上海市 IDI 信息平台数据，2018 年至 2020 年上海 IDI 市场保费规模达 33.21 亿元。2021 年上半年，上海 IDI 市场保费为 14 亿元，同比增长 147%。以 2020 年上海住宅房屋建筑竣工面积 4845 万平方米计算，2020 年 IDI 承保建筑面积

3444 万平方米，新竣工住宅投保率约为 71%。2020 年，北京市 IDI 市场保费为 4.02 亿元，承保建筑面积为 936 万平方米，以 2020 年北京住宅房屋建筑竣工面积 5908 万平方米计算，投保率约为 15.8%。2018 年至 2020 年，深圳市场 IDI 保费 1.5 亿元。

二、IDI 承保的项目以新建住宅工程为主

（一）以新建住宅工程为 IDI 标的

我国 IDI 承保的项目类型以新建住宅工程为主，部分涉及办公楼、学校、医院、工业楼宇、文体中心、桥梁、轨道交通、明挖隧道及挡土墙等工程类型。上海和北京两地明文规定，在新建住宅项目中推行 IDI，重庆市、广州市、成都市、浙江省、湖南省等地发文也将 IDI 试点推行范围规定在住宅工程。

（二）以其他房屋建筑工程和市政工程为 IDI 标的

部分省市将 IDI 试点范围扩大到其他房屋建筑工程和市政工程。（1）深圳市 IDI 项目主要为政府投资代建项目。深圳市各区 IDI 项目主要为政府投资代建项目，项目类型涵盖园区、办公楼、医院、学校、博物馆、工业楼宇、文体中心、桥梁、高架桥、明挖隧道、明挖箱涵及挡土墙等。（2）山西阳泉市将 IDI 扩展到装配式建筑和实行工程总承包的项目。山西阳泉市《关于印发全市推进建设工程质量潜在缺陷保险工作的实施意见的通知》规定在政府投资工程、商品住宅工程、装配式建筑和实行工程总承包的项目试行 IDI 制度。（3）各地在多种建筑工程项目上尝试推行 IDI。上海市首先在轨道交通 17 号线试点投保 IDI。我国商务部对外援建项目也要求投保 IDI 及职业责任险，其中包含学校、体育场馆、桥梁等多种类型工程。北京市、广州市、河南焦作、山东济南等地试点在简易低风险项目（指投资额低、建筑面积小、功能单一、技术要求简单的项目）试点 IDI 制度，作为可不聘用监理项目的风险保障补充。

三、IDI 的主要保险安排

（一）IDI 的保障范围与法规中的保修责任基本一致

IDI 的基本保障范围与我国《建设工程质量管理条例》规定的保修责任基

本一致，主险主要包括地基基础和主体结构工程、保温和防水工程的质量缺陷，附加险包括装饰装修工程、供热与供冷系统工程、电气管线、给排水管道、设备安装工程等。部分地区如北京、广州拓展至智能建筑工程、建筑节能工程、电梯工程。

（二）IDI 保障年限在主体结构工程通常为十年

从保障年限来看，地基基础和主体结构工程通常为十年，保温和防水工程为五年，其余工程的质量缺陷为两年。部分地区如浙江省，结合当地地方性技术标准将防水工程的保障年限延长至六到八年。

第三节　我国 IDI 发展面临的主要问题

一、政策层面的问题

（一）在立法层面，我国尚未有涉及工程质量保险的相关内容

目前，我国在立法层面尚未涉及工程质量保险相关内容，无论是《建筑法》《保险法》或是《建设工程质量管理条例》，均未提及 IDI，对其定义、作用、投保人、保障范围、保费出处等均无说明。由于缺乏法律法规等政策层面的引导和支持，部分省市虽有较强的推行意愿，但在实际操作上仍存在困难。这方面北京市已有突破，北京市人大 2015 年通过的《北京市建设工程质量条例》，新增了工程质量保险相关内容，明确了 IDI 的投保人、保险范围、保险期间以及保费出处等问题。

（二）在制度层面上，我国尚未对 IDI 实行强制投保

现阶段从国内外实践来看，强制投保是 IDI 发挥功能作用的核心基础。国际范围上，法国强制建设单位为分散建筑物 10 年内可能出现的损坏风险而投保 IDI，以保障因潜在缺陷造成损失的全部修复费用，同时，建造者则需投保 10 年期的责任保险。西班牙要求主体结构强制投保 IDI，对于设施设备为鼓励投保。意大利对合同价值超 1000 万欧元的公共项目强制投保 IDI，保险责任只涉及结构工程的局部或全部倒塌。英国虽未在法律层面强制实施 IDI，但英国国家房屋建筑委员会将贷款条件与之挂钩，使 IDI 在实质上成为强制险种。综上所述，各国均在法律或制度层面为 IDI 的实施创造了较好的

政策环境①。

（三）在政策层面上，IDI 保障期限与建设工程的质量保修期不能完全匹配

我国《建设工程质量管理条例》规定，基础设施工程、房屋建筑的地基基础工程和主体结构工程的最低保修期限为设计文件规定的该工程的合理使用年限（一般房屋建筑的设计合理使用年限为 50 年）；建设工程的保修期自竣工验收合格之日起计算。从市场上的现有方案来看，IDI 的保障期限一般不超过 10 年。为避免道德风险，保险机构倾向设置一定的等待期，这就导致了保障期限无法与建设单位的质量保修责任完全匹配。保险机构在经营长期性险种（超 10 年期）上缺乏经验和数据累积，无法提供涵盖 50 年期的保险保障。对于建设单位而言，保险等待期的设置导致其无法完全转移房屋质量事故高发期的经济损失。同时，对于除基础和主体结构的其他工程，IDI 相当于变相延长了质量保修责任的期限。因此，在平衡各方利益需求、发挥各主体保障优势的前提下，对现有质量保障体系进行制度上的完善，是值得进一步研究的问题。

（四）TIS 机构与监理单位的区别，在法律上定位未予以明确

最后，TIS 作为 IDI 制度的核心，其法律层面的定位和标准化问题也亟须解决。我国在工程建设中采用监理制度，监理单位作为五方责任主体之一，对工程的质量、安全负有监督责任。监理单位受建设单位委托开展工作，同时需履行其法律规定的职业责任。TIS 机构与监理单位有一定的相似性，但两者具体的工作内容、范围、开展形式及委托主体有很大的差异，两者在法律上的定位未予以明确。TIS 机构受保险公司的委托开展风险管理服务工作，本身与建设单位、参建单位无直接的合同关系，其出具的风险评估报告效力有待商榷。同时，TIS 作为新兴行业一般由监理、设计、咨询等单位转型而成。目前市场上认可度高、可操作性强的行业标准和规范较少，作业模式和工作标准尚未形成，对工程质量也缺乏统一的评价指标，风险评价等级存在较大的差异，相关行业标准有待进一步完善和充实。

现阶段，保险公司主要在保险合同内向建设单位明确，要求其配合 TIS 机

---

① 李慧民，马海骋，盛金喜. 建设工程质量保险制度基础［M］. 北京：科学出版社，2017.

构开展风险管理工作。部分地区如上海等部分地区，在试行 IDI 制度的同时，制定了 TIS 机构管理办法，指导 TIS 开展相关服务，要求建设单位及参建单位需配合 TIS 机构开展相关工作，将 TIS 机构出具的最终检查报告作为工程竣工验收的必备资料。

二、执行层面的问题

我国在试行 IDI 制度时，按各地实际情况采用强制或市场化方式推行。地方政府出于"放管服"、改善营商环境、缓解社会矛盾等方面的考虑，在推动政策的选择上往往面临平衡难的问题。IDI 制度上的利他性导致其在非强制实施的情况下推行困难，建设单位风险管理意识缺乏，注重短期效益而忽略长期影响，主动投保意愿不足。

（一）在 IDI 试点中，各地选择不同推行方式

上海、北京、广州等城市通过将投保 IDI 与土地出让条件绑定，在缺乏上位法的前提下通过土地出让合同将 IDI 制度落实。宁波等实施物业保修金制度的城市，明确建设单位投保 IDI 且保障范围涵盖质保要求的，可不缴纳物业保修金。江苏省、浙江省等部分地市，将投保 IDI 作为放宽住宅预售要求的优惠条件，鼓励建设单位主动投保 IDI。上述方式一定程度上解决了建设单位投保积极性的问题，但质量保障与企业成本的现实矛盾依然存在，需对工程建设、运营期的资金投入进行更深入的分析和优化。

（二）在 IDI 实施中，出现 TIS 机构与监理单位工作重合的问题

执行层面的另一个问题是 TIS 机构与监理单位的工作面重合问题。建筑业当前的质量管控体系主要通过传统责任主体施工单位和监理单位来落实。基于保险机构对建筑业的专业与质量了解不足，既需要依靠专业的 TIS 机构开展过程化的质量管理；又需要督促建筑项目公司加强自身风险管理。但是，目前在法律或行业上对 TIS 机构和监理单位尚无明确的分工定位，对建筑工程的风险管理机制难以协同；对建设单位而言，两者的成本支出也存在重合部分。现阶段 TIS 机构对工程质量管理主要起辅助作用，TIS 机构未纳入政府职能部门的监管范围，与监理单位相比在沟通渠道上存在天然的劣势，其发现的风险问题在落实整改上也缺乏有效的手段。这些操作层面的问题，也加深了政府相关管理部门和建设单位对 TIS 机构风险管理效果的疑虑。

目前，部分城市如北京①、广州②等试点尝试在简易低风险项目实施 IDI 制度。由于该类项目可不聘用监理单位，在不改变现有法律框架的前提下，可一定程度上解决成本及工作面重合的问题，但监理单位对项目施工质量、安全监理责任的转嫁、TIS 机构风险管理依据及模式的变化仍旧是急需解决的核心问题。

三、产品层面的问题

（一）工程质量保险体系的闭环尚未形成

从广义上说，工程质量保险涵盖 IDI、工程质量保证保险、参建方责任险等。从国际经验来看，IDI 解决的主要是针对建设工程的财产损失问题，在落实责任方面与之形成配套的十年职业责任险在国内仍处于初步发展阶段，未形成工程质量责任体系保障的闭环。这会导致 IDI 的追偿机制无法有效落实，保险的风险转移和经营能力受限。

（二）IDI 的定价缺乏可靠的数据支撑

IDI 现有的保险产品与我国质量管理条例的保修年限要求存在距离，各地保障方案、自然条件、工程质量、工程造价均有一定的差异。同时，目前国内建设工程的实际维修数据仍然缺乏，保险机制介入后可能引起的变化还需实践检验。现阶段 IDI 的定价机制仍不完善，保险机构对 IDI 的长期经营效益存在担忧。目前，国内大部分地区以普适性较强的住宅工程作为初期试点，累计赔付数据对于确定 IDI 的费率厘定依据具有积极的意义。

（三）财险公司对长尾业务的经营经验不足

在产品经营层面，传统的财产保险公司仍以常规思维经营此类长期性险种，使用 365 分之一法计算已赚保费，而 IDI 的 TIS 服务成本往往在工程建设阶段支付，故在财务计算口径上存在技术性亏损问题，这也导致保险机构对推广 IDI 制度存在疑虑。实际上，IDI 的大部分赔付往往出现在等待期之后五年内，其保费与常规短期财险产品保费可进行差异化的投资运营，从而提升资金

---

① 《北京市可不聘用工程监理建设项目工程质量潜在缺陷保险暂行管理办法》（京建发〔2020〕257 号）。

② 《广州市简易低风险工程建设项目工程质量潜在缺陷保险试点方案》（穗建质〔2019〕1595 号）。

使用效率。

四、技术层面的问题

（一）保险行业对工程质量风险的管理能力有待加强

对保险行业来说，由于对建筑业的了解有局限性、专业人才储备不足、信息不对称等问题，难以深度介入建设工程全流程的质量风险管理，在风险管理上往往存在被动接受的情况。虽然保险机构可通过聘用 TIS 机构在一定程度上改善上述问题，与传统质量管理体系下的各参建单位形成制衡，但其本身对 TIS 机构的管理能力、对工程质量风险的识别和评估能力均有待加强。由于 IDI 在国内开展年限较短、理赔数据缺乏、行业数据暂时无法支撑浮动费率定价机制，保险机构的定价能力较弱，且面临较大的长尾风险。在试点阶段，保险机构仍需借助政府相关职能部门的行政管理力量，无法完全通过市场化手段倒逼工程质量水平提升。

（二）建筑行业目前的项目管理模式较粗放

对建筑行业来说，围绕建筑业高质量发展的总体目标，原有的项目管理模式在规范化、数字化、智能化水平方面亟待提高。当前，建筑行业市场行为中违法分包、转包、挂靠等问题仍未根除，由于人员履职不到位引发的质量安全事故频发。同时，建筑业标准化程度较低，工程的质量、安全水平对项目现场管理人员、劳动人员的数量、专业素质还有较高的依赖性。在数字化方面，大部分建设企业仍采用传统的线下管理模式，以现场抽查、纸质材料报送等方式为主，缺乏对工程现场管理及时、有效的抓手，难以在事前有效规避风险、在事后追溯责任单位，很难强化对工程质量、安全生产的闭环管理。

（三）行业间的融合交流需进一步加强

IDI 作为保险业与建筑业深度融合的有益尝试，对行业技术水平提出了更高的要求。保险行业、建筑行业可利用双方技术优势，完善标准化建设、信息化风险管理和大数据分析能力，以 IDI 制度为行业间沟通交流的平台，提升建筑工程管理能力，促进保险业、建筑业的高质量发展。

第四节　各方对 IDI 的主要诉求

一、住建部门：对 IDI 提升建筑质量的作用有更高的期待

住建管理部门对 IDI 提升建筑质量的作用仍有更高的期待，希望 IDI 在工程项目管理中承担更多的责任，进一步理顺 IDI 各关系人在机制中的作用发挥。如某住建局反馈 TIS 和监理职能部分重合，且保险风险控制效用暂时还不能与政府监管相比。课题组在工地现场调研中，发现部分 TIS 存在风险检查频率不高、专业人员不足、整改难落实等问题，需要进一步思考解决。

住建管理部门对 IDI 效果存疑。建筑业当前质量管控体系主要通过传统责任主体施工方和监理方落地，TIS 和监理机构都有管理工程质量职责，但没有政府或行业权威机构认可的明确分工，风险控制机制难协同。保险公司和 TIS 机构无法定地位，对工程质量总体只能起辅助作用，且未纳入住建管理部门质量监督站管辖范围，发现的风险事件没有监管报送机制，整改困难。保险风险控制与政府监管存在"两张皮"的倾向，一方面是 TIS 对现场风险事件无有效手段确保施工单位整改，另一方面是政府对 TIS 工作不了解不参与指导，更加大了保险风险控制落地难度，加深了政府对保险风险控制效果的疑虑。

住建管理部门认为应当有更高的保障。IDI 的保险起期一般是工程竣工后的 2 年起。住建管理部门持保留意见主要是两方面，一是部分住建管理部门认为 IDI 恰好避开了质量风险最高的质保期和房屋使用一段时间后的老化期，保险期间设置不合理；二是地基基础和主体结构只保 10 年，而《建设工程质量管理条例》第四十条规定的最低保修年限与 10 年保障期间不匹配。

作为 IDI 政策的主要推动方，北京市住房和城乡建设委员会等四部门发布《北京市住宅工程质量潜在缺陷保险暂行管理办法》（京政办发〔2019〕11 号）中第五条规定：建设单位投保缺陷保险的保险期间，地基基础和主体结构工程为 10 年，保温和防水工程为 5 年。保险责任开始时间自建设工程竣工验收合格 2 年之日起算。住宅工程在竣工验收合格之日至保险责任开始时间前出现的工程质量潜在缺陷，由建设单位负责组织维修。保险期间届满后交房的

住宅工程，建设单位应当在交房前 15 日通知保险公司和业主共同验收，若存在质量缺陷，由建设单位承担维修或赔偿责任。

北京市住建委部分专家认为，在中国的建设工程监管环境下，上述保险责任一定程度上规避了风险责任。作为一项具有重要意义的 IDI 保险制度，即使保费稍高些，也应在建筑工程质量风险管理及风险分担方面发挥更大的作用。

二、施工方：TIS 与工程监理责任不清

施工方认为，TIS 机构与工程监理责任不清，在双重监管下，将会加重施工方的负担。建筑业当前质量管控体系主要通过传统责任主体施工方和监理方落地，TIS 机构和监理机构都有管理工程质量职责，但没有政府或行业权威机构认可的明确分工，风控机制难协同。保险公司和 TIS 机构无法定地位，对工程质量总体只能起辅助作用，且未纳入住建质量监督站管辖范围，发现的风险事件没有监管报送机制，整改困难。

（一）施工单位本身具备相关管理资质，不需要更多的监督管理

根据我国《建设工程质量管理条例》的规定，施工单位应当依法取得相应等级的资质证书，并在其资质等级许可的范围内承揽工程。禁止施工单位超越本单位资质等级许可的业务范围或者以其他施工单位的名义承揽工程。禁止施工单位允许其他单位或者个人以本单位的名义承揽工程。施工单位不得转包或者违法分包工程。

施工单位对建设工程的施工质量负责。施工单位应当建立质量责任制，确定工程项目的项目经理、技术负责人和施工管理负责人。

建设工程实行总承包的，总承包单位应当对全部建设工程质量负责；建设工程勘察、设计、施工、设备采购的一项或者多项实行总承包的，总承包单位应当对其承包的建设工程或者采购的设备的质量负责。总承包单位依法将建设工程分包给其他单位的，分包单位应当按照分包合同的约定对其分包工程的质量向总承包单位负责，总承包单位与分包单位对分包工程的质量承担连带责任。

（二）IDI 制度加重了施工方的财务负担

据调研，国内建筑业利润逐渐趋薄，行业在规模高速增长的同时，企业数量越来越多，市场竞争愈趋激烈。非但没有企业退出转换到其他行业，相反，

特级、一级企业数量快速增长。

（1）基建行业的大环境早已发生了翻天覆地的变化，低价中标时代，中标很难，毛利率极低，稍微管理不善就容易造成巨额亏损，变更索赔签证也有严格的审计。IDI制度本质上增加了建设单位的成本，可能进一步压缩施工总包单位的利润空间。

（2）材料调差不容易。建设工程的材料费通常占工程造价比重极大，一般占了中标成本的70%左右。所以工程施工中材料的单价变化直接决定着建筑企业的"生死存亡"。而在工程施工过程中，钢材、混凝土、水泥、河沙、石子等材料的价格，随时都有可能随着外部条件出现涨跌变化。而有时候作为一些项目的发包方，根本不考虑这一因素，出现材料价格上涨也不给调差。在与甲方签订的施工合同里，有关"价格调整"子目中约定"不予调整"，则意味着一旦建材价格出现大幅上涨，中标企业将承担巨大的风险。IDI的保费计算以工程最终造价为基础，相关价格的上涨原则上也会造成保费的上涨。

（3）迎检过程管控成本较高。近些年，各方安全意识都极大提升，安全投入等也是水涨船高。而上级主管部门对工地安全的检查力度也是越来越大，标语张贴、围栏布置等迎检工作都间接增加了施工单位的成本。同样，TIS机构检查相关的配合、整改工作，也会在一定程度上增加施工单位的成本。

（4）工程款结算周期长。工程款是否能够及时结算是企业能否获得有效收益的最主要保障。但是目前来说，虽然政府对于建筑市场进行了大力整顿，市场秩序有所改善，但是我国的建筑市场规范化管理体制尚未完全建立，加之施工企业竞争压力增大，许多企业为了争取更多的项目，不惜在没有资金保障的情况下盲目承揽项目，通过贷款等方式先行垫资，使企业长期处于高负债的境地。同时，我国建筑市场的工程款项拖欠问题也是屡见不鲜，虽然政府对于该现象出台了不少制度政策，很多施工企业在工程竣工验收后很长时间都还不能实现款项结算。在这样的市场环境下，为进一步获得发展的资金，企业不得不继续增加贷款、借款金额，从而陷入负债经营的恶性循环。由于IDI的保险保费需在项目初期缴纳，建设单位可能将相关成本支出进一步传导到下游的施工单位，使本就承压的施工企业承受更大的财务压力。

三、保险公司：保修责任与保险责任的划分不明确

责任划分方面，保修责任与保险责任范围未明确划分，建筑工程质量保险

的保险责任不可避免地与建设单位承担的保修责任有一定交叉重合的地方。这个观点也被一些试点城市的实践经验所证实，对于建设单位和承包单位来说，工程项目竣工并不意味着责任就解除了，还需要承担保修责任，当然还要继续投入资金履行保修责任。对于保险公司来说，也会承担保险合同约定的相应责任，这就造成了两个支付系统的并行，存在一定的资源浪费，并可能产生支付争议和推诿。

另外，工程质量保修期间，建设单位和承包单位一般会在合同中约定，由承包单位承担不超过两年的、缺陷责任期的保修责任，这两者的概念也需进一步明确。

（一）两者概念不同

工程质量保修期是指承包人按照合同约定对工程承担保修责任的期限，从工程竣工验收合格之日（即承包人提交竣工验收报告至验收完毕之日）起计算。

缺陷责任期是指承包人按照合同约定承担缺陷修复义务，且发包人预留质量保证金的期限，自工程实际竣工日期（如果工程验收合格，就是承包人提交竣工验收报告之日）起计算。

（二）两者法律依据不同

工程质量保修期的法律依据是《建设工程质量管理条例》，其规定了建设工程的最低保修期限：

（1）设施工程、房屋建筑的地基基础工程和主体结构工程，为设计文件规定的该工程的合理使用年限；

（2）屋面防水工程、有防水要求的卫生间、房间和外墙面的防渗漏，为5年；

（3）供热与供冷系统，为2个采暖期、供冷期；

（4）电气管线、给排水管道、设备安装和装修工程，为2年；

（5）其他项目的保修期限由发包人与承包人约定。

缺陷责任期的法律依据是《建设工程质量保证金管理暂行办法》，《建筑法》《建设工程质量管理条例》并未从法律层面上确立缺陷责任期制度。我国工程实务中"缺陷责任期"这一概念和术语是借鉴国际工程承包的惯例和FIDIC（国际咨询工程师联合会）合同文本中的规定确立的。

缺陷责任期内由承包人原因造成的缺陷，承包人应负责维修，并承担鉴定及维修费用。如承包人不维修也不承担费用，发包人可按合同约定扣除保证金，并由承包人承担违约责任。承包人维修并承担相应费用后，不免除对工程的一般损失赔偿责任。

（三）两者的责任不同

质量保修期是法定的，对应了建设单位最基本的保修责任，主要通过建设单位提供维修保障来体现。当事人双方可以约定比法定保修期更长的质保期，但不能低于法定保修期，否则该约定无效。

缺陷责任期是合同约定的，一般对应承包单位的维修责任，主要通过扣除预留的质保金来体现。缺陷责任期则可以由发、承包双方在 6 个月、12 个月和 24 个月三者之间自由选择确定。缺陷责任期内，发包方可以预留质保金，到期后返还，或由发、承包双方通过合同约定具体返还期限。

从法律意义上来说，承包单位承担的缺陷期责任并不能免除建设单位对业主的质量保修责任。

四、再保险公司：应当为 IDI 搭建多方共治平台

从 IDI 运行机制看，再保险公司在 IDI 机制中起到统筹、规划、实施管理的平台作用。从市场运作看，再保险公司起到系统搭建、产品开发、费率厘定以及最终风险（部分）承担的引领作用。

（一）从再保险与直保的关系角度，再保险公司在 IDI 发展中起到统筹的作用

再保险是保险的一种，由保险派生发展而来，保险是再保险的基础和前提，没有保险，再保险无从做起。再保险是保险的后盾和保障，没有再保险支撑，保险的发展会受影响。再保险与保险密切相关、相辅相成、相互促进。再保险虽然和保险一样，也是风险的承担、分散和转移者，但与原保险又有很大的区别，如再保险市场生态比较单一，再保险交易不直接面向客户，交易双方均为保险人；交易产品较为专业和复杂；再保险合同为经济补偿性合同等。

（二）再保险的职能角度，应当在 IDI 中起到搭建平台的作用

再保险的核心职能是分散风险。保险公司对再保险的需要，如同人们

需要获得保险保障一样，虽程度不同，但性质类似。再保接受人则是从更大的范围内来统筹业务的稳定性和风险分散。因此再保险又被称为"保险的保险"，是保险业的"安全阀"。再保险的风险分散与保险不同，具有独特的特点。

一是对巨大的风险进行分散。保险人承保某大额风险时，则需要自留部分比例后，将超额部分分保出去，就实现了巨大风险在保险人和再保险人之间分散。2001 年"9·11"事件造成保险业损失高达 400 多亿美元，其中 60% 从再保险市场得到了摊回。

二是对特定区域的风险进行有效分散。大量同质标的聚集在某一特定区域，可能因同一事故引发大面积标的损失，则需要再保险跨越地域空间甚至在全球范围内进行风险分散，如洪水、冰雹、暴风等，从这个角度看，国际化是再保险的显著特征之一。

三是对特定公司或特定时点的风险进行分散。如保险公司某一险种风险累计达到一定程度时；或某个时点风险承担过于集中，则需要再保险进行风险分散。

四是相互分保，扩大风险分散面。如中国核保险共同体、中国农业保险再保险共同体、中国城乡居民住宅地震巨灾保险共同体均体现了再保险的相互分保，扩大风险分散面的职能。

再保险的微观作用主要体现在四个方面。一是扩大承保能力。通过再保险，保险公司可以承保超过自身资本实力的大型保险业务，也可以将超过自身资本实力的保险责任转移出去。二是改善偿付能力。保险公司分出业务，转移了相关业务的保险风险，降低了最低资本要求；又获得了摊回手续费，提高了认可资产，从而改善了偿付能力。三是熨平经营波动。风险是损失的频率和金额发生的不确定性，承接风险的保险公司可通过办理再保险来避免经营波动过大。如 1990 年广州白云机场空难，赔付损失 9000 多万美元，通过再保险摊回 7500 万美元。四是提升行业技术水平。再保险具有国际化特征，通过国际交流合作，可引进成熟的保险产品和先进的技术。再保险的宏观作用主要体现在服务社会经济发展、保障重大工程和服务国家战略等方面。

第六章　中国 IDI 的创新典型与各地实践

从 2005 年原建设部和中国保监会联合发文算起，IDI 在中国的发展已近 16 年。与国际 IDI 相比，中国 IDI 有所不同。目前，中国 IDI 尚未有全国统一的制度安排，各地根据实际情况，开展试点和创新，探索出各具特色的 IDI 模式。例如，以上海为代表的地方政府结合本地实际，积极推进 IDI 工作，形成了自下而上、各具特色的创新实践，主要体现在不断完善配套制度、信息化平台的联动应用、数字化技术实现工序级别现场全过程质量安全管控，以及探索 IDI 保障期之后房屋使用风险的覆盖等，表现为"横向扩展（至建筑全周期）、纵向深入（至工地施工现场）"。为深入了解各地创新特点，本章主要选取了上海市、吉林省、宁波市三地作为创新典型，并简要介绍其他省市 IDI 发展情况，希望较全面地展现 IDI 在中国各地的实践。

第一节　上海 IDI 创新实践：以信息平台为主，实现多方共治

一、上海 IDI 市场发展与模式形成

（一）上海 IDI 的探索与发展

1. 上海市是国内首个开展 IDI 试点的城市

在中国，上海市是首个开展 IDI 试点的城市。2011 年 12 月通过的《上海市建设工程质量和安全管理条例》第十九条规定："在新建住宅所有权初始登记前，建设单位应当按照本市有关规定交纳物业保修金。建设单位投保工程质量保证保险符合国家和本市规定的保修范围和保修期限，并经房屋行政管理部

门审核同意的，可以免予交纳物业保修金。"① 2012 年 8 月，上海随即出台《关于推行上海市住宅工程质量潜在缺陷保险的试行意见》，明确了 IDI 的基本承保范围、保险期限、承保模式、风险管理、维修赔偿等具体内容，规定由房屋行政管理部门进行相关审核工作。同年 11 月，太保产险上海分公司成功承保香港新富港房地产公司新世界花园二期项目，保费规模 1678.77 万元，中再产险支持并参与了该项目。

2. 上海市牵头成立 IDI 保险工作组

2015 年 9 月，上海市住建委、保监局牵头成立 IDI 保险工作组，在前期试点基础上研究 IDI 正式实施方案。上海市保监局任工作组组长，太保产险和中再任副组长，组员涉及保险和建筑行业主管部门（保监局、住建委、金融办）、保险主体（太保、平安、人保、中华联合、信达、大地）、再保险主体（中再、法再、汉诺威再）和 TIS 机构（上海建科）。工作组就产品属性、条款、定价、承保理赔流程、共保模式、风险管理模式、信息平台等进行深入的研究和探讨。

3. 上海率先推出 IDI 制度实施意见

2016 年 6 月，上海市发布《关于本市推进商品住宅和保障性住宅工程质量潜在缺陷保险的实施意见》（沪府办〔2016〕50 号），在全国率先推出了 IDI 制度，引入工程质量 TIS 机构作为第三方进行风险管理，并在浦东新区商品住宅工程和全市保障性住宅工程中强制实施②。2016 年 10 月，上海市住建委发布《上海市建设工程质量风险管理机构管理办法（试行）》，明确了 TIS 机构的定位、职责及工作标准，填补了我国工程质量 TIS 机构空白。同时，根据上海实际市场情况公布了 13 家 TIS 机构名单（后扩展至 21 家），供保险公司选择使用。2016 年 11 月，上海保监局、市住建委、市金融办印发《上海市住宅建设工程质量潜在缺陷保险理赔服务规范》，规范了保险公司 IDI 业务的理赔工作流程和服务标准。2017 年，上海市发布《上海市住宅工程质量潜在缺陷保险实施细则（试行）》，进一步细化了 IDI 制度实施的管理要求。

4. 上海停止收取物业保修金而强制实施 IDI

2018 年，根据《国务院办公厅关于清理规范工程建设领域保证金的通知》

---

① 《上海市建设工程质量和安全管理条例》，上海市第十三届人民代表大会常务委员会，2011.

② 《关于本市推进商品住宅和保障性住宅工程质量潜在缺陷保险的实施意见》（沪府办〔2016〕50 号），2016.

1.土地出让 ⟫	规土 ⟫	在土地出让合同中，应当将投保工程质量潜在缺陷保险列为土地出让条件。
2.施工许可证 ⟫	建管 ⟫	投保工程质量潜在缺陷保险的建设单位应当在办理施工许可手续时间节点前，与保险公司签订工程质量潜在缺陷保险合同。
3.首次会议 ⟫		首次会议，将保险合同签订情况作为检查建设单位是否履行诚信义务的内容之一。
4.竣工验收 ⟫		投保工程质量潜在缺陷保险的建设单位，将最终检查报告作为竣工验收的内容之一；风险管理机构最终检查报告中列出的严重技术风险问题未整改到位的，不得组织竣工验收。
5.业主入户 ⟫	房管 ⟫	建设单位应当将《住宅工程质量潜在缺陷保险告知书》，随同《新建住宅质量保证书》《新建住宅使用说明书》一起送交业主；建设单位应在《上海市商品房出售合同》《上海市商品房预售合同》中对上述内容做出书面承诺。

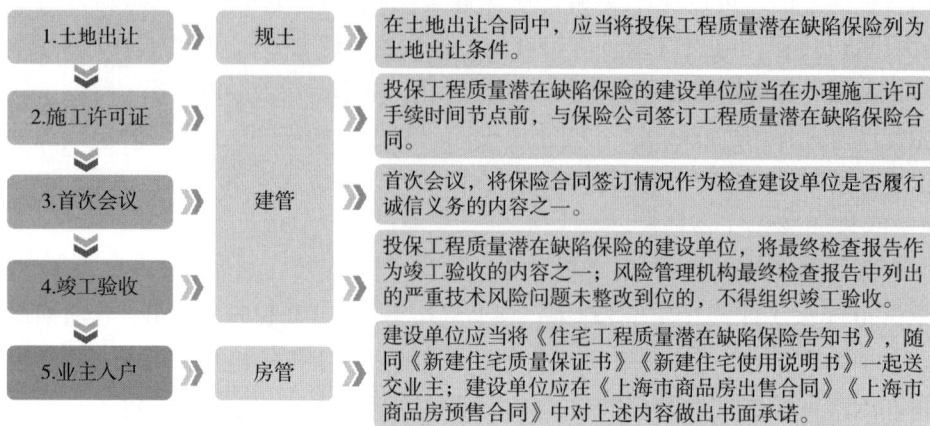

图 6.1　上海模式——政策关键节点

（国办发〔2016〕49 号）工作部署，上海市房管局印发《上海市房屋管理局关于停止收取本市物业保修金的通知》，明确自 2018 年 1 月 1 日起不再收取建设单位交存的物业保修金，不再将物业保修金作为办理房地产认定手续所需的必备要求。与此同时，IDI 制度仍强制实施，作为住宅工程维修保障的重要抓手。

5. 上海再度出台 IDI 实施意见和细则

2019 年，上海市发布《关于本市推进商品住宅和保障性住宅工程质量潜在缺陷保险的实施意见》（沪府办规〔2019〕3 号）及《上海市住宅工程质量潜在缺陷保险实施细则》，进一步将 IDI 制度的实施范围扩大至全市的住宅工程。

（二）上海 IDI 的保险方案

上海市 IDI 方案分主险和附加险，明确了保险责任和期限，与《建设工程质量管理条例》基本保持一致，地基基础工程和主体结构工程参考国际惯例，定为十年期的保险保障。

主险范围包括：①地基基础工程和主体结构工程；②保温和防水工程。以上①项的保险期限为 10 年，②项为 5 年。保险期限从工程竣工备案 2 年后起算。

附加险范围包括：①装修工程（包括全装修和非全装修，墙面、顶棚抹灰层工程等其他分项工程）；②电气管线、给排水管道、设备安装；③供热与供冷系统工程。以上①至③项的保险期限为 2 年，保险期限从工程竣工备案 2 年后起算。

　　主险加附加险的费率区间为建筑安装工程总造价的 1.25% ~ 1.5%，不设免赔。

表 6.1　　　　　　　　　　　IDI 上海模式——保险方案

投保人	建设单位
被保险人	住宅建设工程项目的建设单位、所有人、合法受让人或继承人等
被保险项目	保单载明的住宅建设工程项目 （一个工程项目作为一个保险标的，保险合同涵盖的范围应当包括投保的住宅和同一物业管理区域内的其他建筑）
保险责任期间	从竣工备案两年后开始起算，最长十年
保险金额	建筑安装总造价
费率	市属保障房为 1.25%，其他类型保障房可参照执行； 商品住宅为 1.25% ~ 1.5%，结合建设工程总体质量状况、装修标准、参建主体资质及诚信等具体情况协商确定。
承保模式	单一 IDI 项目参与共保的保险公司不少于 3 家，主承保公司承保份额不得低于 50%。

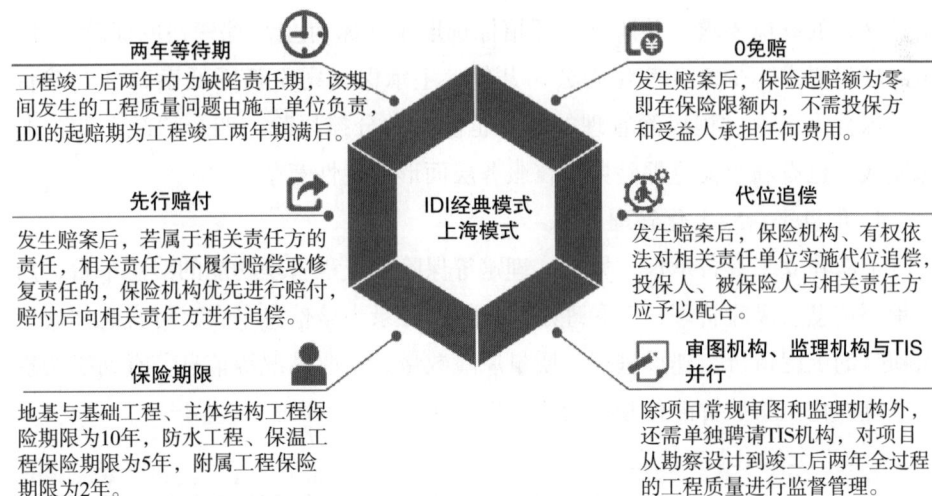

两年等待期
工程竣工后两年内为缺陷责任期，该期间发生的工程质量问题由施工单位负责，IDI 的起赔期为工程竣工两年期满后。

0 免赔
发生赔案后，保险起赔额为零即在保险限额内，不需投保方和受益人承担任何费用。

先行赔付
发生赔案后，若属于相关责任方的责任，相关责任方不履行赔偿或修复责任的，保险机构优先进行赔付，赔付后向相关责任方进行追偿。

代位追偿
发生赔案后，保险机构、有权依法对相关责任单位实施代位追偿，投保人、被保险人与相关责任方应予以配合。

保险期限
地基与基础工程、主体结构工程保险期限为10年，防水工程、保温工程保险期限为5年，附属工程保险期限为2年。

审图机构、监理机构与TIS并行
除项目常规审图和监理机构外，还需单独聘请TIS机构，对项目从勘察设计到竣工后两年全过程的工程质量进行监督管理。

IDI经典模式上海模式

图 6.2　IDI 上海模式六大典型特征

131

（三）上海 IDI 的模式特点

上海 IDI 制度历经多年的实践和完善，形成了特有模式，主要包括以下几点：

1. 激励与强制措施并行

在 IDI 制度推行初期，上海通过修订地方条例、完善制度建设等方式，明确了建设单位投保 IDI 后可不再支付 3% 的物业保修金，鼓励建设单位主动投保。同时，上海将投保 IDI 列为土地出让条件之一，要求建设单位在办理施工许可手续的时间节点前投保。待市场逐步认识和接受了 IDI 制度，上海响应国务院工作要求，清退和返还了本市的物业保修金，保留了住宅工程的 IDI 制度。

2. 明确 TIS 机构管理权限

上海规定 TIS 机构应出具过程检查报告和最终检查报告，并提交建设单位和保险机构；建设单位接到 TIS 报告后，应当责成施工单位及时整改质量缺陷等问题；TIS 报告中指出建设项目存在严重质量缺陷，且在竣工时没有得到实质性整改的，建设单位不得通过竣工验收。

3. 四个"统一"

上海要求 IDI 承保需遵守统一保险条款、统一费率、统一理赔服务、统一信息平台的共保要求，并通过公开招标选取了 6 家有主承保资格的保险主体。单一项目要求不少于 3 家保险公司共保，主承保公司份额不低于 50%，确保主承保公司重视过程风险管理的同时也能有效分摊风险。四个"统一"的共保模式，也有利于促进保险主体在服务层面形成良性竞争。

4. 信息平台线上化管理

上海建立了具备承保、风控、理赔等保险全流程管理功能的信息平台，所有承保信息、风险管理信息和理赔信息等都可录入该信息平台，可直观体现承保项目的工程造价、建设进程、质量风险数量、整改情况等信息，有助于实现数据统一化、管控智能化和社会治理生态化。

（四）上海 IDI 市场发展

上海市 IDI 业务市场发展迅速，质量风险管理体系逐步完善。据上海市 IDI 信息平台数据，2018 年至 2021 年，上海 IDI 市场保费分别为 8.32 亿元、8.35 亿元、16.47 亿元、25.02 亿元，年复合增长率为 44.37%；2021 年上海

IDI 市场同比增长 52%；全市累计已有 1371 个住宅项目投保 IDI，承保面积总计 1.41 亿平方米，共发现和记录质量风险 120609 项，其中，严重质量风险占比 1.9%。

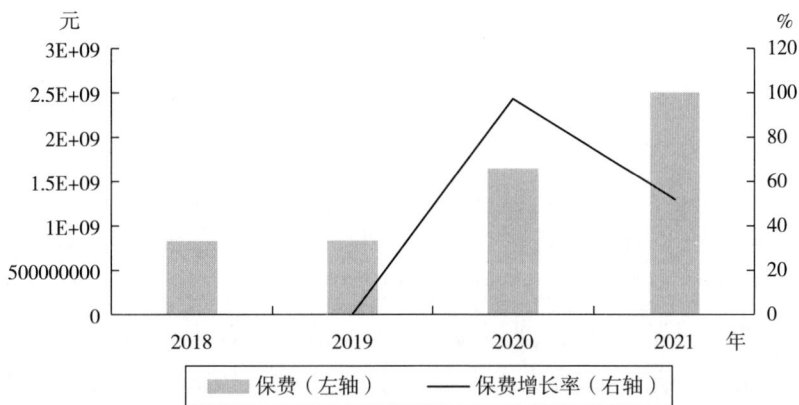

图 6.3　上海市 IDI 年度保费及增长率统计图

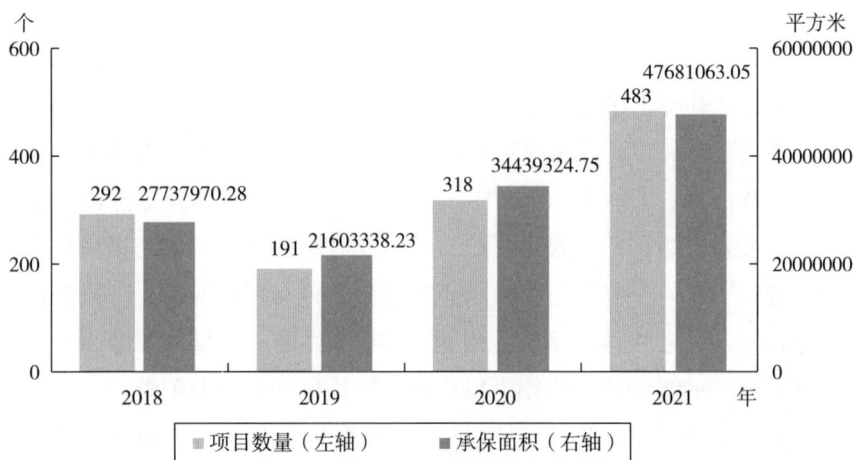

图 6.4　上海市 IDI 年度项目数及承保面积统计图

随着上海市 IDI 项目逐步进入保险责任赔偿期，IDI 理赔金额快速上升。2020 年，上海住宅质量投诉较 2019 年下降 17.4%，实现三年来首次下降，体现了 IDI 制度全面落地的显著效果。

二、上海最早要求建设 IDI 信息平台

（一）上海率先发文强调建设 IDI 信息平台

早在 2016 年上海市人民政府办公厅转发市住房和城乡建设管理委等三部门《关于本市推进商品住宅和保障性住宅工程质量潜在缺陷保险的实施意见》（50 号文）的通知，其中第二十二条（信息平台）明确要求建立工程质量潜在缺陷保险信息平台，保险公司应将承保信息、风险管理信息和理赔信息等录入该信息平台，并进行统计分析，定期向住房建设行政管理部门、保险监管部门报告。随后在 2019 年上海市《关于本市推进商品住宅和保障性住宅工程质量潜在缺陷保险的实施意见》（沪府办规〔2019〕3 号）中，第二十一条（信息平台）规定"保险公司应当建立工程质量潜在缺陷保险信息平台，所有承保工程质量潜在缺陷保险的保险公司应将承保信息、风险管理信息和理赔信息等录入该信息平台，并对风险管理、出险理赔情况进行统计分析，定期向住房城乡建设监管部门、保险监管部门报告"。

（二）各地实施意见纷纷明确建立 IDI 信息平台

北京市、广州市、南宁市、海南省、湖南省、浙江省、重庆市、成都市等省市 IDI 实施意见或工作方案中均明确建立 IDI 信息平台。

2018 年 3 月 16 日，浙江省住房和城乡建设厅印发《浙江省住宅工程质量保险试点工作方案》（建建发〔2018〕78 号），其中第四部分试点内容的第四点加强工程质量保险信用管理中指出，各地要鼓励社会机构参与工程质量保险诚信体系建设，构建工程质量保险信息管理平台，实现承保信息、风险评估信息、理赔信息和参建主体质量管理信息实时采集发布、定期统计分析，充分发挥保险费率杠杆的激励约束作用，以市场手段优化社会资源配置。

2019 年 4 月 24 日，北京市人民政府办公厅转发市住房和城乡建设委等四部门《北京市住宅工程质量潜在缺陷保险暂行管理办法》（京政办发〔2019〕11 号）的通知，其中第十六条明确指出保险公司应当建立缺陷保险信息平台，所有承保缺陷保险和责任保险的保险公司应将承保信息、工程质量风险评估信息和理赔信息等录入该平台。

2019 年 4 月 24 日，南宁市住房和城乡建设局、南宁市自然资源局、南宁市金融工作办公室、中国银行保险监督管理委员会广西监管局印发《关于推

进南宁市建筑工程质量潜在缺陷保险的实施意见（试行）》（南住建〔2019〕22 号）。意见第二十一条（信息平台）明确指出，保险机构应专门建立统一的南宁市建筑工程质量保险信息平台，并将相关的保险信息、工程质量风险管控信息以及参建主体信息向建设行政管理部门、保险监管部门报告。

2019 年 7 月 12 日，海南省住房和城乡建设厅、中国银保监会海南监管局联合印发《海南省房屋建筑工程质量潜在缺陷保险试点工作方案》（琼建质〔2019〕167 号），其中试点保险内容（七）承保模式中指出，工程质量潜在缺陷保险的承保鼓励采取共保模式，共保体应当遵守统一保险条款、统一费率、统一理赔服务、统一信息平台的共保要求。2021 年 2 月，海南省住房和城乡建设厅、中国银保监会海南监管局、海南省财政厅、海南省发展和改革委员会等部门制定了《海南省房屋建筑工程质量潜在缺陷保险实施细则（试行）》（琼建质函〔2020〕220 号），其中第二十八条（信息平台及报送）指出，保险公司应尽快建立房屋建筑工程质量潜在缺陷信息系统，负责承保信息、风险管理信息（包括风险点、过程检查报告、评估报告和最终评估报告）和理赔信息的汇总，并对 TIS 机构工作质量及风险点类型、出险理赔情况进行统计分析，以及提供相关保险合同示范文本和相关行业信息等。

2019 年 12 月 31 日，成都市住房和城乡建设局、成都市地方金融监督管理局印发《成都市住宅工程质量潜在缺陷保险试点实施办法》（成住建发〔2019〕413 号），其中第六章信息平台及信用管理的第二十四条指出，保险公司应当建立缺陷保险信息平台，所有承保缺陷保险的保险公司应将承保信息、风险管理信息和理赔信息等录入信息平台，并对信息进行维护，定期向市住建行政主管部门、市金融监管部门报告。第二十五条指出，市住建行政主管部门、市金融监管部门对保险公司及风险管理机构进行信用管理，信用记录与保险公司经营行为挂钩，对于信用等级差的企业不得承接政府性投资的项目，对严重失信的保险公司按照相关信用管理办法进行管理，实行惩戒措施。2020 年 4 月 16 日，成都市住房和城乡建设局、成都市地方金融监督管理局印发《成都市住宅工程质量潜在缺陷保险实施细则（试行）》（成住建发〔2020〕112 号），其中第十九条（信息平台）明确保险公司应当建立工程质量潜在缺陷保险信息平台，负责承保信息、风险管理信息（包括评估报告和最终评估报告）、理赔信息的上传、汇总和过程监控，对保险公司和风险管理机构工作质量、出险理赔情况进行统计分析，并定期向住建行政主管部门、保险监管部门报告。

2020年3月3日，重庆市住房和城乡建设委员会、重庆市规划和自然资源局、重庆市地方金融监督管理局、中国银行保险监督管理委员会重庆监管局印发《重庆市推行住宅工程质量潜在缺陷保险试行意见》（〔2020〕4号），其中第十七条（信息平台）明确保险公司应当建立缺陷保险信息平台，所有承保缺陷保险和责任保险的保险公司应将承保信息、工程质量风险评估信息和理赔信息等录入该信息平台，并对风险管理、出险理赔情况进行统计分析，定期向住房城乡建设监管部门、保险监管部门报告。

2020年7月22日，广州市住房和城乡建设局、中国银行保险监督管理委员会广东监管局、广州市地方金融监督管理局、广州市规划和自然资源局联合印发《广州市住宅工程质量潜在缺陷保险管理暂行办法》（穗建质〔2020〕203号），其中第十五条指出，保险公司应当建立缺陷信息平台，将承保信息、工程质量风险评估信息和理赔信息等录入该信息平台，对风险管理、出险理赔情况进行统计分析，并与住房和城乡建设行政部门、保险监管部门实现信息共享。

2021年2月10日，湖南省住房和城乡建设厅、中国银行保险监督管理委员会湖南监管局发布《关于开展湖南省住宅工程质量潜在缺陷保险试点的通知》（湘建建〔2021〕11号），其中第二部分组织实施的（三）平台支持明确指出，共保体主承保公司应建立全省工程质量潜在缺陷保险服务与动态监管平台，对住宅工程质量潜在缺陷保险的承保、理赔、风险管理等进行信息化管理，为住房和城乡建设主管部门定期进行分析评估提供平台支撑。充分发挥保险的大数据统计和管理功能，将结果应用于信用评价和保险费率浮动，同时为我省建筑施工质量管理标准化考评提供参考依据。

三、上海IDI信息平台是国内首创的政府监管与行业服务平台

（一）上海IDI信息平台的特点

1. 信息平台技术先进

上海市IDI信息平台是国内首创的基于人工智能、区块链、大数据、云计算先进技术构建的政府监管与行业服务平台，采用微服务架构，提供手机

App、微信小程序、PC 端、可视化大屏等多种访问方式，支持刷脸登录、语音识别，打造良好的用户体验。

2. 信息平台开放互联

平台开放连接保险公司、TIS、建设单位、施工单位、业主等多方。平台承担保险审核职能，覆盖承保、风控、理赔全流程，确保政府监管"看得见、管得住"。

3. 信息平台全过程管理

在保险审核期，平台运营方审核保单合规性；在风险管理期，TIS 实地查勘，上报施工风险、督促问题整改，并将风险事件和报告上传平台；在项目质保期，TIS 上报风险回访结果；项目理赔期，业主在线报案，保险公司负责修缮房屋及理赔。

4. 信息平台数据可靠

应用区块链技术，IDI 全周期重要节点全部上链存证。平台实现监管大数据定制化分析，支撑政府部门对保险公司、TIS、建设单位的量化考核。

（二）上海市 IDI 信息平台快速发展

2018 年 8 月 31 日，上海市 IDI 信息平台正式投产运营。为保障平台平稳有效运行，上海住建委支持平台运营方中再集团成立上海市 IDI 信息平台服务中心，做好信息平台的运营、服务和管理工作。截至 2021 年底，通过平台保险审核的保单超过 1300 件，总保额超 5000 亿元，总承保面积超 1.4 亿平方米，TIS 机构上报风险事件超 12 万件，风险评估报告超万份，有力地支持了上海 IDI 健康发展。

四、上海 IDI：以信息平台为主的精细化监管

上海住建委、银保监局、金管局牵头制定一系列政策制度，从不同阶段、不同层面完善 IDI 制度建设，以"互联网＋"平台为主要抓手推进 IDI 精细化监管，确保行业健康发展。

（一）明确 IDI 信息平台职能

在上海市 IDI 实施意见中，明确了 IDI 平台建设要求及信息管理、汇总报送职能。在关于印发《上海市住宅工程质量潜在缺陷保险实施细则》的通知（沪住建规范联〔2019〕7 号）中，通过第六、十、十二、十三、十六、二十、

二十一条等要求，对 IDI 信息平台职能做出详尽规定①。

1. 保险公司 IDI 报价函的上传要求

第六条（保险公司管理要求）中指出：主承保公司应当建立 IDI 报价函的管理制度，规范报价行为。意向客户询价时，主承保公司应当以正式报价函的方式向客户出具报价，报价函内容包括但不限于以下内容：项目名称、地理位置、建筑面积、单位建安造价、项目总保额、基准费率、各浮动因子系数等；报价函应当经 IDI 业务部门负责人签字并经公司盖章后发送至询价客户。不得以电话、短信、邮件、微信等非正规方式报价。报价函须作为正式资料要件之一，在首次信息录入时上传至上海市建设工程质量潜在缺陷保险信息系统（以下简称信息平台）。

2. 对保险公司上报信息的时间要求

第十条（信息报送管理）指出：主承保公司应按照规定如实、及时、完整上报或上传信息，超过规定时间上传或无故不上传数据的行为将被记录和通报，并作为考核保险公司的依据之一。主承保公司应按照信息平台提供的数据标准，在信息平台评估后 30 天内，实现自身业务系统与信息平台之间的数据交互；主承保公司应指定专门部门和人员，将 IDI 承保、风控和理赔数据及时上传至信息平台；IDI 项目共保协议及相关保险合同信息应在签订后的 3 个工作日内完整上传至信息平台。

3. 对风险管理交底会有关信息的上传要求

第十二条（风险交底）指出：工程开工前，主承保公司应组织风险管理机构、建设单位及项目参建各方召开风险管理交底会。交底会上风险管理机构应对工程中可能存在的质量风险点、过程中质量检查方式以及参建各方需配合事宜等进行告知，并形成会议纪要。在质量风险管理交底会后 3 个工作日内，风险管理机构应将初步风险分析报告和风险管理计划等材料上传至信息平台。

4. 对质量风险检查报告的上传要求

第十三条（质量风险检查报告）指出：风险管理机构应按照风险管理合同要求执行现场检查，并及时编写《质量风险检查报告》（以下简称检查报告）报主承保公司，检查报告应当包括检查情况的描述、检查存在质量缺陷、

---

① 关于印发《上海市住宅工程质量潜在缺陷保险实施细则》的通知（沪住建规范联〔2019〕7号），2019.

缺陷处理建议和潜在缺陷风险分析。风险管理机构在现场检查中发现的质量缺陷的照片、视频等影像资料和相关说明材料应即时上传至信息平台，信息平台即时将该情况发送、告知建设单位项目负责人、施工单位项目经理和总监理工程师；整改后，施工单位的该项目质量员应当将整改前后的对比照片、视频等影像资料和相关说明材料，在规定的时间内一同上传至信息平台，经项目经理、总监理工程师、建设单位项目负责人网上确认，最后由风险管理机构网上完成销项。风险管理机构根据检查情况形成检查报告，并将质量缺陷相关资料作为附件，及时交主承保公司，主承保公司应将检查报告审核、盖章后交建设单位，并于 5 个工作日内上传至信息平台。

5. 对质量风险最终检查报告的上传要求

第十六条（质量风险最终检查报告）指出：工程完工后，风险管理机构应对整个工程实施过程中的质量检查情况、质量缺陷追踪情况进行汇总评价，编制《质量风险最终检查报告》（以下简称最终检查报告）并报主承保公司。最终检查报告包括以下内容：检查情况汇总、改正质量缺陷汇总、总体风险评价。主承保公司审核最终检查报告，盖章后同《上海市住宅工程质量潜在缺陷保险责任范围说明书》（以下简称《保险责任范围说明书》）（附件 2）一并交给建设单位。主承保公司应将《最终检查报告》和《保险责任范围说明书》在 5 个工作日内上传至信息平台。

6. 业主可以通过信息平台提出索赔

第二十条（保险理赔）指出：投保工程质量潜在缺陷保险的，在保险合同约定的保险期限内，对保险范围内的质量问题，业主可以通过保险信息平台提出索赔，也可以直接向主承保公司或其委托的专业服务机构提出索赔申请。

7. 各管理部门对信息平台的监管职责

第二十一条（信息平台）指出："信息平台是由市住房和城乡建设管理委组织开发的平台，功能模块包括承保信息管理、风险管理、理赔管理、数据统计等。各主承保公司、风控管理机构、项目参建单位等应当按照规定，及时将承保信息、风险管理、报案、查验、理赔、维修等相关信息上传至该信息平台。市住房和城乡建设管理委、市地方金融监管局、上海银保监局按照职责分工，对该信息平台相应业务进行监管。信息平台应当提供相关合同示范文本等基本文本样式，并及时公布主承保公司名录和风险管理机构名录等相关行业信息"。

（二）发布 TIS 信息化管理规范

为强化 TIS 管理，落实 TIS 风险管理作用，上海市建设工程安全质量监督总站发布关于印发《关于加强本市住宅工程质量潜在缺陷技术风险信息管理的规定（试行）》的通知（沪建安质监〔2021〕26 号），对 TIS 机构、建设单位、施工单位、监理单位等各方规范使用 IDI 信息平台提出规定，并明确 IDI 信息平台与上海住建委建管信息系统互通，具体有：

1. 界定质量潜在缺陷技术风险信息范围

本规定所指的工程质量潜在缺陷技术风险信息，是指对已投保工程质量潜在缺陷保险的住宅工程开展风险检查工作时，项目风险管理机构（以下简称 TIS 机构）在上海市工程质量潜在缺陷保险信息系统（以下简称 IDI 信息系统）生成的相关工程质量技术风险信息。

2. 明确 TIS 上传风险信息规范和时限

TIS 机构应依据工程质量相关法律法规、工程建设标准以及风险管理合同要求对工程进行风险检查，准确判定工程质量技术风险的严重程度。检查发现的技术风险问题应当于检查后的 1 个工作日内上传至 IDI 信息系统。风险检查报告应于检查后 5 个工作日内上传至 IDI 信息系统。上传的技术风险信息应当用语规范、依据充分、结论明确、图像清晰。TIS 机构对发现的事发突然且可能导致严重质量后果的紧急技术风险问题，应立即在 IDI 信息系统上传相关信息，并同时告知工程建设单位及保险公司应引起重视。对已确认落实整改的事项，TIS 机构应及时在 IDI 信息系统中完成销项。

3. 要求参建各方必须及时采取应对措施

建设单位、施工单位、监理单位应明确专人负责在 IDI 信息系统上查看相关技术风险信息。针对 TIS 机构提出的技术风险问题，建设单位应组织相关责任单位在规定限期内按要求落实整改。在 IDI 信息系统上，由施工单位上传完整的整改资料，并经施工单位项目负责人、监理单位项目负责人、建设单位项目负责人确认。未经确认的视作未整改。技术风险问题未整改确认的，监理单位不得同意通过相关验收。对 TIS 机构发现的紧急技术风险问题，建设单位应立即采取有效措施，避免引发严重质量后果。完工后，工程项目存在严重技术风险问题未整改到位的，建设单位不得组织竣工验收。

4. IDI 平台向建管平台实时推送严重风险问题

IDI 信息系统应将严重影响建筑物结构安全、使用功能的严重技术风险问题以及紧急技术风险问题向上海市建设市场管理信息系统（以下简称建管信息系统）进行实时推送。

（三）制定 TIS 日常工作标准

上海住建委牵头制定《住宅工程质量潜在缺陷风险管理标准》（DG/TJ 08 - 2346—2020），对风险管理工作内容及工作要求作出细化规定，统一 TIS 报告格式，并要求落实到上海市 IDI 平台功能。例如：

1. 编制初步风险分析报告

风险管理机构应对本市已投保质量潜在缺陷险的项目的质量风险进行初步评估，并编写初步风险分析报告、设计质量风险分析报告。

2. 编制风险管理工作计划

在质量风险管理交底会召开前，风险管理机构应编制质量风险管理工作计划，并提交保险公司审核。在质量风险管理交底会上，风险管理机构应向项目参建各方就质量风险管理工作进行交底。

3. 到项目现场进行定期、不定期的质量风险检查

在施工过程阶段，风险管理机构应依据项目质量风险管理工作计划对项目工程质量展开风险检查，出具质量风险问题清单及检查报告，并对质量缺陷的整改情况进行跟踪和记录。风险管理机构应根据合同要求，对本市已投保质量潜在缺陷险的项目进行定期、不定期的质量风险检查。施工过程中的检查频率不宜低于平均每月 2 次，对于质量风险等级高的专项工程，应有针对性地安排专项检查，增加检查频次。

4. 及时反馈质量风险问题清单

质量风险问题清单应由风险管理项目负责人批准，并提交保险公司和其指定单位。

5. 及时出具阶段风险检查报告

风险管理机构应根据保险范围，汇总各施工阶段的质量检查情况及整改情况，对各阶段承保风险进行评估，并出具阶段质量风险检查报告。

6. 阶段风险检查报告按类划分

阶段质量风险检查报告应包括场地条件、基础阶段质量风险检查报告，主体结构阶段质量风险检查报告，建筑外墙阶段质量风险检查报告，防水及保温工程阶段质量风险检查报告，安装工程阶段质量风险检查报告，装饰工程阶段

质量风险检查报告共6类。

（四）通过信息平台，建立起对 TIS 机构的动态管理

当前，上海住建委正制定《上海市建设工程质量风险管理机构管理导则》，建立风险管理机构人才库，对风险管理机构资格、项目风险管理团队资质进行细化要求，并据此明确各机构业务承接能力，明确初步风险评估和计划、风险管理工作交底、风险管理总体规划和动态调整、质量风险过程检查报告、阶段和专项风险评估报告、质量缺陷跟踪与复查、最终检查报告、质量回访检查等主要工作内容及时效要求，明确项目风险管理要点、现场检查频次要求及现场检查时间要求等，细化 TIS 机构动态管理与考核规则，综合信息平台量化打分和保险公司打分，定期考核 TIS 机构，对长期表现较差的 TIS 机构清出市场，实现优胜劣汰。

附6.1　中再集团承建上海 IDI 信息平台

中再集团作为再保险行业的国家队，致力于服务国家战略和实体经济，以相对中立的行业定位和雄厚的技术实力，为上海 IDI 创新实践提供支持。

（一）与上海市共建 IDI 信息平台

2017 年 9 月 15 日，中再集团与上海市住建委签署《IDI 信息平台委托建设协议书》，承建上海市 IDI 信息平台。中再集团协助上海市建设 IDI 信息平台，成为 IDI 上海模式的基础组成。

（二）上海市 IDI 信息平台创研成功

上海住建委等政府部门对平台验收意见指出："作为《住房和城乡建设部关于开展工程质量安全提升行动试点工作的通知》明确的示范工作内容，本系统的研发成功，对形成工程质量潜在缺陷保险的上海模式有重要意义，具有推广应用价值。"上海市 IDI 信息平台获得 2019 年度上海市金融创新成果奖三等奖。

（三）上海市 IDI 信息平台的升级

2020 年 10 月 26 日至 28 日，第二届陆家嘴国际再保险会议在上海正式举行，大会主论坛举行了上海市 IDI 区块链数字化平台 2.0 上线启动仪式，由全国政协委员、原保监会副主席周延礼，中再集团总裁和春雷，上海市地方金融局局长解冬，上海市住建委副主任裴晓联合共同启动平台。

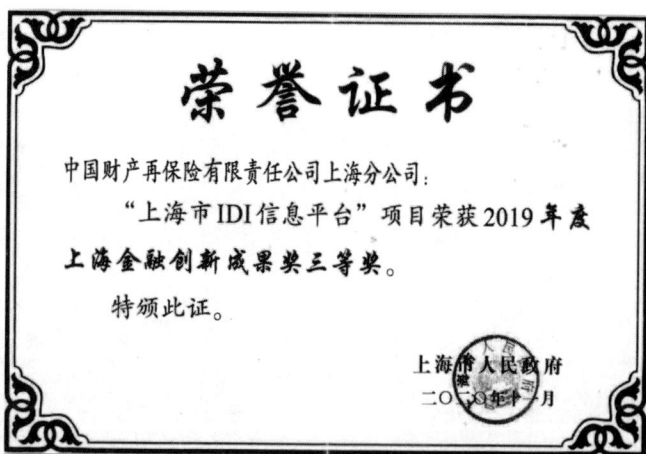

图 6.5　上海市 IDI 信息平台获得上海市金融创新成果奖

图 6.6　IDI 信息平台国际再保险大会发布

　　基于 IDI 平台成功经验，中再响应政府要求将上海市 IDI 平台扩展至建工安责险管理，对保险服务质量安全监管提供综合支持。

　　（四）上海市 IDI 信息平台的推广

　　IDI 保险在上海率先试点，取得了显著成效，上海市 IDI 保险等创新成果已成为"上海样板"复制推广。IDI 上海模式在全国引起示范效应，引发全国多地借鉴推广。中再集团在上海住建、银保监的支持下，将 IDI 平台推广至北京市、阳泉市、江阴市等多地，协助政府建平台、造生态，助力我国 IDI 事业发展。

图 6.7　北京市 IDI 信息平台

第二节　吉林 IDI 创新实践：以手册平台为基础，实现精细化管理

一、工程质量安全手册制度的推行

（一）住建部出台工程质量安全手册

2018 年 9 月 21 日，住房和城乡建设部发布《关于印发工程质量安全手册（试行）的通知》（建质〔2018〕95 号），该制度以《中华人民共和国建筑法》《中华人民共和国安全生产法》《中华人民共和国特种设备安全法》《建设工程质量管理条例》《建设工程勘察设计管理条例》《建设工程安全生产管理条例》《特种设备安全监察条例》《安全生产许可证条例》《生产安全事故报告和调查处理条例》等国家法律法规以及《房屋建筑和市政基础设施工程质量监督管理规定》（住房和城乡建设部令第 5 号）、《危险性较大的分部分项工程安全管理规定》（住房和城乡建设部令第 37 号）等住建部门规章为编制依据，聚焦

规范企业质量安全行为，提高质量安全管理水平，保证工程质量安全。手册制度从行为、实体、资料三个方面详细规定了工程质量安全标准化管理的要求，将职责细化分解到建设单位、施工单位、监理单位、勘察和设计单位。围绕行为准则，对建设单位、勘察和设计单位、施工单位、检测单位等现场各方质量行为、安全行为提出明确要求；围绕工程实体质量控制和安全生产现场控制，对地基基础工程、钢筋工程等工程实体质量控制以及基坑工程、脚手架工程等安全生产现场控制做出明确指导；围绕资料管理，明确质量管理资料、安全管理资料内容。2019 年 9 月，国务院办公厅转发《关于完善质量保障体系提升建筑工程品质的指导意见》（国办函〔2019〕92 号）提出"推行工程质量安全手册制度，推进工程质量管理标准化，将质量管理要求落实到每个项目和员工"。

（二）吉林省率先落地工程质量安全手册制度

2019 年 4 月 1 日，吉林省住房和城乡建设厅在全国率先出台《工程质量安全手册实施细则》，基于住建部工程质量安全手册制度，结合吉林省实际情况，围绕人员行为标准化、验收内容标准化、验收流程标准化，对各方主体在工程项目实施过程中所需履行职责提出细则要求与量化指标。

二、建立手册平台，以数字化手段落地手册制度

（一）手册平台试点上线

吉林省积极探索以数字化手段落地手册制度。2020 年 6 月，吉林省住建厅与中再集团签订工程质量安全手册管理平台（简称手册平台）建设委托合同。2020 年 8 月手册平台上线，在长春市重点企业和延边州进行试点应用。试点项目施工单位人员、监理单位人员等工程项目各相关方实现在线高效协同，工程项目部能够实时对项目现场人员、项目风险进行管理，集团工程部也实现对项目现场工程进展与施工情况的实时、有效监督，并第一时间对项目现场不规范行为进行制止、督促整改。通过应用手册平台，项目管理部门可通过指挥部大屏，远程实时监控各项目进展、质量风险与安全风险预警等项目一线现场情况，及时发现施工企业风险未闭环、自我管理不到位等问题，有效规避质量安全风险。

（二）手册平台在全省推开

2021 年 4 月，吉林省住房和城乡建设厅印发《关于推进施工标准化管理

工作的通知》（吉建函〔2021〕252号），要求"全省2021年新开工的房屋建筑和市政基础设施工程，申报省级施工标准化管理示范工地的必须应用吉林省工程质量安全手册管理平台，申报市级施工标准化管理示范工地的工程参照执行"。截至2021年底，手册平台覆盖单位工程数超1200，平台用户近万人，生成业务表单超10万张。在住建部智能建造和新型建筑工业化技术交流会上，试点企业长春万科汇报手册平台应用成果，得到住建领导肯定。

（三）手册平台向全国推广

在吉林试点经验基础上，手册平台正加快向浙江、北京等全国多地推广。手册平台运行效果获得各方高度评价，"手册平台是为建筑行业带来变革的平台"。

（四）手册平台的相关制度不断完善

为解决手册平台生成资料向档案馆归档问题，2021年2月吉林省住房和城乡建设厅印发《关于加快推进全省房屋建筑和市政基础设施工程档案电子化的通知》（吉建办〔2021〕24号），明确"对于吉林省工程质量安全手册管理平台在线直接形成的原生电子文件部分，城建档案管理机构可只收集电子档案，不再要求将其制成纸质文件或扫描文件等归档"。2021年4月，吉林省住建厅启动《建筑工程资料管理标准》与《建设工程施工现场安全管理内业标准》修订工作，邀请手册平台项目组作为标准修订组成员参与规范修订事宜。项目组就工程资料档案电子化归档、借助手册平台实现现场影像资料留存、表单在线流转审批下部分表单删减、样式变更等方面提出修订意见。

附6.2　中再集团受托建立"手册平台"

2020年6月，吉林省住建厅与中再集团签订工程质量安全手册管理平台（简称"手册平台"）建设委托合同。手册平台于2020年8月在吉林省上线应用，截至2022年4月，平台覆盖项目500余个，单位工程1600余栋，流转业务表单12万余张，检测报告21万余份，覆盖总工程师、专业监理工程师、专业技术负责人、质量员、安全员、特种作业人员等专业人员近万人。手册平台社会效益获得高度认可，入选住建部首批"智能建造新技术新产品创新服务典型案例"。

2021年6月，由中再集团牵头，联合吉林省住房和城乡建设厅、深圳市住房和建设局、清华大学、同济大学、深圳清华大学研究院、吉林省建设发展研究院、北京中筑数字科技有限公司等单位共同申报的住建部《工程质量安全手册多方治理机制研究》课题通过评审正式立项，下设三个子课题，分别是研究融入保险公司、TIS 的工程质量安全责任链条上多方协同治理方法，结合建筑行业相关保险产品设计激励惩罚模式，形成质量安全标准化量化评价机制；研究建立质量安全标准化量化评价模型、工程质量保险（IDI）费率关系模型、建工安责险安全生产管理评价模型、企业信用评价模型；研究借助区块链、大数据、人工智能、云计算和 5G 应用等先进技术，将模型融入手册平台建设，支撑质量安全责任追溯机制有效落地。

三、手册平台实现了远程实时监控，强化了工程质量管理

（一）手册平台加强了对工程现场的监控

通过应用手册平台，项目管理部门可通过指挥部大屏，远程实时监控各项目进展、质量风险与安全风险预警等项目一线现场情况，及时发现施工企业风险未闭环、自我管理不到位等问题，有效规避质量安全风险。

（二）手册平台实现了工序级的多方主体在线协同工作

手册平台实现基于工序级的多方主体数字化协同工作，连接各责任方，贯穿工程建造全过程质量安全管理，围绕人员行为标准化、验收内容标准化、验收流程标准化要求，实现建筑工程质量安全管理的在线化、标准化、规范化和智能化，提高项目施工管理水平。

手册平台聚焦施工现场标准化管理，实现工序级多方在线协同工作，解决记录"什么人在什么时间什么地点做什么事"的问题，服务政府监管和企业精细化管理。

（三）手册平台为 TIS 智能化风险管理提供基础数据

手册平台覆盖项目施工全过程工序级生产数据，赋能 TIS 智能化风险管理。平台以 AI 智能算法为核心，以国家相关规范为依据，实时分析施工过程中未按标准化要求施工行为，实时预警质量安全风险，及时发现、整改质量安全问题，压降 IDI 肥尾风险。

（四）手册平台为建筑企业实现精细化管理提供了保障

手册平台服务建筑企业精细化管理。一是从事后"做资料"到事中

147

图 6.8 AI 预警 + 大数据分析应用 TIS 智能化风险管理

"生成资料"。通过手册平台，项目工程的资料就能在线生成、在线流转、在线审批，解决资料补做、造假等问题。二是运用区块链技术，实现全程存证。通过手册平台和叠加移动考勤，确保管理人员本人签字、重要环节到场验收。通过人工智能技术手段确保审核、签批人员满足国家要求的从业资格，生成履职记录，压实从业人员责任。三是业务数据实时分析，智能预警质量安全隐患。平台通过人工智能技术分析项目工序场景，自动生成安装施工时无通过审批（评审）的专项施工方案、安全员未到岗履职、监理人员交底造假、部分人员没有资格证书、特种作业人员人数过少、持有省外特种作业证人员存在假证或买证风险、安装班组人员经验不足风险、安装班组人员临时组合风险等多类风险预警，根据预警类别、级别推送相关管理人员，实现闭环管理。

（五）手册平台为政府及时而精准监管提供了有力手段

手册平台服务政府悬剑监管。住建厅（委局）和安质监站等各级部门监督人员通过手册平台对下辖开工的工程项目进行管理。借助平台，住建对工程项目的监管深入到工序级，政府可在线查看工程质量安全风险预警、项目资料、工程项目管理人员到岗履职和风险预警整改情况，并对整改不合格、不达标问题在线发送整改通知，直达项目现场责任人员。平台使数据多跑腿，人员少跑路，政府监督人员去现场前已掌握工程实时进展等详细信息，做到心中有数，精准监管、差别化监管。

四、手册平台的数据优势，为 IDI 精准定价和智能风控提供了条件

（一）手册平台积累了海量级建筑过程数据

积累大量工序级建筑业数据，涵盖建筑建造全过程数十个子分部数百个分项工程的海量数据，包括钢材、水泥、混凝土、门窗等大宗材料供应商、供应规格、供应批次、实际用量等供应链数据，企业资质、手续办理、项目班子构成、施工组织设计、各类专项方案、质量（检验批级别）、工序、检测、材料、合同进度、质量安全问题等过程管理数据，项目基本信息、楼层、面积、结构、类型、高度跨度、位置、合同造价、抗震设施、抗震等级等标的数据。

另外，将手册平台与住建厅建筑市场监管与诚信信息系统对接，企业、项目、人员、信用数据实时同步，对接企业基本情况、注册人员信息、项目基本信息、资质资格证书信息等。内外数据的结合，能形成完整的数据链和数据画像。

（二）手册平台为 IDI 精准定价和动态风控提供了数据基础

手册平台的数据能形成项目和单位工程的数字原生档案，对建造过程的工序、工艺、原料、责任人员、风险隐患和整改全程记录，将成为 IDI、建工安责险等建筑质量安全保险精准定价、动态风控以及房屋长期运营维护的数据基础。

手册平台抽取平台内工程项目相关各方企业资质数据、人员队伍数据、历史业绩数据等，从行为、实体、资料多方面结合模型生成量化评估，服务 IDI 精准定价。借助大数据智能分析，根据工程项目不同阶段服务需求提供智能 TIS 管理服务，如在勘察设计阶段对同工程项目存在地理位置、水文环境等相关联的历史项目数据进行分析，生成方案建议；在施工阶段实时监控工程项目进度、造价、隐患风险点，生成整改建议与风险闭环管理；在回访阶段支持工程电子资料及风险整改情况在线查询，提升风险管理服务专业水平；在项目竣工交付阶段根据工程项目全生命周期施工管理实际情况形成工程质量安全与风险管理客观评价。数据为用、模型为芯，手册平台服务 IDI 风控和定价，形成 IDI 风险共治机制，有效压降 IDI 肥尾风险。

（三）手册平台为完善工程质量安全标准化量化评价机制提供了支撑

以国家、行业工程质量安全标准化评价规范为依据、平台在线大数据为支

撑，建立项目质量安全标准化量化评价模型，将施工全过程纳入评价考核范围，随工程项目工序推进实时生成项目标准化建设水平量化评价。以量化评价模型为基础，通过梳理质量安全标准化量化评价体系与工程质量保险（IDI）、建工安责险之间的关系，建立工程质量保险（IDI）费率关系模型与建工安责险安全生产管理评价模型，将保险公司、TIS 等责任方纳入工程质量安全管理责任链，借助市场化手段有效提升建筑工程项目质量安全标准化管理水平。通过明晰工程质量安全管理责任链上各方企业责任边界、利益诉求，可以借助量化评价模型建立企业信用评价模型，形成工程项目质量安全标准化管理长效机制。

第三节　宁波 IDI 创新实践：将专项维修金转化为保险

一、住宅专项维修金困境：使用难和增值难

（一）住宅专项维修金的基本政策

住宅专项维修金是对房屋共用部位、共用设施设备进行保障的资金，是我国住宅房屋维保机制的重要基础。2003 年施行的《物业管理条例》和 2007 年颁布的《物权法》对专项维修金管理进行了规定。原建设部、财政部于 2008 年 2 月 1 日施行了《住宅专项维修金管理办法》（以下简称《办法》），该规章细化了《物权法》《物业管理条例》等法律法规对专项维修金制度方面的原则性规定，使其更具有可操作性，并在一定程度上体现了法律的指引性功能。《办法》统一了维修资金的名称，明确了维修资金的含义、缴纳主体、缴纳标准及保值增值措施等方面，进一步完善我国专项维修金制度。

（二）住宅专项维修金面临的困境

维修金制度主要面临两大问题，一是资金使用难。根据《办法》相关规定，专项维修金的使用需要专有部分占建筑物总面积三分之二以上的业主和总人数占三分之二以上的业主同意（简称"双三分之二法"）。然而，"双三分之二法"在实际操作中较为严苛，很难实现，特别是老旧住宅中住户不是业主而是租客，要得到业主同意，也要征求租客意见，这就增加了沟通的难度和时间。从而导致专项维修金申请使用困难，物业设施设备不能及时得到维护。二

是保值增值难。虽然可以按照国家当前规定，在保证专项维修金正常使用的前提下，可将专项维修金用于购买国债，但由于政府主管部门或业主大会均非专业基金管理机构，现实中专项维修金主要安排银行定期存款，用于购买国债的情形也比较少见，更无法投资于更高回报的渠道。

（三）专项维修金存在的问题：数额巨大而使用效率极低

目前，我国专项维修金的归集规模已达万亿元，绝大多数城市的资金数额巨大，但使用效率较低[①]。与较低的资金使用效率相对应，我国存量住房的使用年数增加，住房公共设施设备和共用部位逐渐老化，大多开始面临小修、大修甚至更换等问题，维修金制度需要加快突破创新。

表6.2　　　　　　　　　我国部分城市住宅专项维修金使用情况

城市	城市	资金金额（亿元）	当年使用金额（亿元）	使用金额占余额比重（%）	数据基于年份
直辖市	北京	450.65	6.13	1.36	2015
	上海	暂无公开数据			
	重庆	158.40	—	—	2012
	天津	380.80	—	—	2016
省会或首府	广州	174.52	0.39	0.22	2015
	福州	65.88	0.15	0.23	2018
	武汉	251.74	2.91	1.16	2019
	杭州	53.66	0.53	0.98	2015
	石家庄	15.60	0.15	0.93	2014
	济南	119.62	1.27	1.06	2018
	长沙	216.75	—	—	2018
	乌鲁木齐	78.19	—	—	2019

二、新思路：将专项维修金转化为保险

（一）将专项维修金置换为保险的基本思路

将专项维修金置换为保险的基本思路：第一步，明确由政府代收维修金；

---

① 《我国住宅维修资金的问题与对策》黄茹 济南市住房维修资金服务中心《财会学习》2020 年第20 期164 – 165，共2 页。

第二步，专项维修资金征收后，由政府统一购买维修金保险；第三步，接受委托并承担责任的大型保险公司，提供专业房屋维护服务。

这种将专项维修金置换为保险的新思路，主要是利用保险公司在风险管理、赔付维修、资金运用方面的专业优势，帮助政府解决维修资金使用率低、维修保障不及时等问题，从而提高房屋使用保障服务能力。

（二）将维修金转化为保险的主要作用

通过维修金转化为保险，可以发挥多重作用：一是能突破业主集体表决的局限，极大地改善维修金管理模式。将维修金转化为保险后，保险公司雇佣第三方专业机构对房屋使用质量安全进行日常监测，发现隐患及时维护解决，不需要业主集体表决，不仅让维修金使用灵活和经济高效，还有利于提升房屋使用安全状况，降低风险事故发生概率。二是发挥保险公司的资金管理能力，能够更好地促进维修基金的保值增值。保险公司有专业的资金经营团队，也有动力提升资金效益，将大力推动保费购买国债甚至基金、证券等更多投资方式实现保值增值。三是可以借鉴 IDI 保险信息平台的做法，建立维修基金管理平台。政府可建设行业性质的维修金保险管理信息平台，将资金的收集、购买保险、保费使用台账、风险管理、理赔案件等全过程数据在平台上记录，累积房屋数十年使用阶段的大数据，与建造阶段的数据共同形成建筑全生命周期的数字化档案，更好地指导政策制定、保险定价等①。

三、维修金保险方案和维修模式

（一）维修金保险的方案设计

1. 维修金保险的保障范围

按照保险原理，可保风险需满足纯粹性、可能性、不确定性、意外性、未来性、同质性等条件。从风险因素考虑，自然灾害、意外事故、质量缺陷风险与保险可保风险的特性契合，故维修金保险的保障范围可总体定义为因自然灾害、意外事故、质量保修期满后的质量缺陷造成保险标的损坏或无法正常使用而产生的维修、更新费用。

2. 维修金保险标的

维修金保险标的参考《办法》相关规定，划分为主体结构、屋面、外墙、

---

① 《宁波市既有住宅房屋使用安全维保管理机制研究》。

室内门厅、楼梯间、走廊通道、电梯、弱电系统、给排水系统、空调系统、消防系统、供配电系统、其他（道路、大门、围墙等）。保险标的划分为必须投保、选择投保两个部分。涉及人身安全、基本生活保障的项目，如主体结构、屋面、外墙、电梯、消防系统等，可设置为必须投保项目，其余保障项目可由业主按需选择投保，增强保险保障的灵活性和适用性。

表6.3   维修金保险保障项目明细表

维修大类		明细
共用部位	主体结构	地基；基础；柱、梁、板、墙、屋架、楼梯等承重结构
	屋面	保温层；防水层；屋脊、檐口、女儿墙等细部构造；瓦屋面
	外墙	涂装类；饰面类；油漆；幕墙类；外保温层；支撑构件、空调架
	室内门厅、楼梯间、走廊通道	地面、踢脚线等；内墙面、块材；天棚；扶手、栏板等；门、窗
	其他	外门、窗；外扶手、栏板
共用设施设备	给排水系统	给水管道；排水管道；雨水、污水井道；给水井道；管道支、吊架；处理池；水箱、水池；各类阀门、配水装置及仪表；给水系统、中水系统及排水系统的机电设备及其控制部分
	供配电系统	低压配电房（室）内设施；母线；线缆；箱体；低压电器；线缆线路支吊架、桥架
	电梯	轿厢内面板按钮、楼层面板按钮；五方通话系统（无线电通信设备）；轿厢内照明和通风；安全装置；制动装置；曳引机；导向轮、曳引轮；钢丝绳；限速系统；控制柜；电梯机房；层、轿门；缓冲器；液压梯；自动扶梯及自动人行道
	弱电系统	楼宇自动控制系统；视频监控系统；门禁、对讲系统；周界防范系统；公共广播系统；停车场系统；信息发布系统；安防报警系统；线缆；线管（槽）、支吊架、桥架
	空调系统	管道及附件、阀门；支吊架及保温层；换热器、分（集）水器、风机盘管；冷却塔设备；中央空调水系统；风管机；运行故障
	消防系统	火灾自动报警系统；喷淋、消防栓灭火系统；防排烟系统；防火分隔系统；消防电源系统等
	其他	道路、停车场、广场；沟渠、水池、游泳池；景观环境；运动场所；围墙、大门；绿化设施；照明设施等

3. 维修金保险期限

保险期限可按年度设定，采用逐年承保模式，协议约定续保条件，根据出险情况及时调整保险条件，确保保险公司经营风险可控，被保险人也可根据保险公司的产品保障和服务条件决定是否在下一合作期续保。

4. 保费测算

在保费测算方面，需充分收集各地房屋维修数据，按照气候、地理条件、维修项目及损失金额等进行归集处理、统一测算。最终，计算得出各项纯风险损失率、逐年损失预测模型、维修部位重要性排序等结果。考虑到房屋投保时部分保险项目仍在质量保修期，因质量缺陷造成的损失由质量责任单位承担，故基准保费分成质量保修期和质量保修期满后两种情况进行测算。另外，需根据项目实际风险水平，考虑工程造价、建筑面积、建筑年份、住户数、电梯企业资质、电梯使用年限、平均楼层数、容积率、外墙材料、完损等级评定情况、历史赔付情况等因素，设置相应的调整系数，对各保险项目的基准保费进行调整，厘定最终保费。

5. 维修金保险的两个阶段

在推进步骤上，维修金保险可分为维修保障和资金保值增值两个阶段推进。在维修数据尚不充分的情况下，可先以财产损失类保险产品为主，解决业主的维修保障需求，同时，可逐步累积各建成年限房屋的维修基础数据，以支持后续费率调整。待产品运行并累计充分的数据后，可考虑升级为兼具投资收益和保险保障功能的投资型保险产品，在严格控制风险的前提下制定投资范围及切实可行的投资策略，以满足维修资金的保值增值需求。

（二）以业主需求为导向，重新划分不同类型房屋维修模式

1. 改变传统的大中小修的划分方式

近年来，随着大量住宅小区建成投入使用，小区及房屋共用部位和共用设施设备维修需求持续增长①。目前物业管理行业对大、中、小修的范围界定，仍没有统一、明确的办法，在实际操作过程中，当发生需维修事项时，往往因难以区分好大、中、小修的界限，导致维修费用的开支渠道难以明确，多方推卸责任、维修问题迟迟不能解决的现象频频发生；而对于一些应急维修的处

---

① 张晓帆. 房屋维修基金管理与使用的三大难题［J］. 民心，2015，22（2）：1.

理，也没有建立起完善的管理机制，对业主的人身和财产安全造成重大隐患。为此，维修金保险考虑新的划分办法，不再重点关注大、中、小修的界定问题，一切以业主需求为导向。对于那些影响业主日常使用，甚至造成潜在危险的问题，保险公司将尽快安排维修服务；而对于那些不影响业主日常使用的问题，将定期提供养护服务，体现保险产品的核心服务价值。

表 6.4　　　　　　　　　　房屋维修类型划分办法

原划分办法			
	小修	中修	大修	应急维修
主要特点	量多面广 零星分散 技术简单 用工量少 维修费用低	工程地点较集中 项目较小 工程量较大 计划性、周期性强 维修费用较高	工程地点集中 项目齐全 工程量大 整体性强 一次费用大	事故突发性强 维修时间紧迫 危及自然人生命 财产安全
新划分办法			
划分依据	不影响业主的 日常使用	影响或严重影响业主的日常使用		存在安全隐患， 已构成危险因素

2. 针对不同类型的房屋问题，制订相应理赔流程和维修方案

根据新的划分办法，针对不同类型的房屋问题制订理赔流程和维修方案。

（1）不影响日常使用的案件，制订年度专项维修计划。

不影响日常使用的案件，保险公司按年度制订专项维修计划，并向业主公示，公示期限不少于 15 天，公示期内提出书面反对意见的业主专有部分面积占比和人数占比均少于 1/3 的，可通过专项维修计划（争议人数超过 1/3 的，可选派业主代表重新商议年度专项维修计划）。由于不影响日常使用的案件多归于小修范围，专项维修计划出台后，保险公司可委托物业单位按照既定的专项维修计划提供定期养护维修服务。

（2）影响日常使用的案件，及时维修赔付。

影响日常使用的小规模维修案件，保险公司于 3 日内确定维修理赔方案；对于较大规模的维修案件，保险公司将委托第三方机构进行维修方案及造价的评估，于 15 日内制订维修方案。经申请人认可后组织维修单位（保险公司选定的专业维修服务供应商）开展维修，维修结束后，由保险公司及申请人共同对维修工程竣工验收。

（3）已构成危险因素的应急维修案件，第一时间进行抢修。

如在保险保障范围内出现以下紧急情形，需立即对物业共用部位、共用设施设备进行维修的，保险公司启动应急处理机制，第一时间提供维修方案，先抢修后查勘，待事态相对稳定后再启动正常理赔程序，包括：

a. 供水、排水、供电、供气设施设备发生故障或其他影响正常使用的情况；

b. 电梯故障、电梯专业监测机构出具整改通知书要求停运的；

c. 外墙墙面、建筑附属构件有脱落危险的；

d. 屋顶或外墙渗漏等情况，严重影响房屋使用的；

e. 其他危及房屋安全和人身财产安全的紧急情况。

发生前款 a 项情形的，保险公司或其委托的物业服务单位第一时间报告相关专业单位进行维修；发生前款 b 至 e 项情形的，保险公司将委托第三方专业维修机构进行应急维修。

四、维修金保险与 IDI 保险的有机衔接

维修金保险与 IDI 保险之间可以建立起良好的互补关系。

（一）在保障范围上互补

IDI 保障单位工程的质量，如地基基础、主体结构、防水保温、装饰装修、水电暖通等分部分项工程，维修金保险保障小区共用部位和共用设施设备的正常使用，如房屋主体结构（包括基础、承重墙体、柱、梁、楼板、屋顶等）、户外墙面、公共门厅、楼梯间、电梯间等共用部位，以及下水管道、窨井、化粪池、垃圾箱（房）、信报箱、电梯、消防设施、公共停车位等共用设施。

（二）在保障年限上互补

维修金保险可在工程质保期也即 IDI 回访等待期起保，在 IDI 理赔责任的十年期与 IDI 在保障范围上互补，在后 IDI 时期将 IDI 保障范围纳入维修金保险（需根据实际保障范围调整年度费率）。

（三）在覆盖住宅类别上互补

IDI 因为有 TIS 风险管理制度，主要面向新建住宅，存量住宅可通过维修金保险覆盖。

五、宁波市积极进行维修金保险试点准备工作

宁波是我国唯一的国家级保险创新综合试验区，探索的不仅仅是保险发展的新模式，更是社会治理体系和治理能力现代化建设的新路径，是将保险融入社会转型和经济发展的全新社会实践。《宁波市城市房屋使用安全管理条例》提出，鼓励运用保险机制创新房屋使用安全管理方式。2021 年 8 月 31 日，宁波市十五届人大常委会第三十九次会议表决通过了修订后的《宁波市住宅小区物业管理条例》，新增了保险相关内容，鼓励建设单位通过购买商业保险的方式，履行物业的保修责任。该条例的修订为维修金购买保险提供了法律支撑。

附 6.3　关于住宅房屋使用安全维保管理机制的课题研究

2020 年 9 月，宁波市房屋安全和物业管理中心委托中国大地保险宁波分公司开展《宁波市既有住宅房屋使用安全维保管理机制研究》，课题立足于宁波市的实际情况，探索"保险 + 服务 + 科技"的房屋全生命周期保障方案，主要研究工程质量潜在缺陷保险在宁波的深化试点模式，以及专项维修资金转化保险的可行性、保障方案、运行机制等，改善现阶段房屋安全管理存在的问题。中国大地保险承接课题后，协同同济大学、中再集团、中再资产、中再产险、宁波市物业协会和第三方风控机构等多方参与研究。在课题研究过程中，各参与方开展十余次现场研讨会议，向建设单位、物业单位、房修单位、物联网技术单位、政府相关主管部门等进行充分调研，广泛收集宁波、杭州、上海等地房屋维修数据。目前，课题已形成和报备相关保险产品，拟定初步的试点文件草案，并通过了专家的验收评审。专家组一致认为，该课题研究方法合理，研究内容较全面，研究内容明确清晰，对后续相应政策的出台具有参考价值。之后，中再集团及中国大地保险将在试点落地、平台建设等方面协助宁波政府，持续推进宁波市专项维修资金转化保险的试点工作。

第四节　北京和其他地区 IDI 实践

一、北京 IDI 实践与特点

（一）北京 IDI 发展进程

2015 年 9 月，北京市第十四届人民代表大会常务委员会审议并通过《北京市建设工程质量条例》（以下简称《条例》），就工程质量保修问题专设一节内容，对质量保修责任、保修期限计算方式、房屋建筑工程交付条件等作出详细说明，明确由建设单位承担保修第一责任，全面负责工程质量保修的组织协调与处理工作。为防止发生严重工程质量问题时，责任单位因赔偿能力不足而导致小业主遭受经济损失，《条例》充分借鉴国外工程质量保险实施经验，明确"本市推行建设工程质量保险制度。从事住宅工程房地产开发的建设单位在工程开工前，按照本市有关规定投保建设工程质量潜在缺陷责任保险，保险费用计入建设费用。保险范围包括地基基础、主体结构以及防水工程，地基基础和主体结构的保险期间至少为 10 年，防水工程的保险期间至少为 5 年。鼓励建设工程有关单位和从业人员投保职业责任保险"。

为加快推进工程质量保险制度建设，北京住建委启动《北京市住宅工程质量潜在缺陷责任保险暂行办法》研究制定工作，成立了研究起草工作组，成员单位包括委质量处、法制处、开发处、房屋市场处、造价处、市监督总站及四家建设单位、两家监理单位、两家施工单位、两家检测鉴定机构、多家保险公司（人保、平安、太保、中华联合、大地、国寿财）、两家再保险公司（中再、法再）以及一所高等院校。

2019 年 9 月，北京市发布《北京市住宅工程质量潜在缺陷保险暂行管理办法》，正式在北京市住宅工程推行 IDI 制度。2020 年 9 月，为贯彻落实《北京市优化营商环境条例》要求，北京市发布《北京市可不聘用工程监理建设项目工程质量潜在缺陷保险暂行管理办法》，对可不聘用工程监理建设项目推行 IDI 制度。同年，北京市印发《北京住宅工程质量潜在缺陷保险工程质量风险管理机构工作指引（试行）》，明确了 TIS 机构工作内容、职责及工作标准。这一系列文件为北京市 IDI 顺利推行打下了坚实的基础。

（二）北京 IDI 保障方案略有拓展

北京 IDI 保障方案基本与上海一致，明确了保障范围按照《建筑工程施工质量验收统一标准》（GB 50300）的规定执行。但附加险方面有所拓展，北京比上海增加了智能建筑工程、建筑节能工程、电梯工程等，具体保险期间和保险责任开始时间由建设单位和保险机构在保险合同中约定。

（三）北京 IDI 模式与特点

北京在上海 IDI 模式的基础上，结合地方实际情况进一步完善，特点如下：

1. IDI 制度强制推行，并在土地出让合同中约定

北京不同于上海，在推行 IDI 制度之前没有建立物业保修金制度，无法通过置换保修金的方式调动开发商的投保积极性，因此只能以在土地出让合同中约定的形式，在全市住宅工程强制推行 IDI 保险。从发文单位看，北京市住房和城乡建设委员会、北京市规划和自然资源委员会、北京市地方金融监督管理局、中国银行保险监督管理委员会北京监管局联合下发文件，相比上海，增加了市规划和自然资源主管部门。

2. 规范保险主体参与模式

北京同样要求一个住宅工程项目至少 3 家保险公司共保，北京通过公开招标，入围 10 家可开展 IDI 业务的保险主体，排名前 5 位的五家主体拥有主承保资格。同时，北京针对可不聘用监理的建设项目推行 IDI 制度，保险公司可根据建设单位管理能力或自身理赔能力确定单独承保或共保体承保。与上海一样，北京 IDI 的投保、风控、理赔流程也通过信息平台进行线上化管理。

3. 着重强调 TIS 机构人员资质

北京制定《北京住宅工程质量潜在缺陷保险工程质量风险管理机构工作指引（试行）》作为 TIS 机构的工作依据，相比上海对于 TIS 机构的名单制管理，北京主要针对 TIS 机构专业技术人员的从业年限、执业资格、职称等进行要求。对于可不聘用监理建设项目，明确投保 IDI 后，保险公司应当委托 TIS 机构对项目实施管理，但工程监理单位法定的质量安全责任由建设单位承担。

（四）北京 IDI 市场规模低于上海

北京市 IDI 业务市场仍处于初步阶段，据信息平台数据，2020 年北京 IDI

市场保费规模达 4.02 亿元。截至 2021 年上半年，北京市场 IDI 累计保费为 5.5 亿元，已有 87 个住宅项目投保 IDI，承保面积 1270.45 万平方米。

附 6.4 北京政策性保障性住房 IDI 案例

2019 年 10 月 29 日，人保财险北京市分公司作为首席承保公司，与北京市房山新城投资有限责任公司合作，签发了北京市政策性保障性住房工程质量潜在缺陷保险首单，这也是北京市 IDI 制度实施以来的房山区第一单，标志着 IDI 制度已开始融入北京保障性住房工程质量风险管理体系。

2019 年 4 月，北京市发布了《北京市住宅工程质量潜在缺陷保险暂行管理办法》（京政办发〔2019〕11 号文），规定全市商品住房、回迁房、公共租赁住房、定向安置住房、共有产权住房等新建住宅项目的建设单位，其在办理施工许可手续前，应当按照规定投保工程质量潜在缺陷保险。保险投保人为建设单位，受益人和索赔权益人为住宅工程项目业主，实现全市新建住宅工程投保全覆盖。

保障性住房是政府主导的建设工程，在工程建设中探索引入保险机制，是提高人民群众满意度，推进首都住房供给侧结构性改革的制度保障，同时也是利用市场化手段辅助行业管理、提升工程质量、防范化解质量风险的重要举措，改变了传统模式下住宅质量问题直接由政府兜底的状况，是政府职能转变的一项重大制度创新。

北京市房山新城投资有限责任公司作为房山区政府区属实施土地开发的专业公司，以"服务区域发展"为使命，积极拓展土地开发，服务新型城镇化建设。双方此次就房山琉璃河镇董家林、黄土坡两村安置房项目签署 IDI 合作，为全市政策性保障性住房全面推行 IDI 制度，提供并形成了可复制、可推广、可借鉴的服务经验。

二、深圳 IDI 的推进与特点

（一）深圳各区自行探索发展 IDI

深圳没有出台全市统一的 IDI 政策，而是允许各区自行出台 IDI 的相关管理办法。2017 年，深圳福田区委区政府统一部署，福田区发展和改革局牵头，历时三个多月紧锣密鼓地研究调研，于 6 月 6 日印发《福田区政府投资建设项目代建制管理办法（试行）》，要求在辖区内推行 IDI 制度。同年 9 月，深圳市保监局发布公告，指出要推动政府基建工程 IDI 项目在深圳落地。随后，罗湖区、光明新区、盐田区均发布政府投资代建项目 IDI 实施细则。2019 年 8 月，罗湖区人民政府办公室印发《罗湖区政府投资项目代建制管理办法及 5 个配套文件》，将 IDI 制度融入当地政府投资项目代建制的配套管理。2020 年，龙华区发改局印发《深圳市龙华区政府投资代建项目工程质量潜在缺陷保险实施细则》，深圳开展 IDI 试点的范围进一步扩大。

（二）深圳 IDI 保险标的范围较广

深圳 IDI 的保险标的包括房建项目（如住宅、园区、办公楼、医院、学校、博物馆、文体场馆、工业楼宇、公用停车场以及产业园区等）及部分市政工程项目（如桥梁、高架桥、明挖隧道、明挖箱涵以及挡土墙等）。深圳 IDI 的常规保障方案与上海基本一致，但防水、保温工程的保险期限要求不少于 3 年。保险费率根据项目类型、规模的不同，在 2.5% ~ 3%，不设免赔额。

（三）深圳 IDI 的模式特点

1. 试点项目类型多样

深圳模式以政府投资代建项目为试点，项目类型广泛，包括房屋建筑工程和部分市政工程，确定了与之对应的费率区间。同时，明确了不予开展 IDI 的工程类型，包括工程地址位于山坡或填海地区的项目；单独的附属工程；道路工程、绿化工程、路灯照明工程、暗挖隧道工程；边坡整治、河道治理、水库、蓄水池工程等。

2. 引入保险经纪公司

深圳通过委托保险经纪公司进行市场化的组织，明确保险供应商资质，建立预选库，降低政府相关部门廉政风险的同时，也提升了项目管理效率。

（四）目前深圳 IDI 的市场规模较小

2017 年 9 月，深圳福田区集中启动 19 个政府投资代建项目，总投资 75.9 亿元，IDI 保额达 60 亿元。随后，福田区文化中心和教育局等委托单位陆续对福田区群众文化馆、福田中学及皇岗中学改扩建等 9 个代建项目投保 IDI。当前深圳 IDI 市场主要分布在福田区、罗湖区、光明新区、盐田区等地。2019 年全年出单保费约 7088 万元，2020 年未有新业务。

三、广州 IDI 的实践与特点

（一）广州 IDI 的发展进程

广州市 IDI 工作起步相对较晚，但推进较为迅速。2020 年 7 月 22 日，广州市住房和城乡建设局、广东银保监局、广州市地方金融监管局、广州市规划和自然资源局发布《广州市住宅工程质量潜在缺陷保险管理暂行办法》，在全市新建住宅工程中推行工程质量潜在缺陷保险。2020 年 12 月，广州市住房和城乡建设局、广州市地方金融监管局、广州市规划和自然资源局印发《广州市住宅工程质量潜在缺陷保险管理暂行办法实施细则》，进一步细化了对全市新建住宅工程（如商品房、保障性住房、安置房）质量潜在缺陷保险的承保管理、工程质量风险管理、理赔服务、信息平台管理等规定。2021 年 9 月，为解决在 IDI 推行过程中面临的一些实际问题，更好地规范工作开展，广州市住建局牵头制定和发布《关于明确住宅工程质量潜在缺陷保险管理有关事项的补充通知》，进一步明确 IDI 购买范围、保费计费基数、保险合同签订要求、工程质量风险管理要求等内容。同时，广州住建局及相关行业协会、保险公司、再保险公司正在推动 TIS 管理办法等配套文件设计与编制。

（二）广州 IDI 的保障方案与上海基本一致

广州 IDI 方案基本与上海一致，明确了保障范围按照《建筑工程施工质量验收统一标准》（GB 50300）的规定执行，必须投保的部分有作为主险的地基基础和主体结构工程、保温和防水工程以及作为附加险的装饰装修工程、建筑给水排水工程、通风与空调工程、建筑电气工程。此外相比上海规定，增加了可选附加险，包括智能建筑工程、建筑节能工程、电梯工程等承保范围。在保险期间上，主险的地基基础和主体结构工程、保温和防水工程与上海相同，分别是 10 年和 5 年。必选和可选附加险开始时间由建设单位和保险机构在保险合同中约定，而上海市规定为 2 年。

（三）广州 IDI 模式与特点

广州在上海 IDI 模式的基础上，结合地方实际情况进一步完善，特点如下：

（1）为落实国务院营商环境改革要求，对标世界银行评价标准，推进审批制度改革，广州市在住宅 IDI 运行经验基础上，推进简易低风险工程质量安全保险制度，并已同步出台相关团体标准。

（2）为进一步完善小型特定工程质量安全保障体系，提升工程管理水平，广州市正推进将"3000 平方米以下办公装饰装修工程及老旧小区加装电梯工程"纳入质量安全保险体系，创新建筑市场监管方式，共同构建"政府 + 建设方 + 保险 + 三方风控团队"的建筑行业质量安全风险管理的新模式。

（四）广州 IDI 市场发展较快

得益于住建、银保监会等部门的大力推动和发达的经济环境，广州市 IDI 市场发展较快。广州 IDI 市场从 2021 年初开始逐步出单。截至 2022 年 2 月，广州 IDI 已出单超 50 单，保费规模约 4 亿元。

四、浙江 IDI 的实践与特色

（一）浙江 IDI 的发展之路

1. 宁波率先试点

2017 年 10 月，宁波市发布《关于开展住宅工程质量交付缺陷保险试点工作的通知》，在鄞州、海曙、江北、国家新区等中心城区内开展住宅工程质量交付缺陷保险试点工作，提出了两套保障方案供建设单位选择：一是从项目开工到竣工的全过程质量交付缺陷保险（不包括室外设施、附属建筑及室外环境等室外工程）；二是装饰装修和安装工程质量交付缺陷保险，建设单位投保全过程质量交付缺陷保险可免交物业保修金。由于宁波物业保修金较低，保险方案设置免赔及赔偿限额，保障程度较低。

2. 五市试点

2018 年 3 月，浙江省住建厅印发《浙江省住宅工程质量保险试点工作方案》的通知，确定在杭州、宁波、嘉兴、金华和衢州五个市的新建住宅工程开展工程质量保险试点，对建设单位投保 IDI 的，可在住宅物业保修金减免、商品房预售、建设成本列支等方面给予适当的倾斜政策。同时，施工单位投保施工责任险或保修保证保险的工程，不再预留工程质量保证金。

同年 8 月，嘉兴市发布《关于开展住宅工程质量潜在缺陷保险试点工作的通知》，启动 IDI 试点工作。9 月，湖州市发布《关于开展建设工程综合保险试点工作的通知》，试点包括工程投标保证保险、建设合同履约保证保险、业主合同款支付保证保险、建设工程质量保证保险及农民工工资支付保证保险等综合保险，在全装修项目鼓励开展绿色家装质量保证保险等适应建筑工业化需要的工程保证险种。11月，杭州萧山住建局发布《关于开展住宅工程质量保险试点工作的通知》，试点开展住宅全装修保险，保障因施工工艺引起的质量潜在缺陷；同时，由杭州市萧山区保险行业协会配套制定了《萧山区工程质量保险风险管理工作暂行指导办法》和《萧山区住宅全装修质量保险工程风险管理机构工作导则》等指导文件。12月，金华市发布《金华市住房和城乡建设局　金华市公共资源交易管理委员会办公室关于开展建设工程综合保险试点工作的通知》，以综合保险的形式试点包括IDI在内的建设工程相关保险。

3. 多地试点

随后2020年至2021年间，浙江省各地市IDI试点持续推进。2020年1月，丽水市发布《市区住宅工程质量潜在缺陷保险试点方案》；9月，临海市发布《临海市住宅工程质量潜在缺陷保险实施意见（试行）》；2021年5月，义乌市发布《义乌市住房和城乡建设局关于推进建设工程质量缺陷保险的实施意见》及《义乌市房地产开发项目十二分制管理办法（试行）》，对实施IDI制度的项目给予6分的正向积分。

（二）浙江IDI的保障方案较为多样

基于浙江省多地试点，浙江IDI的保障方案自然呈现出多样化，宁波、杭州、嘉兴等地IDI保障方案，虽以上海为模板，各地还有许多不同。

1. 宁波IDI方案

宁波市在试点过程中设置了两套可选方案，一是类似上海的全面保障方案，二是只保障防水、保温及装饰装修等附加险。宁波IDI模式不设等待期，地基基础、主体结构、防水工程的保障年限不低于8年，保温工程、供冷供热系统、电气管线、给排水管道、设备安装、装修工程等保障期限不低于2年。同时，宁波IDI方案还设置了免赔额及较低的赔偿限额，整体保障程度较低。

2. 杭州IDI方案

杭州萧山的住宅全装修保险主要保障因施工工艺引起的质量缺陷，包括：有防水要求的室内卫生间、厨房和门窗的防渗漏处理工程；装修中埋设在墙体及地面内电气网络管线和给排水管道等隐蔽工程；室内装修工程。前两项的保障年限为8年，室内装修工程为2年。该方案不设等待期，每次事故的绝对免赔额为1万元或损失金额的20％，累计赔偿限额为保费的2倍。

3. 其他地市 IDI 方案各有不同

其他地区如嘉兴市、丽水市、义乌市等地 IDI 保障方案与上海方案基本一致，也设置了 2 年的等待期，但嘉兴对防水工程的保障期限要求为 8 年、保温工程为 2 年，丽水对防水、保温工程的保障期限要求为 6 年；义乌对防水工程的保障期限要求为 6 年。

（三）浙江 IDI 制度的模式特点

1. 多模式并行

浙江省的 IDI 制度推广呈现多模式并行，市场引导为主的特点。各地市结合地方住宅工程特点及质量保修要求确定 IDI 保障方案、推行模式及鼓励政策。

2. 关注质量风险管理

浙江省各地市均对进行质量风险管理的 TIS 机构提出了一定的管理要求。宁波市 IDI 试点阶段，要求 TIS 机构参加住宅工程分户验收，签署意见。杭州萧山要求 TIS 机构的风险管理团队需进行岗前培训、考核；每月不少于 4 次例行检查，在关键节点及隐蔽验收环节必须到场；查勘人员信息、影像数据、风险项记录等需上传信息管理平台。

3. 综合保险方案

基于建设工程风险的复杂性、参与主体的多样性，部分地市如金华市，以综合保险形式推行 IDI 制度，在提供全面保障的同时，也增加了工程保证保险的供给，通过保险增信的形式降低企业的资金成本。

（四）浙江 IDI 市场发展

由于浙江省主要采取市场化引导方式推行 IDI 制度，建设单位出于成本考虑，投保的积极性不强。现阶段，针对全装修住宅的萧山模式由于政府相关部门的积极引导有一定的市场规模，2021 年杭州市萧山区 IDI 保费约 4000 万元。其次，建设单位对于与预售形象进度相关的加分鼓励政策较为敏感，响应程度较高。

附 6.5　来自湖州的建设工程综合保险开展情况

为贯彻落实国务院《关于清理规范工程建设领域保证金的通知》（国办发〔2016〕49 号）、省住建厅等《关于进一步完善工程担保制度推行建设工程综合保险工作的通知》（浙建〔2016〕10 号）的文件精神，在经过前期充分探索调研的基础上，2018 年 9 月 19 日，湖州住建局联合市人力社保局、市金融办和市公管办，共同制定了《关于开展建设工程综合保险试点工作的通知》（湖建发〔2018〕211 号），在全市依法必须公开招标的工程项目和社会投资的房地产开发项目实行建设工程综合保险试点。

一、建设工程综合保险项目共保体

2018 年 11 月 9 日，湖州住建局正式发布公告，对湖州市建设工程综合保险项目共保体进行公开招标。建设工程综合保险包括建设工程投标保证保险、建设工程履约保证保险、建设工程合同款支付保证保险、建设工程质量保证保险及农民工工资支付保证保险。最终由中国人民财产保险股份有限公司湖州市分公司（首席）、中国人寿财产保险股份有限公司湖州中心支公司、中华联合财产保险股份有限公司湖州中心支公司、中国大地财产保险股份有限公司湖州中心支公司、阳光财产保险股份有限公司湖州中心支公司、太平财产保险股份有限公司湖州中心支公司 6 家公司组成的共保体中标。2021 年以来，已为 300 家企业办理，保险金额 12544 万元。

二、农民工工资支付保证保险正在推进

农民工工资支付保证保险于 2019 年 5 月正式启动。2020 年下半年后，免缴政策逐步放开，大部分企业都符合免缴政策，办理了免缴手续。2021 年以来，共有 32 家企业办理了农民工工资保证保险，保险金额为 2535 万元。

三、工程质量保证保险尚未开展

工程质量保证保险，目前尚未开展。分析原因，主要有以下几点：

1. 关于质量保证金的缴纳方式问题

在市建设工程招标文件的合同范本中，对于质量保证金的缴纳方式，主要有现金和保函两种。但又规定，如采用工程质量保修金保函，必须在湖州市区开设营业场所（必须是不可撤销，且无条件支付或见索支付）。依据银保监局相关规定，保险公司无法做到无条件支付或者见索即付。因此即使合同双方约定采用保函方式，也只能选择银行保函的形式。

2. 质量保证金运用问题

在质量保证金缴纳方式的选择上，决定权一般在建设单位手中。而社会项目，尤其是房地产项目，开发商往往现金流紧张，所以更希望能够扣留部分工程款作为质量保证金。这笔资金名义上是质保金，但实际上开发商可以随意使用。

3. 关于建设主体对质量保证保险的认知问题

各建设主体对于工程质量保证保险的认知度不高，对是否能有效防范风险持疑虑。特别是当发生质量问题，施工单位不配合维修，或者双方责任争议较大时，建设单位对于能否简单、快捷地进行索赔较为担忧。

4. 保险公司对投保需求的风险意识问题

对于部分低资质（二、三级企业）企业及外地企业，由于其信用度低、流动性大等原因，保险公司持谨慎态度。还有一部分非公共工程项目需求较旺，但因其风险把握难度较大，保险公司也持谨慎态度。

附 6.6　嘉兴 IDI 实践案例

嘉兴人保财险签发某供应链管理服务有限公司建筑工程质量潜在缺陷保险，为其提供 1.43 亿元的风险保障及相关风险管理服务。

据悉，此次签单也是浙江人保财险全省系统首单全过程 IDI 项目，该供应链管理公司投保后，嘉兴人保财险将联合第三方风险管理机构定期与设计单位、建设单位和勘查单位沟通交流，全程参与工程风险管理。

工程质量潜在缺陷保险（简称 IDI）由建设单位投保，保险公司根据保险条款约定，通过科学的技术风险分析方法对建筑工程从勘察、设计、施工、材料到复查阶段，针对保单责任范围的内容对质量潜在缺陷风险源进行风险识别、预防、评估，并对在保险范围和保险期限内出现的由于工程质量潜在缺陷所导致的投保建筑物损坏，履行赔偿义务的保险。

通过实施全过程 IDI 制度，引入市场机制，一是有利于提升风险管理水平，提高工程质量；二是有利于政府职能转型，改变现有工程质量监督体系；三是无须调查有关单位责任，先行赔付，有利于及时解决维修问题，减少质量纠纷。

五、安徽 IDI 的探索与实施

（一）安徽 IDI 试点过程

2017 年，安徽省发布《关于推进工程建设管理改革促进建筑业持续健康发展的实施意见》，要求在政府投资工程、装配式建筑和实行工程总承包的项目中，试点推行工程质量保险和担保制度，形成可复制可推广的经验。2018年5月，安徽省住建厅发布《关于推行工程质量保险试点工作的通知》，引导各地市试点工程质量保险。2018年至2019年，安徽马鞍山、铜陵、亳州、安庆、黄山、池州等地市相继发文，推行工程质量保险试点工作。由于马鞍山市开展试点工作较早，安徽省发动各地市多次开展学习考察，故后续开展试点的地市大多以马鞍山模式作为参考。

（二）安徽IDI保障方案与上海不同

安徽模式的保障方案中，基础设施、地基基础和主体结构工程的保障期限为5年，防水、保温工程为5年，供冷供热系统、电气管线、给排水管道、设备和安装工程、装修工程为2年，该方案不设等待期，而是设置一定比例的绝对免赔额、每次赔偿限额以及累计赔偿限额。

（三）安徽IDI模式仍在探索中

安徽模式以建设单位为投保人，要求其在办理施工许可手续前投保。由于保障方案不设等待期，保障期限覆盖了施工合同中约定的缺陷责任期，故对于采用工程质量保险的项目，要求发包人不得再预留工程质量保证金。

安徽模式由于设置了一定的免赔限额，保险费率整体较低，在替代质量保证金的激励措施下，较受施工单位的认可。但相应地，由于保费不足以支撑TIS机构的风险管理服务费用，大部分项目的风险查勘频次较低，保险公司风险管理前置不足。此外，该方案实际上是施工质量责任保险和工程质量潜在缺陷保险的结合形式，故在质量责任的认定、保费来源上仍存在一些争议，有待进一步梳理。

附6.7　安徽省马鞍山工程质保金置换IDI案例

2018年9月，马鞍山市住建委印发《马鞍山市工程质量保险试点工作实施方案（试行）》，在全市政府投资工程、装配式建筑和实行工程总承包的项目，商品住宅工程等试点推行IDI。

马鞍山方案中，IDI仍由建设单位投保，但采用工程质量保证金置换的方式，即购买了IDI的项目，发包人不得再预留工程质量保证金。由于工程质保金主要由政府管理，购买IDI可以促成施工单位不需缴纳质保金或者较快收回已缴纳质保金，经济效益显著，因此受到了建设单位、施工单位的欢迎。马鞍山方案包含几个特点：一是费率较低，仅为工程造价的 0.7%，显著低于上海、北京、深圳、阳泉等地水平；二是无等待期，竣工后即起保。在实践中马鞍山 IDI 保单主要为保障 5 年期的主体结构因潜在缺陷造成的对建筑物修理、加固或重置的费用，且设置了免赔额和赔偿限额。

马鞍山方案在实际运转中较好地解决了政府关切，实现了快速理赔，解决了居民投诉处置等政府痛点，在较低保费和提供基础保障方面达到一定平衡。但由于马鞍山方案费率太低，保险公司无法聘请 TIS 机构介入建造过程，且无等待期，可能存在一定的道德风险，该方案未在保险或再保险业内得到倡导和推广。

以下是中国大地保险马鞍山 IDI 项目理赔情况的报告：

（一）案件理赔总体情况

自试点起截至 2018 年 11 月底，IDI 赔案报修 183 笔，结案金额 132.7 万元，结案率达到 100%。赔款直接支付被保险人 6 笔，赔款计 17.1 万元，金额占比 12.9%；支付物业公司 167 笔，赔款计 108.7 万元，金额占比 81.9%；支付第三方维修单位 10 笔，赔款计 6.9 万元，金额占比 5.2%。

（二）IDI 项目理赔方案①

1. 查勘服务时效

接到报案后，保险公司在 30 分钟内与索赔人取得联系，24 小时内进行现场查勘。

2. 案件处理方式

（1）对于损失金额在万元以下的案件，保险公司自行进行现场查勘。

（2）案件损失在 1 万元以上的，保险公司将在三日内委托有资质的第三方机构进行现场查勘。

（3）损失金额由双方协商确定，协商不成的，由双方确认的第三方机构评估确定（目前仅有 1 笔案件聘请第三方机构评估并结案，占总赔案的 0.5%）。

（4）通过多维度进行处理。对于客户自行维修或通过物业维修的案件，双方签订赔偿协议后，保险公司支付赔款；对于采用委托维修的案件，由保险

---

① 鲍秀根. 建筑工程质量保险应用实践与分析［J］. 山西建筑，2018，44（14）：3.

公司组织或委托专业维修队伍进行维修。

3. 案件赔付时效

（1）一般案件赔付时效保证。对于赔偿金额在人民币三千元以下的，在双方达成赔偿协议后 1 个工作日内完成支付；对于赔偿金额在人民币三万元（含）以下的，在双方达成赔偿协议后的七个工作日内完成支付；对于赔偿金额在人民币十万元以上的，在双方达成赔偿协议后的十个工作日内完成支付。

（2）特殊案件赔付时效保证。因住宅工程质量问题导致断电、断水、水管爆裂（漏水）等严重影响日常生活的报案事故或其他需要急修、抢修的突发情况，保险公司应启动应急处理机制，第一时间提供维修方案，并委托第三方工程公司或物业公司先抢修后查勘，待事态相对稳定后，再启动正常理赔程序。

（三）案例展示

投保项目名称：马鞍山某住宅项目

立案号：AZCQ201734011703000016

报案时间：2017 年 8 月 22 日 8：30 业主向保险公司报案。

报案原因：1#、2#楼墙体渗水，导致住户室内漏水，影响正常生活。

查勘时效：2017 年 8 月 22 日 9：00 物业到达现场查勘，保险公司接到报案后 24 小时内到现场查勘。

核定保险原因：经过现场查勘，核实为住房质量问题，属于保险责任。

核实损失金额及维修方案：保险公司与被保险人确定，由保险公司委托马鞍山长隆劳动服务有限公司（施工方）维修墙体，核定损失金额为 1.47 万元。

工程验收：2017 年 9 月 5 日工程维修完毕，业主及保险公司现场验收合格。

结案：2017 年 9 月 7 日，签署赔案协议，并支付施工方结案。

第七章　直（再）保公司
大力推动 IDI 发展

第一节　直保公司 IDI 实践

一、人保财险 IDI 实践

中国人民财产保险股份有限公司（以下简称人保财险）是国内最早推进 IDI 的大型保险公司之一[①]。2002 年，人保财险与原建设部住宅产业化促进中心成立课题组，赴法国、西班牙等国开展调研，并于 2004 年率先开发了国内首款全国性的 10 年期工程质量保险产品。

上海市从 2016 年起在全国范围内率先推行了 IDI 保险制度，人保财险上海市分公司作为第一批拥有 IDI 牵头承保资质的保险公司之一，截至 2021 年 9 月底已累计参与承保项目 580 余个，保障面积 5962 万平方米，累计提供保障金额 2123 亿元。目前人保财险在上海、北京、成都、广州、浙江、江苏、海南及湖南等地的分公司都有开展 IDI 保险工作，其中上海的 IDI 保险发展最为快速。

（一）IDI 业务管理机制

为了更好地经营 IDI 保险业务，协助政府做好建筑质量管理，人保财险做了一系列有益的探索。

1. 搭建理赔体系

根据《关于印发〈上海市住宅建设工程质量潜在缺陷保险理赔服务规范〉的通知》（沪保监发〔2016〕253 号）搭建了 IDI 理赔流程和框架；针对该项

---

① 汪小亚. 深化保险服务实体经济　加快推动我国 IDI 市场发展 ［J］. 保险理论与实践，2021（4）.

目保险期限长、相关单位众多以及后续理赔烦琐等特点，结合市场需求，建立了完善的理赔网络体系，同时与众多资质较好的维修供应商签订了维修合作协议，可以第一时间满足业主的维修需求。

2. 搭建风控管理平台

注重研究制定风险管理机构的操作指南及报告体系，以更好地规范统一风险管理机构的工作流程，保证工程项目质量。同时，人保财险已由总部牵头初步搭建完成了 IDI 保险的风控管理平台，后续将通过平台性管理，更好地运用大数据进行精确的风险分析。

3. 研究 TIS 机构评价标准

基于对 TIS 机构管理重要性的认识，人保上海与同济大学经管学院、同济工程项目管理咨询有限公司一起合作，共同编制了《TIS 机构服务绩效量化评价标准》，旨在借助该评价标准，强化对 TIS 机构的科学性、规范性，实现可量化的、客观的考核机制。对 TIS 机构进行评价的同时也不断提升风险保障，强化保险的社会服务功能，更好地服务我国 IDI 保险发展改革和风险防控工作。

4. 强化团队建设

人保财险非常关注专业团队建设，无论是总公司层面（总部引入 3 个建筑行业工程师）还是分公司层面均引进了建筑行业的专业技术人才，旨在强化 IDI 保险的过程性风险管控。上海分公司就配备了 2 名建筑行业技术人才，对风险管理及后续理赔管理给予专业的技术支持，便于保险行业与建筑行业间的对话和沟通。

5. 参与 IDI 保险行业规范制度研究

IDI 保险在全国范围内都是一种全新尝试，其不仅打破了原有的工程质量监督体系，更是一种以修代赔的保险尝试，因此在发展过程中需要建立完善的行业规范，才能促进 IDI 保险制度的健康有序发展。人保财险积极配合上海市各级政府部门，全面参与了 IDI 保险各项规范的制定，例如《上海市建设工程质量风险管理机构管理办法（试行）》的发布，明确了 TIS 机构的定位、职责及工作标准，填补了我国工程质量风险管理机构空白。而《上海市住宅建设工程质量潜在缺陷保险理赔服务规范》，又进一步规范了保险公司 IDI 业务的理赔工作流程和服务标准。

（二）IDI 风险管理实践

IDI 业务最关键的环节为 TIS 机构的过程性风险管控，且加强前期风险管控是推进 IDI 保险制度的核心，基于这一深刻认识，人保财险非常重视对 TIS 机构的管理。

为了体现 IDI 的专业化服务能力与水平，人保财险组建了专业的 IDI 保险团队，成立了 IDI 统一管理部门。在日常 IDI 管理工作中实现专岗专人统一管理，保证了全过程各节点的专业性。在项目建造过程中，聘请了专业的 TIS 机构，应用其技术检查服务，通过对设计图纸把关、现场实地检查、关键节点把控等，对工程建设的全过程进行质量风险预防与评估服务，促进压实建设单位的首要责任和勘察、设计、施工单位的主体责任，有效提升投保住宅工程的质量。

目前，人保财险对 TIS 机构都提出了严格的要求。要求所有 TIS 机构在查勘时须做到所有楼栋 100% 检查，特别对于屋顶、外墙、地下室等极易出现问题的区域必须 100% 全覆盖进行检查，各类风险点的抽查率不低于 30%；重大风险整改率必须达到 100%。此外，风控人员对于每一份 TIS 报告都仔细审阅，发现重大风险点及时预警。每月确保至少一次飞行检查，做好事先监督、事先预防、事先控制，尽可能最大限度地降低每个项目风险发生的概率。

（三）IDI 理赔实践与规划

随着 IDI 业务规模的不断扩大，IDI 业务后期理赔也开始逐渐显现。针对 IDI 业务后期面临的大量理赔及维修工作，人保上海不仅建立了维修供应商名录，同时引进了建筑行业专业人才，加强了理赔服务上的专业性。同时，还充分运用理赔网点覆盖广的优势，为广大业主提供了及时有效的理赔维修服务。当投保住宅出现质量问题时，业主可直接向直保公司报案，直保公司会第一时间组织人员上门维修，避免了因建设单位或施工单位履行维修责任不到位而带来的不良影响。在后端理赔方面，人保上海也规划完善维修商的筛选评价、行业内维修标准、费用的统一等制度，试图通过理赔数据，反向影响建设单位的信用体系提升。IDI 保险是一次保险行业与建筑行业的紧密合作，人保在不断协助各级政府做好相关业务的推进工作，并积极搭建运转高效、操作便捷的风控及理赔管理服务体系，为 IDI 业务的健康发展奠定扎实基础。

附7.1 人保上海 IDI 的实践案例

1. IDI 的风控案例

人保上海承保的一个项目在做外窗淋水试验时，发现大部分的外墙和窗框之间都有渗水的现象，其中有一幢住宅特别严重，大约有90%的外墙和窗框之间都有渗漏水现象，经仔细检查发现外窗框和墙体的结合处施工均不满足规范要求，TIS 当即出具报告要求整改，并与建设单位和施工单位开会进行了宣导。大约整改两周后，TIS 机构又进行了复查，经过第二次外窗淋水试验，整改效果显著，有效地阻止了外窗处渗漏水现象。

2. IDI 理赔案例

人保上海承保的一个住宅小区由于房屋质量问题导致各楼层渗水，业主家中装修受损且外立面防水层开裂。人保上海接到报案后第一时间进行了现场查勘，并同步安排维修供应商提供维修方案，最终在不影响业主自身装修的前提下完成了本次维修。同时为了打消业主对于维修质量的顾虑，还安排了24小时蓄水试验，最终证明本次维修确实有效地解决了漏水问题。业主对人保所提供的维修服务也非常满意。

在如今实施了 IDI 保险后，过往因工程质量潜在缺陷导致的住宅质量问题，在索赔维修过程中经常遇到的各方推诿、过程耗时耗力甚至责任主体消失等情况已逐步得到了改善。目前人保上海已为28个小区提供了1510次维修服务，总计维修金额达1300余万元。

二、太保财险 IDI 实践

中国太平洋财产保险股份有限公司（以下简称太保财险）上海分公司于2012年在"威宁路苏州河桥梁新建工程"项目中聘请风险管理机构，开启了风险管理全委托模式的研究，成为最早介入上海 IDI 保险模式探索的保险公司，积累了 IDI 承保经验，也见证了上海 IDI 保险从试点到浦东新区区域强制再到全面强制整个发展历程。

截至目前，太保财险主承保上海市 IDI 保险项目共计451单，其中商品房235单，保障房216单，主承总保额超1500亿元，其中145单进入理赔期（17单结束保障期，48单结束5年期的保障期），已收到已竣工小区1300多个赔案，其中 500 多个案子已结案，赔付约 1000 万元。太保财险也衍生开发了上海轨道交通 17 号线的工程质量保险。

太保财险于 2015 年 12 月承接商务部对外援助成套项目 IDI 第一单，独家承保援建多哥议会大厦。在商务部援外项目上，太保承保 235 个项目，总保额 320 亿元，涉及 70 余个国家，主要分布在非洲、东南亚、中南美、大洋洲等地区，项目类型包括体育场馆、民用建筑、桥梁、水利水电工程等。商务部项目的 TIS 成本相对更高。

（一）业务管理机制

太保财险上海分公司自 2016 年起成立 IDI 业务发展部，团队成员专业涵盖金融、工程、法律等，设立了 IDI 独立账套，对 IDI 业务进行统一管理。负责 IDI 业务承保条件审核、保单出单签发工作、TIS 机构选择与管理、各项目奖金费用划分等处理工作。确保所有 IDI 承保项目面积、造价、保额、费率等承保条件严格按照政府监督管理部门有关要求执行，相关费用奖金使用合规透明，形成了可借鉴复制的良性循环体系。

在机构设置上，组建了工程质量保险风险管理领导团队与现场风控服务团队（13～14 人），同时聘请风险管理专家，构成了太保产险的立体式保险风险服务网络。现场风控服务团队是由上海总部的风控部门成员组成，将在现场积极参与并记录反馈各风险因素的控制情况，同时就地快速处理现场事物。专家团队主要有两个来源，一是内部各职能部门的核心骨干，二是根据需要聘请风险管理专家。风险管理专家负责识别、衡量和评估风险，并就损失控制措施提出建议。

（二）IDI 风险管理实践

太保财险对 TIS 服务工作进行归口管理，形成 TIS 交底到场、项目工作群交流、TIS 工作跟进，TIS 报告查验，TIS 数据综合制表等日常工作模式。

1. 招标选用 TIS 机构，关注考核评价的应用

在收到项目投保意向后，分别向三家 TIS 机构发送 TIS 招标邀请，从报价、风险管理服务经验、专项检查服务、风险辨识及管理服务计划等维度综合选择项目 TIS 机构开展服务工作；同时，每年对选用的 TIS 机构进行考核评价排名，优中选优，开展风险管理服务工作。

2. 组织现场交底会议，确保服务顺畅对接

对每个项目，均与风险管理机构、工程参建方召开项目现场交底会，与建

设各方充分沟通工程情况及后续 TIS 工作部署，保证 TIS 工作的顺利进行；建立微信沟通群，针对风险查勘过程中遇到的各类问题在群内及时沟通，提高问题解决效率。

3. 检查 TIS 工作情况，重视报告隐患内容跟踪

采取定期现场跟踪，不定期飞行检查的方式，对 TIS 机构项目负责人到岗情况、现场专业人员配备情况进行跟踪检查。指派太保专业人员检查 TIS 报告内容，并要求其针对报告缺陷整改，增加相关项查勘频次，将其报告质量作为 TIS 评价考核的重要指标。持续关注查勘中发现的问题，跟踪整改情况，并将技术检查手段纳入 TIS 机构必要工作内容中，及时发现风险，提升工程质量。

（三）IDI 理赔实践与规划

理赔服务工作是保险服务的核心之一，为使住宅工程项目建设工程质量潜在缺陷险理赔工作得到有力保障，太保针对承保项目提供如下保险理赔服务：

1. 成立理赔服务小组

太保专门成立专项理赔服务小组，分管领导亲自负责，直线式管理，职责明确。

2. 提供保险理赔培训

为了便于被保险人及相关方了解保险理赔流程，在出具保单后，根据被保险人需要，向被保险人及投保项目的物业公司提供保险理赔培训服务，指导被保险人及相关方出险后应如何施救、如何通知保险公司、如何填写相应的出险通知书和如何提供索赔单证等事宜，并编写了《工程质量潜在缺陷保险服务手册》（内容包括该险种保险责任、出险报案、索赔流程、典型案例等）供被保险人及投保项目的物业公司参考。

3. 建立全天候接报案制度

为满足被保险人及业主不同需求，开设三条报案渠道：（1）拨打全国统一客户服务热线 95500 报案；（2）授权住宅小区物业代业主集中报案；（3）业主扫描移动端报案二维码。

严格执行 365 天 ×24 小时全天候接报案制度，保持全国统一客户服务热线畅通，座席人员随时受理本项目被保险人出险报案，并在接到报案后立即通知专项服务人员。服务热线不仅提供接报案服务，同时提供咨询、查询等服务，包括：（1）理赔咨询；（2）理赔查询；（3）出险接报案；（4）调度现场

查勘人员；（5）理赔服务预约；（6）理赔投诉受理、听取意见和建议；（7）提供理赔须知服务。

4. 开辟理赔绿色通道

为了强化对本项目的风险管理，提供更为完善的保障措施，进一步加快理赔处理速度，帮助被保险人在最短的时间内处理赔案，太保特为本项目开辟理赔绿色通道，进行快速理赔服务。

5. 一站式理赔顾问服务

在整个案件处理过程中，指定理赔人员负责本项目各类案件，除了理赔人员主动向客户反馈案件处理的信息、详细向客户介绍理赔程序和所需单证外，被保险人可随时联系、查询理赔进展或询问案情。

6. 对接第三方房屋检测机构，保障双方权益

经双方同意，若工程出险时保险双方对于事故的保险责任和赔偿金额的认定不能达成一致时，对接由政府公布的第三方房屋检测机构进行鉴定。对于第三方机构进行理算的赔案，保险公司也会积极参与赔案处理，并协助进行理赔核算工作，主要包括安排现场查勘、收集理赔资料、确定事故原因、批准修复方案、核定损失金额。

7. 简化单证审核流程

认可被保险人按本保险有关规定，以 EMS、邮寄或其他方式所提交的必要、有效、真实的有关索赔单证和资料。

8. 提供维修服务

为响应工程质量保险对理赔时效上的要求，太保财险在上海与多家具有资质的房屋维修机构建立合作关系，覆盖各区，可做到在出险后除直接支付赔款外，提供及时高效的上门维修服务，满足被保险人或业主的需要。

9. 建立项目专门理赔档案

各项目赔案将加注指定代码归档，帮助被保险人定期分析理赔案件的特点，总结经验教训，作为向被保险人提供防灾防损建议的重要依据。

附 7.2　太保上海 IDI 的实践案例

太保上海承保的嘉定区某明星小区，一大卖点就是家家户户都安装有落地窗，不少属于湖景房，采光好，风景佳。但竣工入住后，房屋陆续暴露出不少

问题，特别是不少大落地窗四周都出现渗漏，导致居民家中墙面出现起皮、水发霉的情况。刚开始的两年质保期内，施工单位还配合物业进行缺陷处理。但一过质保期，施工单位就对新出现的问题互相推诿扯皮不进行处理，而建设单位也已撤离上海市场，留守的小区物业没有高空施工作业能力，仅能做到室内墙面的表层处理，无法杜绝问题的再次发生，一时间，面对这个三不管的局面，小区居民怨声载道，物业工作举步维艰。小区物业人员得知该小区购买了太保的 IDI 保险后，尝试着拨打了太保报案电话。

接到电话后，太保高度重视，第一时间派人赴现场进行查勘。在了解到小区居民的现实需求及物业公司实际能力后，太保立刻从自有的维修供应商名录内，甄选了同一区域、维修能力强、人员配备充足的维修商，会同维修单位进行专题研究并制订了内外兼修的维修方案，尤其对小区内发现的质量缺陷进行修缮处理并提供质保，确保所修缺陷不复发，以解小区燃眉之急。

同时，太保安排理赔人员在小区内长期驻点，一旦小区物业发现新质量问题可以立即联系驻点维修人员上门查询情况，从报案到上门查勘，一小时之内可以完成针对小区多发的落地窗四周渗漏的情况进行处理。

截至 2021 年 9 月，太保已累计为该小区 310 多户居民家中 35 多处公共区域的渗漏的开裂问题进行修缮处理，维修金额 314.46 万元，无一返修，获得了小区物业及居民的一致好评。

三、平安财险 IDI 实践

中国平安财产保险股份有限公司（以下简称平安财险）也是较早参与工程质量保险试点的保险机构。2004 年，上海市建交委成立了由上海市建设工程质量安全监督总站、同济大学、平安财险上海分公司、上海建科建设监理咨询有限公司组成的课题组进行建设工程全过程风险管理课题的研究。同年 10 月 28 日，平安财险和上海中房置业股份有限公司等单位就中房置业办公楼项目（现建管大厦）签署保险合同（含建设工程质量保险、建筑工人工伤保险、建工一切险及第三者责任保险），并委托上海建科建设监理咨询有限公司进行第三方风险管理，开启了 IDI 保险的项目试点和研究实践。

2016 年，平安财险联合中国财产再保险有限公司、上海建科工程咨询有限公司成立了全国第一个跨行业的 IDI 风控技术委员会，共同研究 IDI 风险控制的技术体系和管理要求，之后 CPV、BV、中国建筑科学研究院、法国再保险公司、北京东方致远科技有限公司等公司和机构加入，集合了国内保险、再保险、建筑科学研究、建筑工程监理以及卫星风险监测领域的龙头企业。2017年，委员会发布了国内首套建筑工程质量潜在缺陷保险标准化风险管理体系。2018 年，平安财险受中保协委托，依托 IDI 风控技术委员会，牵头完成中保协《建筑工程质量潜在缺陷保险质量风险控制机构工作规范》的编制，成为国内首部 TIS 工作规范。

近年来，平安财险在上海、北京、深圳、安徽、浙江、广东、广西、海南、江苏、四川、山东、哈尔滨、大连等多个省市推动建筑工程质量缺陷保险，打造具有平安特色的"保险＋科技＋服务"模式。发挥保险业在经济补偿和社会治理方面的积极作用，目前已为 850 个项目提供风险保障 1814 亿元。

（一）IDI 业务管理机制

为推进 IDI 开展，平安财险在总公司成立"推动＋产品＋风控＋理赔＋平台"专项 IDI 项目组。由政保部统筹推进全国 IDI 项目；产品端负责规划产品发展策略、制定产品核保政策，确定承保能力及单个项目承保确认；风控组全面负责 IDI 风险的统筹、管理，对内设定平安 TIS 管理制度，全面规定 TIS 机构的选择、询价、合同签订、工作监督管理、考核、费用支付等流程；理赔部负责统筹 IDI 理赔事宜，搭建 IDI 维修平台和网络。平安财险开发了自有的 IDI 云平台系统，通过 IDI 云平台实现 IDI 项目实时追踪分析，总结风险要点。

在分公司层面，平安财险上海分公司设立 IDI 业务管理部，统筹 IDI 销售、承保、风险管理、维修理赔、信息平台管理等全过程管理工作。在市住建委和银保监指导下，为有效落实建设工程质量潜在缺陷保险机制，建立 IDI 项目经理机制，由项目经理负责项目合同签署、信息平台上传、TIS 工作管理、理赔追踪等全过程项目管理工作。实行分片区管理，按行政区维度和以往各区项目数进行分类，划定片区，每个项目经理负责 2~3 个片区。目前 IDI 业务管理部设部门负责人 1 人，项目经理 6 人，计划再招聘项目经理 2~3 人。

（二）IDI 风险管理实践

2016 年上海《关于本市推进商品住宅和保障性住宅工程质量潜在缺陷保险的实施意见》发布后，为适应 IDI 这一新事物的发展，平安财险总分联动在 IDI 质量风险管控方面进行了专业化、体系化的工作。

在组织体系上，平安财险发起成立 IDI 风控技术委员会，与再保公司、TIS 机构、专业咨询公司，共同致力 IDI 风控技术研究与交流，成立以来进行多次技术交流和现场会议。在内部专业队伍方面，配置了在工程和 IDI 保险领域有多年经验的资深工程师领衔的风控团队，进行 IDI 保险风险管控工作。组织多次专题学习、TIS 报告解读、赔案会商等培训，提升业务人员专业知识；组织 TIS 公司进行总结研讨会、轮值技术研讨会、现场观摩，加强 TIS 机构之间经验交流和研讨，加深 TIS 机构对保险需求的理解。

在技术标准上，平安财险牵头编制了中保协发起的《建筑工程潜在缺陷保险质量风险控制机构工作标准》，该标准已于 2018 年 11 月 13 日对社会发布；作为主要参与方，平安财险全程参加了上海市工程建设规范《住宅工程质量潜在缺陷风险管理标准》的编制。依托技术标准，借鉴国际经验，结合保险行业风险评估习惯，编制了整套风控报告模板，规范了风险管理报告体系，提升了工作效率。

在 TIS 管理上，平安财险制定了齐全的管理制度、考核办法、招投标办法等制度，有标准化的 TIS 合同文本。为了保证 TIS 机构的工作质量，在 TIS 招投标时分了商务标和技术标，采用综合评标的方式，确保 TIS 不会出现低价恶性竞争，导致服务质量下降的情况；采用工作台账、查勘报告、飞行检查三位一体的方式，点面结合，确保 TIS 工作的有序有质开展。

在 IDI 平台建设上，平安财险开发了自有的 IDI 云平台系统，并和中再集团开发的上海 IDI 信息平台完成对接。

（三）IDI 理赔实践与规划

平安财险制定了《IDI 理赔管理办法》，设立 IDI 专项理赔服务团队和二十四小时专线报案电话，在报案、现场查勘、损失金额审定、理算等各环节规范行业理赔服务标准。在理赔服务方面坚持"快字诀"，每一个项目都有微信沟通群，便于第一时间了解案情，并指导物业、维修单位线上沟通，确定维修时间及方案。目前有 95% 以上的案件都是在线上沟通，最快 1 小时内可以安排维修，平均维修完成时效 4 小时，客户满意率 98% 以上，维修返修工率低于 2‰。

为提升对业主的服务，平安财险计划在原有报案电话的基础上，在"企业宝"等客户端 App 上设置专属模块，以及专属理赔微信公众号，以提高案件处理效率，提升客户满意度。后续将在市住建委和银保监的指导下，依托行业数据平台，对理赔流程进一步梳理，实现"小额案件快速赔，大额案件专业赔"，切实为居民们提供高效、专业的保险服务。

附 7.3　平安上海 IDI 的实践案例

1. IDI 的风控案例

平安财险上海分公司承保的一个项目问题在进行查勘过程中被发现，楼层外围护 PC 墙板的灌浆孔存在异样，经去除外面的封堵砂浆后检查发现，内侧存在被误打发泡剂的情况。因事件后果严重，TIS 立即对其他楼层和墙板进行了排查和分析，最后基本确认该问题仅发生在尚未进行灌浆的顶部两层的沿外墙一圈的外围护 PC 墙板中，且封堵工艺和螺杆洞封堵一致，因此初步分析为螺杆洞封堵工人对预制墙板缺乏认知，误打、螺杆洞封堵工序超前导致，后经沟通了解，和年底工人因疫情管控形势严峻急于回家的心态有关。

检查完毕后，平安财险立即和建设方进行了面对面沟通，建设方的管理人员立即表示了重视并进行了工作部署。TIS 机构进行了严重风险的提示，同时遵循市住建委的风险管理流程，把风险点上传上报至 IDI 信息平台并向保险公司进行了汇报。

区安全质量监督站在接收到 IDI 信息平台严重技术风险推送后，立即派专人赴现场介入监管，在充分了解了相关情况后，做出停工整改的工作指示，极大地推动了各方对该风险点的进一步重视，为该风险点的整改的彻底性、全面性起到了很大的作用。

建设单位在区安全质量监督的指示下和保险公司的协调下，组织总包、监理进行了及时、彻底的清理和整改工作以及其他楼栋的全面自查排查工作，制定了一些较为有效的整改措施，并及时通知 TIS 机构和保险公司进行了整改复查。

TIS 机构为了验证整改的有效性，在该项目中引入了内窥镜的检查手段，分别进行了 3 次现场跟踪检查、扩大排查，直至灌浆工序顺利无误实施，以上三次排查覆盖了全部楼栋，平均每栋楼覆盖 3~5 层，均未再发现灌浆孔被发泡剂堵塞的现象。

2. IDI 的理赔案例

在金山某项目小区水管质量缺陷的赔案中，平安财险接到报案当天即前往现场进行查勘，会同项目专业机构确认出险原因；接到报案的第三天，与维修单位复勘并拟定维修方案，并组织开发商、居委会、物业及区质监站一同确认方案，并在接到报案后的第 10 天完成维修工作，且维修质量通过了相关部门的验收。快速、有效的案件处理程序，赢得了当地政府及小区居民的好评，收到了该小区居委会筹建组的感谢信及锦旗。

四、中国大地保险 IDI 实践

中国大地财产保险股份有限公司（以下简称中国大地保险）积极推动 IDI 发展，获得上海、北京、深圳、杭州、宁波、成都、广州、东莞、泰州、阳泉、焦作、烟台、安徽、海南等地出单资格，以及广西南宁、钦州、梧州、湖南、无锡、镇江等地共保资格。

在行业研究和交流方面，中国大地保险的专业团队在相关学术辑刊、期刊发表《建筑工程质量潜在缺陷保险的挑战与建议》①《工程质量潜在缺陷保险试点实践与建议》② 等文章；承办中国土木工程学会工程风险与保险研究分会举办的"建设工程质量与风险管理研讨会——工程质量潜在缺陷保险（IDI）学术论坛"，搭建政府主管部门、高校、企业以及行业协会的交流平台；协同新华社等媒体在各地举办 IDI 研讨会；配合全国质量月活动赴上海广播电台宣传推广 IDI 保险，对 IDI 市场的发展起到了积极作用。

截至 2021 年，中国大地保险累计 IDI 保费规模约 7.9 亿元，为建设单位提供超 647 亿元的保险保障。IDI 主承保项目 140 余个，项目涵盖住宅、商业楼宇、学校、工业厂房、体育场馆、桥梁等多种类型。

在 IDI 业务的基础上，中国大地保险逐步建立建筑全生命周期的保险保障体系，基于产业链上下游的需求，不断完善和创新产品及服务模式，在全装修质量潜在缺陷保险、绿色建筑性能保险、绿色建材保证保险、基于建筑师负责制的职业责任险、运营期的房屋使用安全保险等领域积极探索研究，进行了有益的尝试。

---

① 成文清，郑薇，李彤彤，等．建筑工程质量潜在缺陷保险的挑战与建议［J］．上海保险，2019（1）：4.

② 成文清，李彤彤．工程质量潜在缺陷保险试点实践与建议［J］．保险理论与实践，2020（3）：15.

（一）IDI 业务管理机制

中国大地保险将 IDI 作为公司战略发展险种，在总部层面成立专门的 IDI 业务管理部门，配备了以建筑行业资深从业人员为主的专业团队，组建了包括承保服务小组、风险管理小组、理赔服务小组的服务团队，致力于为各地政府和建筑企业提供高效、优质的保险服务。IDI 业务开展严格执行"总部整体协调，属地分公司统一提供服务"的机制，明确各级职责、规范工作流程。

中国大地保险上海分公司于 2019 年成立 IDI 业务管理部，统揽报价、投标、核保、出单、TIS 管理、理赔管理等事宜，按市住建委文件要求实行四个统一，配置了财务、核保、专业风控，理赔等 8 人。2021 年 10 月起开始实行 IDI 项目经理人制度，现有项目经理人 5 人，负责每个 IDI 项目的全生命周期管理。

（二）IDI 风险管理实践

在工程质量风险管理方面，中国大地保险总部制定了《工程质量潜在缺陷保险（IDI）业务质量风险管理机构管理办法》，明确公司内部管理标准化流程；与 30 余家国内外 TIS 机构签订了服务合作协议，服务范围覆盖全国；在各地市 IDI 试点过程中，也积极促进地方设计、监理、咨询等企业拓展服务范围及对象，向 TIS 机构转型发展。在行业标准制定上，中国大地保险参与了中国保险行业协会组织编制的《建筑工程质量潜在缺陷保险质量风险控制机构工作规范》、中国勘察设计协会组织编制的《建筑工程质量潜在缺陷保险技术风险管理服务规程》等，同时也为各地 IDI 风险管理的服务标准、考核机制建言献策。

2021 年，在上海市住建委的指导下，集行业之力推出了《上海市建设工程质量风险管理机构管理导则》，该导则依托 IDI 信息平台细化了 TIS 机构的工作流程、工作内容及时间节点，制定了科学的评价体系，实现了建立工程参建方、保险公司、TIS 机构的联动机制，最大限度地提升了工程建设质量。中国大地保险上海分公司也组建了 TIS 机构管理团队，一方面补充了保险公司在建设工程领域人才的空缺，另一方面使 TIS 机构能在专业团队的监督管理下，切实做好第三方服务。目前 TIS 机构共查出风险隐患 8947 个，已整改 6874 个；其中严重技术风险 35 个，已整改 32 个。

（三）IDI 理赔实践与规划

中国大地保险已制定包括《工程质量潜在缺陷保险告知书》《工程质量潜

在缺陷保险理赔服务规范》等文件，明确标准化的理赔服务要求；同时对接了多家符合维修资质要求的房修单位、渗漏专项维修单位等，做好充分的响应准备。后续，随着大量项目进入理赔期，在现有管理要求的基础上，中国大地保险也将总结经验，梳理优化理赔流程和服务标准，与共保体一起制定维修标准，推动建立区块网格化维修服务体系。

附7.4　大地上海 IDI 的实践案例

据近几年理赔数据统计，上海市住宅理赔维修中渗漏和空鼓开裂占了前两位。渗漏主要是外窗塞缝渗漏、外墙螺杆洞及 PC 拼缝处渗漏、屋面渗漏等；空鼓开裂主要是外墙空鼓脱落和内墙空鼓开裂。

中国大地保险上海分公司承保的首个住宅项目在承保过程中，针对上述质量通病制定了针对性的风险管理措施，提示建设单位采用成熟工艺进行规避，主要包括：（1）PC 预制窗柜，减少窗柜塞缝，降低渗漏；

（2）外墙采用预埋套筒 + 接驳螺杆代替传统穿墙螺杆；

（3）屋面采用倒置式；

（4）外墙采用 PCTF 型式，整个外立面平整度、垂直度不超过 4mm，取消抹灰层、直接批嵌做外墙涂料，规避了外粉刷空鼓脱落风险；

（5）内墙采用石膏砂浆，极大地降低了空鼓现象。

上述措施得到建设单位的认可和实施，取得了较好的风控效果。长远来看，保险机制的介入可一定程度上推广一些技术成熟，有利于降低质量通病的工艺、节点做法，逐步提升整体的工程质量。

五、国寿财险 IDI 实践

中国人寿财产保险股份有限公司（以下简称国寿财险）积极参与 IDI 试点工作，搭建信息平台、组建专业服务团队，同时，储备多种维修渠道。

自 2017 年起开展 IDI 保险业务以来，国寿财险已在北京、上海、深圳、江苏、浙江、宁波、安徽、广西、四川等 15 个省市开展 IDI 保险业务，业务主要集中在北京、上海、深圳及浙江，累计提供风险保障超过 400 亿元，总计保费收入 5.7 亿元左右。保险标的涵盖了住宅项目、政府投资市政工程（如消防站、幼儿园、地铁等），其中住宅项目占比超过 90%。

国寿财险还持续推进产品、服务和系统创新，在加装电梯工程的质量潜在缺陷保险、住宅全装修质量责任保险、绿色建筑性能保险等领域深入研究和实践，积极提供市场化的保障手段。

（一）IDI 业务管理机制

国寿财险在已开展 IDI 业务的分公司，均根据当地政策要求（如上海、青岛等）设立了 IDI 业务管理部门，确保 IDI 业务实现承保、风控、理赔全流程的管理。

（二）IDI 风险管理实践

IDI 保险引入 TIS 质量风险管理服务机制，能够有效提高工程项目的风险防控能力，做到事前事后的全过程风险保障。正是基于此，国寿财险重点对 TIS 质量风险管理服务作出了具体要求，主要集中在以下几点：

1. 明确检查样本的重要性

每位 TIS 工程师的现场检查需明确检查样本，在该范围内未隐蔽的工作需全数检查，切忌走马观花式抽查。

2. 项目团队人员的配置

TIS 机构的项目团队人员配备对整个项目的风控管理效果至关重要。通常情况下，人员的专业知识、资历、执业资格都是保险公司评标环节的首要关注点。其次，TIS 机构项目团队人员需相对固定，确保整个项目的风控应该是系统、连续的。另外，TIS 团队的工作饱和度也是重要的考量指标，团队人员需有合理的工作任务以确保其责任心和充沛的精力，且不得同时执行该项目的管理和监理的工作。

（三）IDI 理赔规划

国寿财险介入 IDI 保险的时间较晚，目前尚未有进入理赔的项目。参考国内外 IDI 保险市场经验，涉及房屋主体结构或局部结构的重大质量事故发生频次一般不高，但如屋面、外墙面开裂、破损、脱落、渗漏等小额赔偿质量问题发生频次较高。

小额赔偿问题带来的损失不高，但需要保险公司频繁出险，反复进行同类质量问题的重复性定损核损与维修工作，对于理赔服务体系是很大的考验。目前，解决方法主要有两种，其一是保险公司自建专业维修队伍，提供专业快速的理赔服务（北京模式）；其二是保险公司与有经验的物业建立合作，由物业公司代为处理常见的小额赔偿质量事故的报险与维修工作（上海模式）。

针对上述问题，国寿财险主要的理赔管理规划如下：

1. 完善组织保障，优化理赔流程

就 IDI 业务特设以理赔部总经理为负责人的"IDI 理赔服务团队"，代表保险公司提供全流程的理赔服务，在公司 IDI 项目组的直接指导下，全面协调和处理 IDI 项目的理赔服务和需求。对接国寿财云理赔服务，简化理赔流程，遵循优先处理原则，在发生重大赔案时，优先处理 IDI 客户发生的赔案，主动迅速地为客户提供优质的理赔服务。

2. 分级响应，提供专业维修方案

案件损失在 1 万元以下的，委托物业公司按照签订的代理合同的约定进行现场查勘并确定维修方案，再根据相关材料予以快赔执行。案件损失在 1 万元以上的，自行查勘或委托有资质的第三方维修公司进行现场查勘并确定维修方案。

3. 应急响应机制

针对严重影响索赔人日常生活的报案事故或其他需要急修、抢修的突发情况，启动应急处理机制，第一时间提供维修方案，并委托第三方房屋维修公司或物业公司先抢修后查勘，待事态相对稳定后再启动正常理赔程序。

4. 逐步完善和统一服务标准

对损失场景进行统计、分类，指定相对合理的和统一的修复方案和标准，后续在数据支持的情况下，对小额赔案实现机器自动识别和报价等系统。保证赔案处理的一致性和规范性，通过不断完善服务质量促进 IDI 业务健康发展。

附 7.5 国寿财上海 IDI 的实践案例

据近几年理赔数据统计，上海市住宅理赔维修中渗漏和空鼓开裂占了前两位。渗漏主要是外窗塞缝渗漏、外墙螺杆洞及 PC 拼缝处渗漏、屋面渗漏等；空鼓开裂主要是外墙空鼓脱落、内墙空鼓开裂。

国寿财险上海分公司于 2020 年 6 月参与了 IDI 的第一个主承项目，该项目为保障性住房，项目总建筑面积 289062 平方米，保额超过 10 亿元，该项目荣获 2019 年度上海市建设工程"白玉兰"奖。

国寿财险 2020 年 6 月 10 日承接该项目后，含初勘在内的风控人员同 TIS 机构一起进行了 6 次风险检查，完整覆盖了整个项目，对项目进行了全方位的评估。TIS 机构应我司要求出具《外墙施工专项分析报告》《防水及保温工程专项评估报告》《安装工程风险评估报告》《装修工程风险评估报告》。施工过程中共发现 82 个风险点，督促施工单位予以整改，在项目最终竣工验收时，总包单位均已按照相关规范要求整改，经 TIS 机构复查后，均符合项目验收要求，不存在明显缺陷。最终，项目于 2020 年 11 月 11 日竣工验收完成。

六、太平财险 IDI 实践

太平财产保险有限公司（以下简称太平财险）自 2019 年开始承保 IDI 业务，主要业务开展地区为上海、北京、广东和深圳，承保项目均为住宅类项目。截至 2021 年 9 月，累计承保保额 207 亿元，保费规模 2.4 亿元。

同时，太平财险在 IDI 模式的基础上，积极扩展"后 IDI"方案。2021 年，太平财险与福建省住建厅开展了既有建筑 IDI 保险产品研究，聚焦福建省 5000 栋存在安全隐患的 D 类建筑，保障责任需涵盖人身伤亡、房屋损毁定额补偿、临时安置费、应急加固费、房屋鉴定费五类风险保障，通过"保险＋服务"的方式，引入第三方 TIS 机构提供房屋安全监测与管理服务。该研究项目一旦成型可以在旧区改造项目中适用，有助于提升城市综合治理水平。

（一）IDI 业务管理机制

太平财险在总公司层面，IDI 产品归属团体财产险部管理，由该部责任险室、质检及风勘室、理赔部专人专岗负责 IDI 的承保、风控和理赔事项。在分公司层面，根据开展 IDI 项目的要求，成立了 IDI 业务管理部，负责集中管理分公司全辖 IDI 业务。业务管理部设有管理岗、项目经理岗和综合岗，人员均具备法律、建筑和金融等专业背景（4 人）。现阶段，IDI 业务管理部已配有 1 名项目经理，具备建筑设计院结构工程师从业经验。

同时，太平财险上海分公司已完成首批 IDI 客户经理培训和选聘工作，现有 IDI 客户经理人数为 17 人（为销售人员的 5%～6%），后续将根据 IDI 全过程管理办法要求对项目经理和客户经理落实相关培训和考核要求，持续提升从业人员的专业和管理技能。

（二）宣传及行业交流

2021 年 9 月，太平财险参加行业共同组织的、在电台节目《郭亮直通车》中的 IDI 保险有关话题，通过行业力量普及 IDI 保险知识。同时，太平财险作为参编单位参与了中国查勘行业协议主办的《建筑工程质量潜在缺陷保险技术风险管理服务规程》的编制工作。

附 7.6 太平上海 IDI 的实践案例

2021 年 4 月下旬，太平财险上海分公司通过 IDI 信息平台上报了关于松江区车墩镇一项目 PC 灌浆风险屡次整改不到位的情况，并将风险等级上升为严重技术风险。同期，同业保险公司在其他项目中也有类似严重技术风险上报信息平台。因装配式住宅结构和渗漏问题是该类住宅最主要的潜在风险，该问题引起了住建委的高度关注，要求保险行业对于承保项目进行专项检查，并对灌浆密实度问题增加了内窥镜和 X 射线检查等仪器检查手段。

附 7.7 我国"首单"IDI 保单之争

IDI 作为海外引入的险种，在我国落地之初经历了较长的调研、试点、实践和总结工作。国内头部保险机构均参与其中，为我国 IDI 模式的确定和落地提供了有力支持。如果从时间看，中国"首单"IDI 保单可能是改革开放早期法国建筑企业进入中国承揽工程时投保，但年代久远已不可考。本书根据保险公司提供的材料，从不同角度试图呈现我国"首单"IDI 保单，可作为 IDI 发展的重要历史节点进行参考。

1. 人保财险：研发了我国"首单"全国性 IDI 保险产品

我国最早在 2002 年，由原建设部提出希望在建设工程领域引入建筑工程质量保险制度。人保财险与原建设部住宅产业化促进中心成立课题组，赴法国、西班牙等国开展调研，并于 2004 年率先开发了国内首款全国性的 10 年期工程质量保险产品。随后，原建设部在 2005 年正式发布了《关于推进建设工程质量保险工作的意见》，明确提出需在工程建设领域引入工程质量保险制度。人保财险研究撰写了《工程质量与保险试点城市的调研报告》，制定了风险管控技术相关规范，得到了国务院和建设主管部门的充分肯定。

按照原建设部的统一部署，北京市于 2007 年推行工程质量保险试点工作，人保财险与首开集团、建工集团、住总集团、金隅集团等签订关于经济适用房、两限房开发工程的保险或协议。后由于开发商改变投保意愿、投保数量过少、缺少法律法规依据等因素，最终未生成保单，试点工作就此搁浅。

2. 平安财险：签署了我国"首单"IDI 保单

2003 年，上海地铁四号线发生严重事故，在随后的善后处理中，保险发挥了很大的经济补偿和风险转移作用，运用保险手段进行建设工程风险过程管理引起了上海市政府领导的重视，时任上海市副市长杨雄（分管建设）要求原上海市建交委牵头成立课题组研究这一课题。

上海市建交委随后于 2004 年成立了由上海市建设工程质量安全监督总站、同济大学、平安产险上海分公司、上海建科建设监理咨询有限公司组成的课题组，进行建设工程全过程风险管理课题的研究。课题组将建设工程风险分为工程质量风险、人员安全风险、物质损失风险三个方面，匹配建设工程质量保险、建筑工人工伤保险、建工一切险及第三者责任保险 3 个险种。其中在建设工程质量保险的设计和风险管理模式上，课题组充分研究和吸收了 2004 年 1 月 30 日至 2 月 10 日原建设部组织的考察组对法国、西班牙、意大利三国建筑工程质量保险情况的考察报告。在此基础上，结合中国工程质量管理现状，提出了上海建设工程全过程风险管理试点方案和保险方案。同年 10 月 28 日，平安财险和上海中房置业股份有限公司等单位就某办公楼项目签署保险合同（含建设工程质量保险、建筑工人工伤保险、建工一切险及第三者责任保险），并委托上海建科建设监理咨询有限公司进行第三方风险管理，开启了 IDI 保险的项目试点和研究实践。

（1）试点保险方案。

投保人为建设单位，被保险人为具有承保工程所有权的个人、法人、其他组织及其合法继承人和受让人。

保险责任为在保险合同期间内，被保险标的物主体结构及建筑性能因建设设计或施工原因出现质量缺陷，并造成被保险人的经济损失，本公司同意负责按照本保险条款的有关规定，赔偿修理、加固或重置建筑物的费用。

保险期间为从由政府质监机构签发保险标的物工程竣工验收备案表之日起逾一年起讫。保险标的不同部分的保险期间分别为：

①保险标的物主体结构工程及地基基础工程保险期间为十年。

②保险标的物屋面防水工程、有防水要求的卫生间、房间和外墙面的防渗漏保险期间为五年。

③保险标的物供热与供冷系统、电气系统、给排水管道、设备安装和装修工程的保险期间为两年。

（2）试点风险管理模式。

建设单位支付给保险公司的费用包括保险费和风险管理费两类，风险管理费由保险公司通过风险管理合同支付给第三方风险管理单位。保险公司委托第三方风险管理机构，建设单位不再委托监理公司。风险管理机构负责设计、施工、材料（检测）全过程风险管控，专业能力不足的可以委托其他具有相关能力的机构进行。在试点项目上施工部分风险管理由建科监理进行，设计风险管理由建科监理委托华设工程咨询公司进行，检测风险管理由建科监理委托建科院检测中心进行。

3. 太保财险：签署了我国"首单"IDI"上海模式"保单

（1）太保财险从早期即深度参与配合上海市探索 IDI 实施。

2006 年 5 月 12 日，上海保监局和市建交委联合印发《关于推进建设工程风险管理制度试点工作的指导意见》的通知（沪建交联〔2006〕307 号），按照"共同投保、共同保障、共同控制、相互制衡"的原则实施建设工程风险管理制度。2008—2011 年，根据文件要求，太保财险上海分公司承保"威宁路桥"项目，开展威宁路苏州河桥梁新建工程风险管理和潜在缺陷损失保险试点工作。《引入"工程质量潜在缺陷损失保险"积极创新工程风险管理》荣获由上海市政府颁发的首届上海金融创新成果奖一等奖。

（2）2012 年太保财险落地 IDI"上海模式"首张保单。

受莲花河畔倒楼和上海胶州路公寓火灾两大事件影响，2011 年 4 月，上海市政府法制办就《上海市建设工程质量和安全管理条例》立法引入保险市场机制前往太保产险上海分公司进行调研。同年 12 月 22 日，上海市人大颁布《上海市建设工程质量和安全管理条例》，率先从地方立法层面进行突破，建立了工程质量潜在缺陷保险与物业保修金"双轨并行"的建设工程质量风险管理制度。

2012 年 4 月 17 日，市政府法制办召集各政府有关部门召开专题会议，就项目实施过程中遇到的问题进行沟通研讨，并对住宅建筑工程质量保证保险条款及《条例》实施意见进行修订。同年 6 月 7 日，借鉴国际先进经验，同时也为缩短条款报备时间，尽快开展住宅建筑工程质量保证保险的投保工作，原"住宅建筑工程质量保证保险"正式更名为"建筑工程质量潜在缺陷保险"（简称 IDI）。

2012 年 8 月 29 日，上海市建交委、上海保监局、上海市房管局、上海市金融办联合制定《关于推行上海市住宅工程质量潜在缺陷保险的试行意见》（沪建交联〔2012〕1062 号），首次对工程质量潜在缺陷保险的操作模式予以明确。主要内容包括基本承保范围和保险期限、保费基数和费率、承保模式、风险管理、房管审核、核定赔偿、代位追偿等，规定了建设单位已投保的工程质量潜在缺陷保险符合国家和本市规定的保修范围和保修期限，并经房屋行政管理部门审核同意的，可以免予交纳住宅物业保修金。

2012 年 10 月 9 日，上海市房管局在沪房管物〔2012〕349 号文中批复，太保产险上报《建筑工程质量潜在缺陷保险》符合《上海市住宅物业保修金管理暂行办法》及《关于推行上海市住宅工程质量潜在缺陷保险的试行意见》之要求，同意条款报备工作。同年 11 月，上海市《建筑工程质量潜在缺陷保险》项目共保体正式成立，太保产险上分担任项目首席承保人，四家共保公司各自份额分别为太保 47%，人保 23%，平安 22%，安信 8%。随后，上海在全国率先推出工程质量潜在缺陷保险试点。中国太平洋财产保险股份有限公司上海分公司在香港新世界花园二期工程项目上在全国率先签订了中国第一张住宅工程质量 IDI（潜在缺陷保险）保单，上海建筑质量风险控制商业化保险运作模式开始启动实施。2013 年 12 月，《建筑工程质量潜在缺陷保险》荣获上海市人民政府颁发的上海金融创新成果奖一等奖。

第二节　再保公司积极参与 IDI 市场发展

一、中国财产再保险有限责任公司实践

中国财产再保险有限责任公司（以下简称中再产险）从 2011 年开始，在 IDI 领域开展深入研究，成立专门的 IDI 条线，引进教授级高工、工程领域博

士、硕士等专业力量，条线成员均具有工程领域工作背景。

2015 年，为了研究并出台上海市住宅工程质量潜在缺陷保险（以下简称 IDI）正式实施方案，在上海市住建委的领导下，上海保监局牵头正式成立了 IDI 保险工作组，上海保监局任工作组组长，太保产险、中再分别担任副组长，组员涉及保险和建筑行业主管部门（保监局、住建委、金融办）、保险主体、再保险主体和质量风险管理机构。工作组通过全体会议、小组专题讨论等形式，研讨了 IDI 保险产品的属性、共保模式和共保体管理、承保和理赔服务流程、再保安排、财务处理、条款和定价；以及与之相配套的质量风险管理机构的产生、工作模式、工作内容和服务标准；探讨了该产品信息平台、未来行业协会和数据库的设想。中再产险作为工作组副组长成员单位，在工作组各项工作中，积极主动分担了条款费率、质量风险管理机构管理办法、再保模式、工作计划等核心项目的主要工作，受到了保监局和保险行业的一致好评。

IDI 促进了建筑业改革和整个建筑行业的质量管理水平的提高，保障了小业主的利益，社会效益显著，是保险行业服务国家治理体系和治理能力现代化的重要体现。中再产险作为我国唯一国有控股的再保险集团旗下从事财产再保险的专业子公司，长期根植中国本土市场，一直非常重视建筑工程质量保险的推动，积极参与了住建部、保监会和各大保险公司关于该险种的研究探讨，充分体现了中再产险作为国家再保险公司的责任和担当。

在 IDI 推广热点地区，中再产险与直保公司统一认识，整合资源，协同发力，为服务国家高质量发展的总目标提供充足的技术支持和承保能力支持。中再产险先后赴上海、北京、南京、镇江、常州、长沙、潍坊、淄博、南宁、合肥、马鞍山、宁波、杭州、郑州、阳泉、广州、深圳、成都、武汉、南昌等地考察调研，与多地住建部门和银保监局、保险公司建立工作和沟通机制，从保险方案、承保模式、TIS 费用计提、保费计提、准备金提取、承保范围等，引导各地 IDI 业务的健康发展。在海外商务部对外援助成套项目中，中再产险也体现了社会责任和央企担当，作为独家再保，支持中国企业"走出去"，服务"一带一路"倡议。

中再产险牢固保持国内 IDI 再保主渠道地位，为再保市场提供了 50% 以上的承保能力支持，是多家头部直保公司的首席再保人。为促进行业健康发展，中再产险连续举办五届 IDI 专项研讨会。

2018 年 8 月，中再产险举办第二届"建筑工程质量潜在缺陷保险（IDI）研讨会"。来自人保、太保、平安等四十余家保险公司的 100 余名代表以及清华大学、中国建筑科学研究院、上海建科咨询、盛安保险技术公司、中再集团战略客户部的专家参与了此次研讨会。

2019 年 9 月，中再产险举办第三届"建筑工程质量潜在缺陷保险（IDI）研讨会"。来自人保、太保、平安等 50 多家保险公司的 100 多名代表，以及中国建筑防水学术委员会、中国建筑科学研究院、上海熙鹏建筑技术咨询、中再集团战略客户部的专家参与了此次研讨会。本次论坛为行业搭建了 IDI 技术交流、经验分享、相互促进的平台，体现了中再产险领先的技术实力，扩大了中再产险的市场影响力，并取得了圆满成功。

2020 年 8 月，中再产险举办第四届"建筑工程质量潜在缺陷保险（IDI）研讨会"上，邀请五十多家保险公司的 100 多名代表以及中国建筑防水学术委员会、中国建筑科学研究院、上海熙鹏建筑技术咨询、中再集团战略客户部、信息技术中心的专家参与研讨，为行业搭建了技术交流、经验分享、相互促进的平台，获得业内外高度好评。

2021 年 8 月，中再产险举办第五届"建筑工程质量潜在缺陷保险（IDI）研讨会"，来自人保、平安、太保等超过 230 人次通过线上直播方式参与会议。会上，中再产险分享了 IDI 理赔经验与 TIS 管理、绿色建筑性能保险的实践，并邀请上海申轩工程咨询有限公司副总经理就住宅工程 IDI 保险的保险金额进行了详细解析。

中再产险作为国家再保险公司，深度根植中国本土市场，始终贯彻落实保险业新国十条中提出的"发挥保险风险管理功能，运用保险机制创新公共服务提供方式"的理念，致力于为客户提供专业化的再保险服务，和保险方案、风险评估、精算技术和数据模型的创新。

中再产险充分发挥专业技术优势，密切配合各个主要直保渠道或独立开展 IDI 相关课题研究。先后参与建筑全生命周期保险研究、绿色建筑性能保险课题研究、旧房改造修缮工程质量保险研究、简易低风险类 IDI 研究等多个课题，取得多项实质性研究成果。通过不断的技术投入和产品创新，为构建新发展格局、贯彻新发展理念、践行高质量发展目标服务。

质量风险管理机构在 IDI 业务发展中起到举足轻重的作用，关乎未来 IDI

长期健康发展的根基。中再产险利用技术优势，充分参与 TIS 相关的技术标准与管理规范的研究与制定，为 TIS 行业发展建言献策。在行业中，中再产险率先提出 TIS 行业"五统一"的目标愿景，即统一 TIS 招标规则、统一 TIS 委托合同、统一 TIS 报告格式、统一风险评定标准及统一 TIS 工作考核评价办法。通过实现 TIS 行业的"五统一"，促进 TIS 行业的高质量发展。目前，部分政策建议已在相关地区的政策性文件中有所体现。

附 7.8　中再产险的 IDI 相关研究

2015 年上海成立了 IDI 课题组，中再产险担任副组长，在前期引导和后期落地发挥了重要作用。中再产险深入研究 IDI 在国内的落地模式，联合国内外多家主体开展相关课题如下：

（1）住建部——《工程质量保险中的技术风险控制机制研究》；

（2）中国保险行业协会——《建筑工程质量潜在缺陷保险质量风险控制机构工作规范》编制；

（3）上海市建设工程安全质量监督总站——上海市地方标准《住宅工程质量潜在缺陷风险管理标准》；

（4）中国勘察设计协会——《IDI 保险技术风险管理服务规程》团体标准；

（5）上海工程建设质量管理协会——《IDI 保险维修理赔质量管控标准》；

（6）中国工程建设标准化协会——《工程质量保险风险管理标准》。

中再产险长期致力于 IDI 相关专业技术研究工作，近年发表的 IDI 相关文章、论文如下：

（1）关于建筑工程质量潜在缺陷保险（IDI）保险期限的探讨，2019，中再产险季刊；

（2）装配式住宅建筑质量风险浅析，2020，中再产险公众号；

（3）工程质量潜在缺陷保险核心概念与原则探究，2020，《保险理论与实践》；

（4）国外 IDI 发展现状及经验借鉴，2021，《上海保险》。

二、法国再保险公司 IDI 实践与思考

（一）IDI 业务实践

法国 IDI 市场中，直保份额领先的是安盛和建筑互助保险公司，法国再保险公司（以下简称法再）占据最大的再保市场份额。法国 IDI 模式与中国模式的差异主要体现在法国的 TIS 机构由开发商聘请，但 TIS 需要从保险公司认可的名单中选用。同时，法国 IDI 和施工方的职业责任险均为强制。法国 IDI 市场经营 40 余年，其中大致长期多年亏损，仅有少数几年盈利，盈利年分布在不同时间段。其中，IDI 的综合成本率是 90%，配套的参建方的职业责任险是 120%，可见 IDI 的部分赔付成本通过追偿机制转移到了职业责任险。在信息平台方面，法国共有 2 个管理平台，一个是建筑质量署的建筑质量信息平台，另一个是法国保险协会的 IDI 保险数据平台。

由于 IDI 是专业化程度非常高的险种，需由专业背景的承保人员进行长期、稳健的经营。法再组建了十余人专职团队，且在中国、西班牙、巴西等都设有当地团队。法再是许多国家建筑主管部门的顾问，在全球各国推广 IDI，研究风险管理技术，致力于提升建筑质量，并在经营上基本保持盈利。

法再于 2009 年开始在中国市场参与 IDI，在业务经营上整体考核，除需保持阶段性的盈利，还要对承保过程进行审计，并关注承保记录证明等事项。

（二）IDI 经营思考

从现阶段的实践来看，中国 IDI 的保险责任相比国外更宽泛，且费率较国外水平偏低，市场还有较普遍的不足额投保、拆分投保等情况。法国在推行 IDI 的早期也有相同的问题存在，不少中小保险公司低价不规范承接业务，多年后随着赔付快速增加，发生了公司经营不善甚至倒闭的情况。因此，国内市场主体需充分考虑和研究国际市场的经验。

中国的 IDI 市场需考虑国情，尽可能统一保险方案及费率、避免价格过度竞争后使保险行业最终受损，也无法为小业主提供真正充足的保障。推行模式上建议以强制保险形式，用"广覆盖、低保障、可持续"的原则，先建立起推广的基础，后结合住建部门和银保监会的共同力量，推进相关制度落地。

三、慕尼黑再保险公司 IDI 实践与思考

（一）IDI 业务实践

慕尼黑再保险公司（以下简称慕再）在全球工程险业务量排名第一，IDI 排名前五。IDI 再保在全球市场以临分为主，强制性市场保费占比约73%。

慕再从 20 世纪 70 年代就参与了法国 IDI 业务，IDI 业务量占自身工程险的 4% 左右。慕再的北京分公司于 2016 年开展中国市场的 IDI 业务，早期以小额参与为主，业务自 2017 年以来取得了较快增长。在亚洲，中国已是 IDI 再保保费最大的地区，中国 IDI 业务成为亚洲先锋，并与亚太区国家分享经验。

慕再对 IDI 业务有严格的定价流程，首先需根据建筑类别确定基准费率，然后需根据结构类型、工艺、地质条件、外墙型式、工程造价、保险方案等多个主要参数确定承保项目的风险等级系数，最终确定费率条件。目前，慕再搭建了能覆盖全球范围的 IDI 实践团队，并建立了基于 6 个分组的核保手册，包括 PML 分析、盈利性分析、全球承保范围总览、定价工具开发、自动承保平台开发及风险控制 TIS 网络，各团队定期交流各地市场经验。

（二）IDI 经营思考

由于海外 IDI 市场赔付经验不佳，对中国 IDI 市场仍需保持谨慎，国内 IDI 的费率充足度有待进一步验证。

在 IDI 后续推动方面，建议根据上海、北京的模式，在全国范围内大规模（政策强制性或鼓励性）推广，在完整的承保周期走完前，不建议对承保方案及费率进行向下调整，需从系统性损失风险角度研究最大可能损失。在风险管理方面，需对第三方 TIS 机构的准入资格及服务质量进行管控，筛除不合格的第三方机构。在理赔追偿方面，要进行赔案数据的分析与管理，完善赔案处理机制和管控流程。同时，提高和完善追偿能力和机制，针对可能的追偿不足问题研究解决方案。最后，尽可能开放和共享信息管理平台数据，打通项目承保、风控和理赔的信息通道。

四、瑞士再保险公司 IDI 实践

近些年，瑞士再保险公司（简称瑞再）一直在中国积极拓展以 IDI 为代表的建筑工程领域相关保险市场。瑞再提出自身在服务中国工程保险领域的三大

核心能力：第一，丰富经验。瑞士再保险工程险大中华团队一直致力于风险管理的推广实施，近年来已带领专家团队奔走于中国不同工程的施工现场，从地铁、公路、隧道、电厂、化工、太阳能电池板、煤气化到煤气化和联合循环一体化工程（IGCC）等。瑞士再保险和行业专家一道帮助工程施工方识别风险并制定整改措施，实践证明了风险管理的有效性。第二，全球布局。作为全球布局的保险机构，瑞士再保险拥有专业的核保人队伍以及庞大的外部风险管理专家团队，有将近 70 多位不同工程行业的资深核保人分布在"一带一路"所在不同国家。第三，有保险特色的中国风险管理模式。瑞再中国团队一直致力于建立具有保险特色的中国风险管理模式，充分利用现场有限的查勘时间聚焦局部风险反推系统性风险，利用"抓大放小"原则识别造成 80% 损失的 20%的风险源，并针对识别出的风险提出有针对性的整改措施。

第八章　国际 IDI 市场发展

第一节　国际 IDI 市场发展情况

一、全球 IDI 发展历史和现状

（一）建筑质量潜在缺陷保险起源于法国

1. 法国 IDI 的产生与发展的四个重要节点

一是 1804 年《拿破仑法典》。该法典规定了参与建筑工程的各方对住宅质量缺陷所负有的责任和责任期限。二是 1940 年建筑物强制法令。这一关于建筑物的法令首次规定，承建商必须强制投保工程质量缺陷保险。三是 1978 年《斯比那塔法》。该法要求强制投保 IDI，为工程质量潜在缺陷保险奠定了法律基础，规定了工程参建各方的质量责任、强制保险制度和强制第三方质量检查制度，并创新提出十年责任险。四是 2005 年《补充条例》。该条例提出，自 2005 年 6 月 8 日起，所有建筑分包商的责任期限必须与总包一致，均为十年责任。[①]

2. 1978 年《斯比那塔法》颁布前的情况

在这一时期，《拿破仑法典》为工程质量保证相关的法律依据。根据其第1792 条规定，"工程项目的所有参建方（builders）应对项目所有权人担负责任。责任包括但不限于由于地面缺陷造成的影响工程稳固性，或者影响工程的一个组成部分或者设备，使其无法实现正常用途"。《民法典》第 1792 – 6 条规定了"完美竣工保证"（the guarantee of perfect completion）的定义，即承包商应从工程验收通过之日起一年内，提供完美竣工保证，即对客户报告的故障

---

① 杜静，戚菲菲. 工程质量潜在缺陷保险的国外经验与国内探索［J］. 工程管理学报，2020：7.

维修需求、验收报告中提到的保留事项，以及通过验收以后出现的问题都需承担责任。这导致了多重问题，一是责任界定不明，缺乏保护消费者的实际效用；二是事后索赔机制复杂；三是一旦出现事故缺陷，责任的认定烦琐冗长。

3. 1978 年《斯比那塔法》颁布

该法对《拿破仑法典》进行了全面修订，明确表示需对建筑工程质量 10 年内所存在的各种问题与缺陷给予强制性保险。

（二）IDI 在全球的发展演变

20 世纪 20 年代，"一战"结束后的法国进入大规模建设时期，建筑业在迅速发展的同时也面临质量方面的诸多问题。为对相应的风险进行保障，法国于 1928 年试行房屋缺陷责任保险制度，要求建筑师和承包商为其责任投保，这成为住宅质量保险制度的原型。但彼时保险公司的社会认可度仍有限，责任认定的法律过程较为复杂，使该制度的实用性有所降低。①

1936 年，英国住宅建造委员会提出了覆盖房屋范围较广的保险解决方案，要求对新建住宅进行检测，并由建造商保证房屋交付后 10 年内的质量。这项计划为法国后来建立住宅质量保险制度打下了基础。

1954 年，美国政府推出新要求，提出建造商须为业主提供对于住宅的担保。但由于该规定惩戒力度不足，且缺乏配套保险机制的支持，在责任认定上陷于困境。有鉴于此，政府也采取了一些补救措施，然而助力有限。后续，美国又出台政策予以完善。1954 年美国政府提出新的计划进行了调整。1975 年，美国承包商联合会（NAHB）组建业主担保公司（HOW），明确为新建住宅的缺陷提供十年担保。

1978 年，法国以法律形式作出规定，房屋建造销售相关方均须由保险提供对应的保障，包括强制责任保险和强制缺陷保险。

1999 年到 2000 年，加拿大、西班牙、德国、意大利等国提出建筑质量缺陷相关的保险规定，结合自身国情，从制度设计上完善了相关的风险保障。

（三）当前 IDI 在主要国家和地区的发展情况

随着保险业的服务水平的提升、产品的完善以及政府监管主观能动性的增

---

① 张爽. 我国开展住宅质量保险的形式选择与建议［D］. 北京：清华大学硕士学位论文，：15.

强，住宅相关的质量保险的整体面貌也在逐渐发生改变。

1. 世界上多个国家和地区开展 IDI 业务

目前，开展 IDI 业务的主要国家和地区，欧洲有法国、西班牙、意大利、瑞典、丹麦、芬兰、英国等，亚洲有日本、阿拉伯联合酋长国（阿布扎比）、卡塔尔、中国等，美洲有新泽西（美国）、英属哥伦比亚（加拿大）、墨西哥、巴西等，非洲有喀麦隆、中非共和国、刚果共和国、突尼斯、阿尔及利亚、加蓬、毛里求斯等，澳洲有维多利亚（澳大利亚）等。

2. 在欧洲，IDI 发展较好

一些国家制定的相关法律具有明显的强制性，建筑工程质量缺陷保险态势较为乐观，如法国、瑞典、丹麦、意大利、西班牙、芬兰、英国等国。但在具体操作层面上，各国的承保范围有所不同，法国、瑞典、丹麦为全保；意大利、西班牙、芬兰保障因主体结构缺陷而导致的建筑项目损害；英国，前两年全保，接下来的八年保障因主体结构缺陷而导致的建筑项目损害。①

3. 在亚洲，IDI 逐渐兴起

建筑工程质量保险的发展正在开始。日本从 2009 年 10 月开始强制实行建筑工程质量缺陷保险，保障限于因主体结构及防水的缺陷而导致的建筑项目损害；卡塔尔、阿拉伯联合酋长国（阿布扎比）的公共类工程普遍由建筑工程质量缺陷保险所覆盖，而当地政府正研判推动住房项目由保险覆盖的可能性。

4. 在拉丁美洲，少数国家开始考虑试行 IDI

人们对建筑工程质量缺陷保险越来越感兴趣。墨西哥一家为社会住房融资的国有银行对其所涉及的所有项目提供建筑工程质量缺陷保险，巴西联邦建筑商协会也考虑为其成员提供一份建筑工程质量缺陷保险的保障。

5. 在非洲，真正意义上的 IDI 项目较少

从实践看，非洲的建筑工程质量缺陷保险处在一个较早期的发展阶段。阿尔及利亚、突尼斯强制实行建筑工程质量缺陷保险近 20 年，但是这项强制措施并未完全得到遵守。

总之，世界上开展建筑工程质量保险工作较好的国家仍以经济较为发达的国家和地区为主。

---

① 汪小亚．深化保险服务实体经济　加快推动我国 IDI 市场发展 [J]．保险理论与实践，2021 (4)：56.

二、国际上保险参与工程质量管理体系现状

（一）以住宅质量保险作为工程质量管理的重要支柱

工程质量管理贯穿工程全寿命周期的管理过程，相应地，作为工程质量管理重要支柱的住宅质量管理，也需要引入保险作为管理工具。从现实情况看，多个国家和地区普遍以建立住宅质量保险制度作为工程质量管理的重要支柱，力图充分发挥保险的实际作用。

（二）各国 IDI 保险制度的重点关注维度

各国在 IDI 保险方面的实践，为关注 IDI 的优化发展提供了维度参考。通过总结提炼，相关的管理工作主要聚焦于以下四个层面：

1. 保险配合的法律强制性

各国通过研判自身实际发展情况决定是否要求 IDI 强制上保险。如前所述，法国、西班牙等国对此采取了强制制度，而英国、日本等国则采纳了非强制性保险的解决方案。这与当地建筑业市场和保险市场发展的水平密切相关。

2. 各方角色的博弈与制衡

从国际实践看，在 IDI 领域，法律规定、保险服务水平、建筑业实际能力等，构成博弈与制衡的关系，政府和工程方、保险承保方在结合各个领域的实际需求的前提下，通过多方判断达成一致的发展共识，成为 IDI 在当地发展的大方向和基础。

3. 保险方式的确定

法国、西班牙、日本等国在费率厘定方面均有所区别，前提是结合了自身 IDI 市场的实际发展需求，而这一重要因素也是在分析国际经验时不可忽视的重点之一。任何的区域性 IDI 市场发展，都有赖于基于长期对工程质量、住宅质量的数据、样本分析所得出的结论。在此结论的基础上设计合适的相应的保险制度，才可能得到行之有效的方案。

三、国际再保险公司 IDI 业务领先实践

（一）法国再保险集团

1. 法国再保险集团 IDI 的三大特点

法国再保险集团（以下简称法再）的 IDI 业务，主打三个鲜明特征：基

础、定制、灵活。除了基础性的 IDI 产品外，法再还针对客户的独特需求提供定制化的 IDI 产品，如针对部分潜在缺陷事件或部分潜在缺陷损失部位，同时条款也比较灵活，如代位追偿的免除等。在法国市场，IDI 再保份额最大的是法再，直保份额领先的是安盛和建筑互助保险公司。全球范围内，法再有十余人专做 IDI 核保，在中国、西班牙、巴西都有 IDI 团队。法再对 IDI 业务进行的整体性考核特别注重避免产生亏损，这不仅体现在年终考核上，还体现在对承保过程进行审计上。

2. 法再 IDI 具备四大优势

法再在全球 IDI 领域处于绝对的领先地位。总体而言，法再具备四大优势：第一，长期深耕 IDI 领域。法再在 IDI 领域已经深耕了 40 年，积累了大量的 IDI 业务经验和数据。第二，全球化经验。法再在 56 个国家开展 IDI 业务，覆盖了全世界绝大多数市场的 IDI 业务。第三，专业化 IDI 承保队伍。法再拥有一支 100% 专注于 IDI 领域，经验丰富的承保队伍，在巴黎、马德里、北京等均拥有常驻的专业承保人员。[①] 第四，高举高打的行业推广策略。法再标称自己为各国 IDI 推行的政府顾问。同时，在过去的 40 年间，通过法再学院（SCOR Campus）在全球不断举办 IDI 领域的研讨会，以持续提升行业、政府等对 IDI 的认知。目前，法再在中国也正积极全程协助中国政府推动开展 IDI，并积极组织 IDI 主题研讨会。

（二）瑞士再保险集团

瑞士再保险集团（以下简称瑞再）在 IDI 上有其特点：其一，提供全面承保服务工具。为其建筑工程险的重要直保客户提供全面的建筑工程险承保服务工具 PUMA，涵盖广泛的建筑工程类服务。其二，提供全周期方案。瑞再大力推广的 "One Construction" 服务，为建筑工程相关方提供建筑工程项目全周期的、整合性的风险保障方案，涵盖项目设计、施工及完工后各阶段。其三，提供风险管理服务。瑞士再保险还将其在建筑工程方面沉积的风险管理能力对外输出，推出 Risk Engineering Services（RES），为建筑工程行业各方提供更加广泛的风险管理服务。

---

① 汪小亚．深化保险服务实体经济　加快推动我国 IDI 市场发展［J］．保险理论与实践，2021（4）：55.

（三）慕尼黑再保险集团

1. 慕尼黑再保险集团（以下简称慕再）能提供与 IDI 配套的工程项目风险评估

慕再为建筑工程类项目投资者、银行、开发商提供 Project Risk Rating（PRR）服务，为投资决策提供指引。

2. 慕再能提供与 IDI 有关全面的产品和服务

慕再于 20 世纪 70 年代中期开始，基于充足核保信息下严格的定价流程，主要为法国、西班牙、英国、意大利等市场提供 IDI 相关服务，并逐步扩展业务版图。慕再 IDI 保费规模在其所有工程类保险保费中占比约为 4%。慕再搭建了全球 IDI 实践团队，基于六个分组构建核保手册（PML 分析、盈利性分析、全球各地承保范围总览、定价工具开发、自动承保平台开发、风险控制 TIS 网络搭建），并定期交流各自市场经验。此外，慕再还收购了具有几百年工程保险业务历史的美国工程保险巨头哈特福德蒸汽锅炉检验和保险集团（HSB），为建筑工程相关方提供更加全面的服务和产品，包括独立的风险查勘和损失控制服务。在理赔端，慕再曾参与对巴黎戴高乐机场 2E 航站楼因设计失误导致 1.12 亿欧元的损失进行 IDI 赔付，和参与对巴黎蓬皮杜文化中心因腐蚀造成 250 万欧元的损失进行 IDI 赔付。

3. 慕再和专业 TIS 巨头开展深度合作

同时，慕再积极通过与专业 TIS 巨头的合作，提升自身在 IDI 领域的话语权。例如慕再与 TÜV 南德建立长期战略合作伙伴关系，为全球众多 IDI 项目提供 TIS 服务，并协同积极开发中国市场。

4. 慕再北京分公司 IDI 业务主要情况

慕再北京分公司自 2016 年起开展 IDI 业务，是国内较早开展 IDI 业务的再保人之一。慕再早期中国团队与海外 IDI 专家团队积极沟通，取得了慕再总部的支持。慕再北京分公司早期业务策略以小份额参与为主，对大比例承接持谨慎态度。随着中国 IDI 市场保费规模不断增长，慕再保费自 2017 年以来取得了较快增长。目前，上海、北京业务模式已经为慕再内部所熟悉并认可。

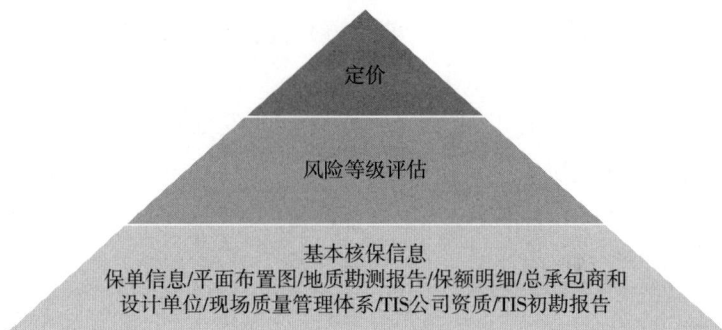

图 8.1 慕再 IDI 定价流程

第二节　各国 IDI 市场发展情况

一、法国 IDI 市场发展情况

法国的工程质量相关的保险主要包括内在缺陷保险（IDI）和责任险两类。对工程建设参与各方的法律责任、强制保险制度和强制房屋建设质量控制监督进行了规定，相应分为三部分，即责任、强制保险和技术监督，三者共同构成了法国质量保险制度的基础。①法国 IDI 的构成如图 8.2 所示。

法国的 IDI 采用固定费率模式，且未设置免赔额，一方面最大限度地保障了业主的利益，另一方面也带来了较多的保险纠纷。②出现工程质量问题缺陷时，强制缺陷损害保险首先被触发，先由业主与保险公司之间单向进行索赔与赔偿程序，之后保险公司再向各参建方实行代位追偿；在代位追偿过程中，强制责任保险被触发，根据责任险中的规定，各参建方将履行赔偿责任。

---

① 张爽. 我国开展住宅质量保险的形式选择与建议［D］. 北京：清华大学硕士学位论文，19.
② 申琪玉，苏昳，王如钰，等. 国内外工程质量潜在缺陷保险的对比研究［J］. 建筑经济，2019：14.

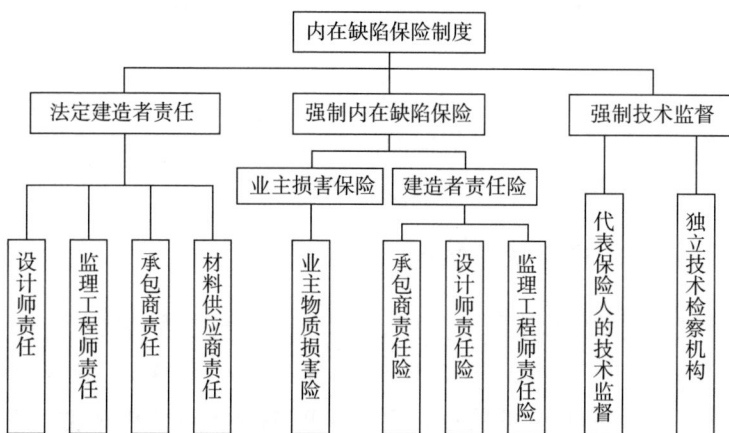

图 8.2　法国 IDI 构成①

二、英国 IDI 市场发展情况

英国开展的住宅质量保险制度没有强制的法律规定所有住宅必须投保，而是一种较为纯粹的商业行为。实践中开展较多的是 NHBC 推行的 Buildmark 住宅保险以及 BLP 推行的住宅质量保险。

无论是 NHBC 推出的保险，还是 BLP 推出的保险，在英国的住宅领域，IDI 的应用均不广泛。开发商普遍认为投保费用较高，索赔较少，对投保缺乏热情。NHBC 和 BLP 尝试开展推广宣传的努力，比如 NHBC 将保险融入了给予业主的新家手册中，这样业主在选购房屋的时候就会潜移默化地接受保险的重要性，从而便于市场推广；BLP 则通过与国际工程保险人协会（IMIA）的沟通，来寻求在本国开展保险的方式②。

三、西班牙 IDI 市场发展情况

西班牙所开展的住宅质量保险主要参考了法国的经验，但也作出了一些设计上的变化：结构构件保险期限为 10 年，设施设备保险期限为 3 年。将结构

---

① 图示引用来源：郭振华. 法国 IDI 保险制度的内在机理分析及其借鉴［J］. 上海保险，2006（4）：61.

② 张爽. 我国开展住宅质量保险的形式选择与建议［D］. 北京：清华大学硕士学位论文，20.

部分的缺陷保险和设施设备的缺陷保险分开考虑，结构部分的缺陷保险强制要求。开发商必须投保住宅质量保险，而设施设备的缺陷保险则为鼓励投保而非强制投保。对于保费的规定采取了浮动费率的机制，根据开发商之前在行业中的表现，收取 0.5% ~ 1% 不等的保费。对于责任保险部分并没有做出强制的法律规定，而是鼓励投保，并给予投保企业各种优惠①。

四、日本 IDI 市场发展情况

日本开展住宅质量保险的机构有 6 家，开展最早且规模最大的为"财团法人住宅保证机构"（Organization for Housing Warranty，OHW），建立于 1982 年，在日本首次提供保期 10 年的质量保险。OHW 的整个运作机制包括注册制度、质量管理制度、保证保险等模块等，OHW 的注册单位还要在自住宅交付使用之日起第 22 个月到第 24 个月间进行检查。日本实行住宅性能保证制度，政府并未直接参与投保过程中，而是由日本财团法人住宅保证机构等对合格的承包商以及新建住宅进行注册登记管理。日本法律规定开发商和承包商对新建住宅负有 10 年法律责任，但未强制规定投保 IDI，而自主投保率高达 98%。②

五、澳大利亚 IDI 市场发展情况

澳大利亚在住宅质量保险方面实行住宅保证保险制度，参与该保证保险的住宅项目建成一定年限（通常为 6 年）以内（非结构部分 2 年以内）出现缺陷时，建造商或承包商负责修复或赔偿房屋未完工或质量问题造成的损失，使房屋所有者免受此方面的损失③。如果建造商或承包商在发生损失时仍存在，并且有能力修复或赔偿发生的损失，则保险公司不赔偿。建造商或承包商已经丧失了修复或赔偿能力的情况下，保险公司才会介入并理赔。④

澳大利亚住宅保证保险借鉴其他国家经验，不论是否主体结构发生问题，保险公司都可以给予理赔。但是与传统意义上的 IDI 相比，其赔偿附加了前提条件，即只有无法找到建造商或承包商，或者建造商或承包商无力承担赔偿责

---

① 张爽. 我国开展住宅质量保险的形式选择与建议［D］. 北京：清华大学硕士学位论文，19.
② 申琪玉，苏昳，王如钰，等. 国内外工程质量潜在缺陷保险的对比研究［D］. 建筑经济，2019（10）：14.
③ 童悦仲，刘美霞. 澳大利亚住宅保证保险［J］. 住宅产业，2005（5）：83.
④ 童悦仲，刘美霞. 澳大利亚住宅保证保险［J］. 住宅产业，2005（5）：83.

任时，保险公司才会发挥作用。保险公司在制定费率时主要考虑建造商或承包商的信用情况、工程施工能力和以往出现情况等因素，大体上保费费率在保额的 0.5%~1%，保额一般等于工程造价①。在发生赔偿时，保险公司负责将缺陷部分修复到房屋竣工时的完好状况，无法恢复的则赔偿房屋所有者的损失。

第三节　国际 IDI 发展的问题和难点

IDI 保险在一些国家和地区已成为相对成熟的险种。世界上大多数推行工程潜在缺陷保险的国家都借鉴了已有的实践经验。IDI 在整体上发挥了积极的作用，但其发展也存在一些问题和难点，值得研究者给予关注。

一是 IDI 在各国发展程度的不同，使得市场成熟度呈现较大分化。IDI 运作机制因时因地而有所区别，成熟的经验未必能完全适用于其他后发地区，如英国、日本、新加坡等许多国家先引入运作机制，后立法推广。而有的国家和地区从一开始实行的就是强制保险，如意大利、芬兰、印度尼西亚、西班牙、瑞典、突尼斯及加拿大部分省份。② 在分析研究国际市场时，应以此为前提展开。不可忽视的是，因为这种差异的存在，IDI 在一些后引进的国家和地区仍有较大的发展空间，需要持续在制度设计和实践方面进行完善和提升。

二是各国 IDI 的实际风险保障效能没有达到预期效果。各个国家和地区对于建筑工程的质量潜在缺陷及相应风险保障的理解受制于各方的历史、法律、社会环境等诸多因素影响，所以实际的风险保障效能未能全部达到理想状态。另外，质量缺陷可能出现在项目的各个阶段，如设计缺陷、施工缺陷、材料缺陷等，因此，对潜在缺陷的判断需要有丰富的专业技术能力，而在实践中，专业技术人员的配备水平也是制约 IDI 发展的重要因素。能否观察到工程质量的风险状况，对于工程质量控制有较大影响。③ 在一些地区，保险公司作为金融机构，没有专业的人才储备和技术能力支撑，则很难有能力准确判断建筑工程

① 童悦仲，刘美霞. 澳大利亚住宅保证保险 [J]. 住宅产业，2005 (5)：84.
② 郭伟，潘振乾，于巍东. 中国建筑工程质量保险发展思考 [J]. 工程质量，2020 (12)：7.
③ 成文清，郑薇，李彤彤，等. 建筑工程质量潜在缺陷保险的挑战与建议 [J]. 上海保险，2019：54.

的潜在缺陷，因此仍然过分依赖 TIS 的检查结果，自身对风险的判断能力以及对 TIS 机构的管理能力不足。①

三是对后发市场而言，IDI 费率难以科学厘定。主要出于某些地区对质量问题、质量事故的统计数据不足的原因，保险费率的制定缺乏大数据依据。IDI 的设计是否符合该国国情尚待验证。而费率的合理性直接关系到保险公司的盈亏状况和持续承保效果。从国际经验来看，寻找合理费率是一个较为复杂和漫长的过程，这是后发市场的 IDI 难以迅速发展成熟的重要原因之一。

第四节　国际 IDI 实践的借鉴意义

综观各个国家和地区在住宅质量风险保障领域的业务实践，对我国 IDI 实践具有多方面的借鉴意义。

一、可考虑强制推行工程质量保险

建设工程质量关系到国家利益、社会公共利益、社会公众安全以及使用者的合法权益，为了确保建设工程质量保修得以真正落实，可以考虑通过法律强制推行制度。明确开发商必须提供以房屋权利人为被保险人的质量保险意向证明，否则不得预售。预售后如竣工时不能获得质量保险保单的，购房者可以退房，并可规定开发商必须返还双倍违约金，从而使法律和经济手段产生联动。②

二、合理界定保修期

我国的建筑工程在质量缺陷责任期、质量保修期和质量保证期等概念仍不清楚，未来，可考虑参照国外先进经验，通过法律法规明确相关概念的内涵和外延，并有力执行。在此基础上，相关的保险服务方可有的放矢，精准起效。

---

① 成文清，郑薇，李彤彤，等. 建筑工程质量潜在缺陷保险的挑战与建议［J］. 上海保险，2019（1）：55.

② 储直明. 法国建筑工程质量保险经验及借鉴［J］. 建筑，2009（10）：43.

三、完善相关配套工作

如本书第五章第三节所言，我国 IDI 发展面临的主要问题涵盖多个方面，除了以上两点外，其他在政策层面、执行层面、产品层面和技术层面等还有大量借鉴国际先进经验进行优化改善的空间。IDI 的成熟发展有赖于多方面配套形成合力，对国际经验取长补短、去芜存菁，方能推动 IDI 行稳致远。

第九章　我国 IDI 市场发展前景与建议

第一节　我国建筑业市场高速发展

在改革开放 40 年的宏伟画卷中，工程建设行业留下了浓墨重彩的一笔。长期以来，建筑业是我国国民经济的重要支柱产业，无论是在总产值、就业还是带动上下游发展作用方面，都发挥出促进国民经济增长的重要作用。

一、四十年来，中国建筑业的发展历程[①]

在改革开放之初就被确立为国民经济支柱产业的建筑业，四十年来取得了令世人瞩目的成就，然而纵观其发展轨迹，却并非一帆风顺。

（一）建筑业发展与宏观经济增长同频共振

建筑业的发展与宏观经济的表现密不可分，二者的发展趋势高度一致（见图 9.1）。建筑业增加值占国内生产总值比重已经从改革开放之初的 3.8%增长到了 7.1% 左右。建筑业拉动国民经济增长效果明显，支柱地位日益稳固。

（二）建筑业发展的四个阶段

1. 第一阶段（1978—1991 年）：变革时代，震荡前行

随着我国改革开放的恢宏画卷就此展开，被邓小平同志多次重点强调并确立为"国民经济支柱产业"的建筑业，也踏上了震荡前行的变革发展之路。一方面，建筑行业快速发展，规模迅速扩大。1982—1988 年，建筑业总产值以高于 20%的增长率快速上升，总产值 5 年内翻了 3 倍，并于 1988 年突破千亿元大关。与此同时，我国工程建设的速度也十分惊人。1984 年，中建以

---

① 文中数据来源：国家统计局、交通运输行业发展统计公报。

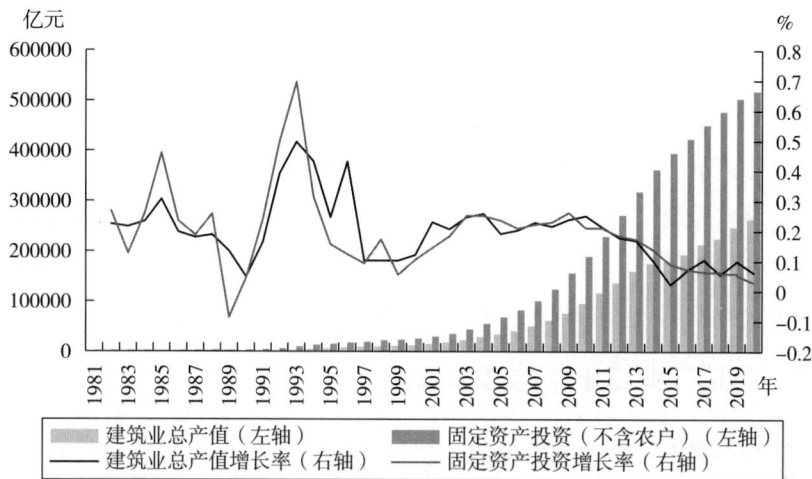

图 9.1　1981—2020 年固定资产投资与建筑业总产值增长情况

"三天一层楼"的速度,在深圳建设了当时中国第一高楼,产生了享誉全国的"深圳速度"。另一方面,建筑业受宏观调控影响,发展速度放慢,1990 年增长率骤降至 5%,直至 1991 年才有所恢复。此外,建筑业加快改革,全面推行承包制,发展环境不断趋好。

2. 第二阶段(1992—1996 年):跃进时代,急速上升

党的"十四大"第一次明确提出了建立社会主义市场经济体制的目标模式,建筑业因此步入发展的快车道。1992—1996 年,建筑业总产值的年均增长率高达 40%,总产值翻了 4 倍,实现了跨越式的发展。该时期,是建筑业改革开放四十年来发展指标最亮眼的时期。同时,建筑企业加快改革步伐,探索建立现代企业制度,发展的内生动力不断增强。

3. 第三阶段(1997—2000 年):整改时代,放慢步伐

1997 年以来,建筑业的发展进入相对平稳的阶段,发展稳中有升,规模进一步扩大。1997—2000 年,固定资产投资规模和建筑业总产值增长率维持在 10% 左右。仅用十年时间,到 1998 年实现总产值突破万亿元。1982—2000 年,建筑业总产值共翻了 43 倍。这一阶段,建筑业国企实施"三年脱困"行动,建筑企业国企占比下降,非国有企业占比上升。同时,相继颁布了《建筑法》《招标投标法》和《合同法》。

4. 第四阶段（2001 年至今）：黄金时代，迈向全球

进入 21 世纪，我国正式加入 WTO，国民经济高速增长，带动建筑业加快腾飞步伐，行业迎来发展黄金期。2001—2010 年，建筑业总产值增长率维持在 20% 左右的高速发展区间。虽然短暂受到国际金融危机冲击，但在国家一系列政策作用下，自 2015 年开始，建筑业总产值增速已逐渐开始回升。伴随中国对外开放提速，建筑业也加快走向全球，建筑业改革步伐也从未停歇，建筑业非公有制经济得到了进一步的发展。随着改革的进一步深入，建筑企业的金字塔竞争态势基本形成，工程总承包模式应运而生。

二、建筑行业四十年的辉煌成就

我国建筑业的总产值增长迅猛，截至 2020 年，全国建筑业总产值达 26.39 万亿元，实现增加值 7.2 万亿元，占国内生产总值的比重达到 7.1%。从 1980 年到 2020 年，建筑业总产值增长了 920 倍左右。同时，2020 年房屋施工面积较 1985 年增长近 42 倍，房屋竣工面积较 1985 年增长近 23 倍（见图 9.2），二者实现同步增长。

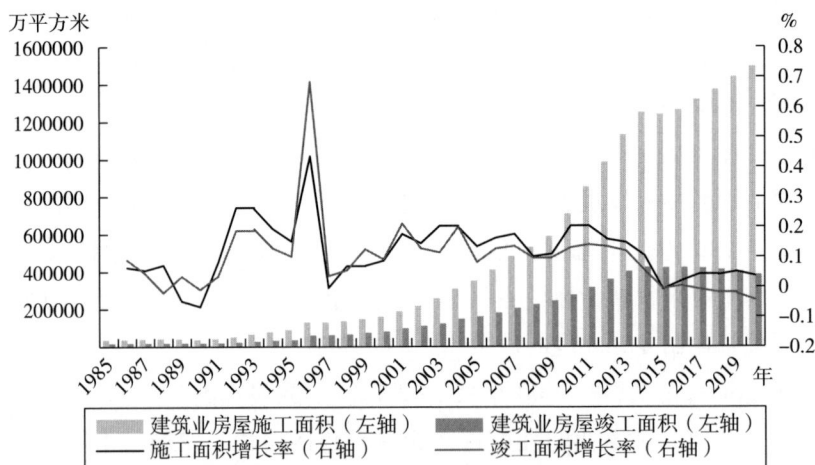

图 9.2　1985—2020 年建筑业企业房屋施工面积与竣工面积情况

建筑业服务经济建设的能力大幅增强。在建筑业支持和努力下，我国高铁总里程已达到 3.8 万公里，公路总里程达到 519.81 万公里，我国桥梁建设已达到世界先进水平。2013—2018 年，我国建成 250 米以上的超高层建筑共计

164 幢，其中 500 米以上的超高层建筑达到 11 幢。

建筑企业数量和综合实力大幅增加。截至 2020 年，建筑企业数量已达到 116722 家，增长了约 18 倍（见图 9.3）。2017 年，我国利润超十亿元的建筑企业共计有 39 家。我国建筑企业进入世界 500 强与 ENR 承包商榜单①。2020 年，工程与建筑行业有 13 家公司上榜《财富》世界 500 强榜单，其中有 9 家是中国建筑企业，且前 6 名被中国企业包揽。上榜中国企业营收共计 8018.84 亿美元，占比 81.6%。

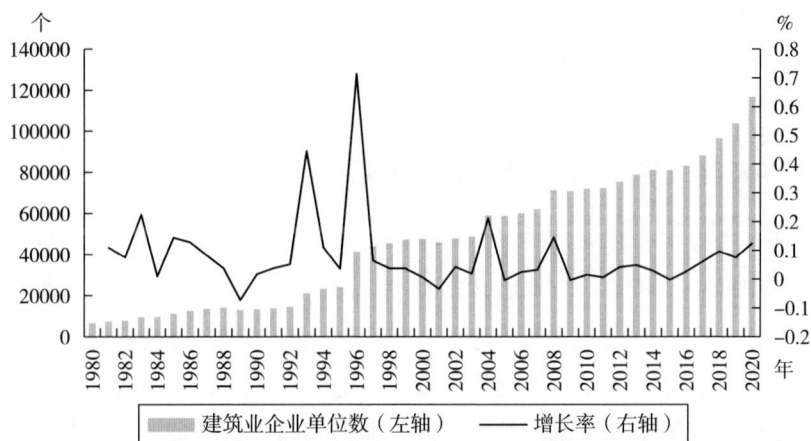

图 9.3　1980—2020 年建筑业企业数量及增速

三、近年来，我国建筑业仍保持稳定增长

2020 年以来，全行业克服新冠肺炎疫情等诸多不利因素影响，继续保持稳定增长的良好态势。2021 年以来，随着我国加大固定资产投资力度，宏观经济增长持续稳中加固、稳中向好，建筑行业运行也呈现筑底回升、持续加速的态势。2020 年上半年，我国 GDP 实现 53.2 万亿元，同比增幅 12.7%，其中，全国固定资产投资（不含农户）达 255900 亿元，同比增长 12.6%。在固

---

①　ENR（Engineering News - Record），中文名称译作《工程新闻记录》，是全球工程建设领域最权威的学术杂志，隶属于美国麦格劳—希尔公司。ENR 每年发布"最大 250 家全球承包商"榜单。ENR 榜单是国际工程界公认的、较为全面反映年度国际工程市场发展状况的权威排名，具有极高的权威性和广泛的影响力。

定资产投资中，全国建筑业总产值达 11.98 万亿元，同比增幅 18.8%，占到全国 GDP 的 22.6%，占到全部固定资产投资的 46.7%。2021 年上半年，全国建筑业房屋建筑施工面积达 119.3 亿平方米，同比增幅达 6.5%。在建筑业中，房地产投资达 7.2 万亿元，房地产施工面积达 87 亿平方米，同比增幅 10.2%。房地产投资和施工面积占建筑业的比重分别为 60% 和 73%。在房地产中，住宅施工面积达 61.7 亿平方米，同比增幅 10.5%，占到房地产施工面积的绝大部分①。

第二节　中国 IDI 的市场需求

一、来自政府"放管服"改革的需求

改革开放以来，我国经历了大规模的快速城镇化过程，工程质量管理体系也随之不断健全。各级住房和城乡建设主管部门高度重视工程质量管理建章立制工作，建立了以《建筑法》《建设工程质量管理条例》等为核心，各类部门规章及地方性法规为主干，各类工程质量标准、规范、技术规程等规范性文件为重要组成部分的工程质量法规体系。当前，我国建筑市场的监管制度已发展为由"各方责任主体、政府相关职能部门、社会监管方"多方参与的立体化监管体系。其中，建设、勘察、设计、施工、监理单位是通常意义上所说的五方责任主体，银行、担保和保险机构是主要的社会监管方，住建相关部门如质安处、质量监督站等是房屋工程质量监督管理的核心主管部门。

工程建设项目中的五方责任主体出于对各自利润的追逐，可能会牺牲建筑质量来降低生产成本，从而造成严重质量缺陷问题，给社会大众带来不必要的财产损失甚至是危害生命的危险。政府主管部门不仅要对参建方的质量行为进行宏观的法律约束和行政监督，还需对工程建设各环节的质量安全进行微观的过程化管理。主管部门对于工程质量的监管常因人力、技术不足等问题难以面面俱到，与之对应的，是公众对房屋质量问题维权意识的日益加强。一旦发生严重的质量事故、引发群体性事件，政府相关主管部门作为最后的兜底责任方

---

① 国家统计局，《上半年国民经济稳中加固稳中向好》，国家统计局网站，2021 年 7 月 15 日。

往往处于被动，承担了巨大的社会舆论和维稳压力。

2015 年，国务院全国推进简政放权放管结合职能转变工作电视电话会议提出"简政放权、放管结合、优化服务（即'放管服'）改革，建筑行业推行'放管服'改革势在必行，政府监管也将更多向市场引导发展"。IDI 是我国近年来在建设工程领域引入的一项重要工程质量保障制度，通过保险的风险管理及维修保障功能，能有效承接政府部分质量管理职能，促进政府"放管服"的职能转变。

保险机构出于自身利益诉求，聘用专业第三方 TIS 机构对工程建设阶段的质量风险进行辨识、评估、报告，提出整改建议，相较于传统政府监管方式，在专业人员数量、工作方式、工具设备等多方面提供补充提升，可有效降低质量事故发生概率。政府部门通过制度设计，引导保险机构和 TIS 机构在具备一定独立性和自主性的前提下参与工程质量管理工作，加强了社会监管方的作用，为进一步完善我国建设工程质量保障体系创造了契机。在此体系下，政府相关主管部门得以回归裁判员本位，将更多精力投入到政策制定、行业管理方面，由市场力量引导建筑市场的健康发展。

二、来自业主房屋质量保障的需求

多年来，我国建筑质量风险管理体系逐步完善，相关设计、施工验收标准也经历数次更新提高，质量问题虽整体处于可控状态，但仍时有发生。根据2020 年中国消费者协会发布的《二〇二〇年全国消协组织受理投诉情况分析》显示，在 2020 年受理的 982249 件投诉中，房屋及建材类投诉 31084 件，占总量的 3.16％，排在第七位。房屋类投诉主要涉及的问题包括漏水、外墙脱漏、墙壁裂痕等。

当建筑工程尤其是住宅工程发生质量问题时，小业主往往会因工程项目团队解散、建设单位注销、责任认定困难、责任单位无力赔偿等原因，难以得到及时有效的维修保障，从而导致一系列纠纷、投诉甚至诉讼，房屋质量问题也成为消费者维权的难点。

在 IDI 保险制度下，建设单位为所建工程投保，建设工程所有权人为被保险人。保险公司根据保险条款约定，对在保修范围和保修期限内出现的由于工程质量潜在缺陷所导致的投保建筑物损坏履行赔偿义务。一旦投保标的发生质量潜在缺陷造成的损失，建设工程所有权人可直接向保险公司申请理赔维修，保险公司认定责任属实后履行赔付责任。这样一来，业主在面对物业公司、建设单位互相推诿，或工程质量问题责任追溯困难、周期长等问题时，可要求保险公司先行维修赔付，再通过转让追偿权，由保险公司向责任方进行追偿，一方面可避免损失的进一步扩大，另一方面，也能减少各类质量事故处理中产生的纠纷、矛盾。

三、来自建设单位质量保修责任的需求

2017 年 3 月，住建部印发《工程质量安全提升行动方案》，首次提出"全面落实各方主体的质量安全责任，特别是要强化建设单位的首要责任和勘察、设计、施工单位的主体责任"。建设单位作为工程建设活动的总牵头单位，承担着重要的工程质量管理职责，对保障工程质量具有主导作用。

2021 年 7 月，住建部进一步发布《关于落实建设单位工程质量首要责任的通知》，要求严格落实建设单位工程质量首要责任，不断提高房屋建筑和市政基础设施工程质量水平。对于住宅工程，需加强工程质量管理，严格履行质量保修责任，房地产开发企业在商品房买卖合同中，要明确企业发生注销情形下由其他房地产开发企业或具有承接能力的法人承接质量保修责任。房地产开发企业未投保工程质量保险的，在申请住宅工程竣工验收备案时应提供保修责任承接说明材料。

对建设单位而言，IDI 是落实建设工程保修责任的选择之一。建设单位可通过购买保险转嫁其保修责任，降低项目运营期成本。同时，由于 IDI 有质量风险管理功能，建设工程有保险公司为其质量背书，也有利于提升投保工程的市场认可度，促进消费者的购买行为，一定程度上也可提升建设单位的品牌形象。

我国多地实施住宅物业保修金制度，建设单位在房屋产权初始登记之前，需按建筑安装工程总造价的一定比例向所在地物业主管部门交存物业保修金，作为其履行保修义务的保证金。物业保修金存储期限一般为 8 年或以上，存储期满后，政府相关部门将物业保修金本息余额退还给建设单位。上海、宁波等地就工程质量潜在缺陷保险出台相关政策，建设单位已投保的工程质量保证保险且符合国家和本市规定的保修范围和保修期限的，可免予交纳物业保修金。

由于物业保修金的存储期较长，建设单位维持项目公司的资金成本也较高，选择投保 IDI 也成为降低企业运营成本的一种选择。同时，介于保险机构在资金的长期运营上更具专业性，又能充分发挥保险的杠杆作用，从整体社会成本的降低及保障效率的提升来看，由保险机构承担工程质量保修的经济责任是很有优势的。

四、来自建筑行业高质量发展的需求

2014 年 8 月，《国务院关于加快发展现代保险服务业的若干意见》提出"到 2020 年，要基本建成保障全面、功能完善、安全稳健、诚信规范，具有较强服务能力、创新能力和国际竞争力，与我国经济社会发展需求相适应的现代保险服务业，努力由保险大国向保险强国转变。保险成为政府、企业、居民风险管理和财富管理的基本手段，成为提高保障水平和保障质量的重要渠道，成为政府改进公共服务、加强社会管理的有效工具"。

IDI 作为海外引入的新型保险模式，在本土化落地过程中充分发挥保险事前风险预防、事中风险控制、事后理赔服务等方面的功能，为公众房屋质量提供保障，有效化解社会矛盾，创新社会治理方式，是现代保险服务业拓宽服务领域、深化改革发展的积极尝试。

建筑业是我国国民经济的支柱产业，近年来产业规模不断扩大，但生产方式仍较为粗放。2017 年 2 月，《国务院办公厅关于促进建筑业持续健康发展的意见》提出"深化建筑业简政放权改革""加强工程质量安全管理""优化建筑市场环境"等发展方向。

IDI 通过聘请专业第三方 TIS 机构对工程建设各环节提供质量风险管理服务，完善和补充建筑行业现有的质量管理制度、提升工程质量，以市场化手段促使参建各方质量责任落到实处。针对信用评定较差、历史记录不佳的建筑企业，保险公司可以通过拒保或增加保费的管理手段，倒逼其不断提高工程质量。同时，各地政府在推行 IDI 制度时均提出信息化管理需求，通过建立政府、保险机构、建设单位、各参建方以及业主等多方参与的线上平台管理，可实现过程管理数据的留存。通过不断积累、更新企业信用数据，有助于进一步落实参建各方责任，建立完善的市场信用体系，营造良好的社会运行机制。

第三节　我国 IDI 市场的未来：大蓝海

一、"十四五"规划开启，中国建筑业将迎来新发展机遇

"十四五"期间，中国各类要素资源将更注重集聚效应，户籍和土地制度改革的深化，必将对房地产市场产生巨大和深远的影响。新型城镇化建设将呈现"人地钱"供需匹配的特征，城市群和都市圈建设将成为新的趋势，大城市的住房问题、农村的土地改革、老旧城区的改造都将引起市场产生深刻变化。中国房地产行业正在迎来新的发展时期，正在逐步显现一系列新发展机遇。

在 2020 年 10 月 29 日中国共产党第十九届中央委员会第五次全体会议通过的《中共中央关于制定国民经济和社会发展第十四个五年规划和二〇三五年远景目标的建议》中，多次提及基础设施建设领域，为我国建筑业发展创造了非常有利的宏观和政策环境。其中，"加快发展现代产业体系"部分指出，要加快建设交通强国，完善综合运输大通道、综合交通枢纽和物流网络，加快城市群和都市圈轨道交通网络化，提高农村和边境地区交通通达深度；要加强水利基础设施建设，提升水资源优化配置和水旱灾害防御能力；要拓展投资空间，加快补齐基础设施、市政工程等领域短板；要推进新型基础设施、新型城镇化、交通水利等重大工程建设。"推进乡村振兴"部分指出，完善乡村水、电、路、气、物流等基础设施。"推进区域协调发展和新型城镇化"部分指出，要优化重大基础设施建设；增强城市防洪排涝能力，建设海绵城市。"实行高水平对外开放"部分也指出，要推动共建"一带一路"高质量发展；推进基础设施互联互通，拓展第三方市场合作。在房地产领域，要求"实施房地产市场平稳健康发展长效机制，促进房地产与实体经济均衡发展"。

总体来看，我国"十四五"期间乃至更长一段时期，我国建筑业领域仍有较大发展空间，保障性住房建设、城镇基础化设施建设、道路基础设施建设、水利水电设施建设、新农村普遍化建设、节能环保设施建设等固定资产投资重要领域，将强有力地带动我国建筑行业的持续发展。

二、中国 IDI 市场将是一个巨大的"蓝海"市场

IDI 是包括主要发达国家在内的全球四十多个主要国家的通行做法，是被证明行之有效的建筑业风险管理的市场化运作模式。"十三五"以来，我国建筑业领域"放管服"改革不断提速，在取消施工图审查、取消强制监理等"放管服"举措之下，通过保险这类市场化运作模式管理工程质量是政府职能转变的必然趋势，保险将成为未来重要的外部保障手段，尤其是在都市圈、城市群成为我国发展主要增长极的背景下，城镇化水平还将逐步提升，中国 IDI 市场将是一个孕育巨大机遇的"大蓝海"市场。

我国保险业普遍看好 IDI 具备增长为百亿元级蓝海市场潜力。2019 年我国住宅建安总造价超 20000 亿元，若全国新建住宅强制推行 IDI，按照 1% 的最低费率估算，年保费大于 200 亿元。2019 年建筑业总产值 248445 亿元，未来随着 IDI 范围拓展至公路、轨道、桥梁等市政项目，保费增长空间在 10 倍以上，将是数千亿元级别的市场。另一方面，我国存量房地产价值高达 400 万亿元，若在存量住宅推行 IDI，则又是一片千亿元级的蓝海市场。

若按窄口径估计，即以现有试点地区为基础适当向其他试点城市拓展，"十四五"期间，每年住宅新开工房屋面积取 2010—2019 年的平均值，经过测算，预计到 2025 年，我国 IDI 年保费市场规模约 137 亿元，"十四五"期间，我国 IDI 保费累计约 315 亿元。

若按宽口径估计，即"十四五"期间，IDI 保险覆盖至除住宅之外的其他房屋开工，则保费收入有可能突破 1000 亿元。若按"十四五"期间 IDI 保险覆盖至市政工程、桥梁设施等全部建筑业，2025 年的 IDI 保费收入有可能突破 3000 亿元。

其实，宽口径是一种最优的、远期有望达到的市场发展状态，能否实现存在一定不确定性，主要取决于政府和市场的共同努力，但达到宽口径仍然是社会各界都希望实现的。可以说，到 2025 年，IDI 可能成为我国财险市场除机动车和健康险以外的第一大险种。

第四节 我国 IDI 发展方向：大探索

一、IDI 发展新定位：强制性还是自愿性

（一）从各国实践看，IDI 更多定位于强制性险种

随着各国认识和实践的深入，建筑工程质量缺陷保险已超越商业保险范畴，兼具宏观经济管理制度、安全风险管理制度属性，从而在全球四十余个国家和地区得到认可与普及。在欧洲，因为法律的强制性，建筑工程质量缺陷保险发展良好。以日本为代表的国家，由于存在较为成熟的保险市场，没有强制要求各参建主体投保。分析发现，没有推行强制保险制度的国家往往具有如下特征：一是国内建筑质量水平较高，质量事故发生概率很小；二是政府监管到位，保险行业和保险制度成熟，各方投保意识强。

综观国外开展建筑工程质量潜在缺陷保险的情况，法律强制实施是大多数国家采取的做法。对于实施强制性 IDI 保险的国家，由于该项业务的投保率较高和费率厘定较为合适，因此经济效益和社会效益均保持较高水平。

（二）中国 IDI 是强制性还是自愿性值得讨论

近年来，我国加快 IDI 发展步伐，在提升工程质量，解决业主维权难题，减轻政府监管负担、助力政府放管服改革方面初步发挥了积极作用，其中的原因与试点地区的强制推行分不开。比如，2016 年，上海市住建委、金融办和保监局三部门正式颁布《关于本市推进商品住宅和保障性住宅工程质量潜在缺陷保险的实施意见》文件，建设工程质量保险作为强制性保险在上海部分地区推行。2019 年 4 月，北京市住建委、市地方金融监管局、中国银保监会北京监管局联合起草了《北京市住宅工程质量潜在缺陷保险暂行管理办法（征求意见稿）》，北京新建住宅工程项目也将强制执行建设工程质量保险。

当前，我国建筑工程质量平均水平不高，同时，我国政府对于质量控制监管人力有限，开发商相对强势，投保积极性不高，而保险行业发展不成熟，在我国开展非强制建筑工程质量保险制度与我国现阶段建筑、保险市场基本情况并不相适应。考虑到我国每年近 300 万亿元的房地产市场规模，政府承担了巨大的监管责任，急需稳定持续的保险保障和风险管理服务介入该市场，辅助政

府监管，同时，工程质量缺陷存在不可避免性、定责难、赔偿周期长等固有因素。此外，我国 IDI 市场尚处于起步阶段，各地对该险种的认识不一，覆盖面、渗透度偏低。

我们建议，从加快发展角度，依靠部门规章乃至法律层面，强制推动 IDI 发展更加适合，仅依靠市场力量和商业运作，不适合我国当前 IDI 发展需要。

二、IDI 推广模式：标准化还是差异化

与国外相比，我国的 IDI 保险制度及行业规范还处于探索与完善的过程之中（见表9.1）。当前我国一些城市已经先后试点建设工程质量保险制度，从住宅类建筑逐渐向市政工程类建筑工程领域发展。我国部分城市规定投保是土地出让的必需条件，一些保障性住房必须投保 IDI，且为鼓励和引导投保，也有给予一些物业保修金方面的减免。当前国内建设工程质量保险有 2 ~ 10 年不等的保险期，主要针对不同缺陷部位设置的，并结合建设工程的风险、建设方资质等进行保险费率的调整，总基准保险费率根据具体建设工程情况在保险合同中会有相应的具体规定。国内上海市、北京市、浙江省、江苏省、深圳市等地已经有建设工程质量保险初步试点。

表 9.1   IDI 在各地试点情况①

地市	推动部门	施工质量保证金	物业保修金	预算列支	试点范围	保险方案
上海市	市住建委保监局	建设单位	3% 10 年	取消物业保修金后，试点保障房	全市保障房、商品房	上海模式费率1.25% ~ 1.5%、2 年等待期、TIS
深圳市	各区发改委、工务署、住建委	建设单位		深圳市政府投资项目	福田区、罗湖区、光明新区、盐田区	有经纪公司参与，经纪费用水平在20% 左右。费率由 2% 左右逐渐下滑

---

① 本表中数据来自市场调查研究，其中上海、江苏、浙江、安徽、山东、河南、广东、广西、四川为住建部发文提到的 9 个试点省市。

地市	推动部门	施工质量保证金	物业保修金	预算列支	试点范围	保险方案
江苏省	省住建厅、地市住建委	建设单位	南京2%5年		镇江、宿迁、无锡、南通、泰州、南京、常州、苏州	上海模式
浙江省	省住建厅、地市住建委	建设单位	2%8年		杭州、宁波、嘉兴、金华、衢州、江阴	上海方案，费率1.5%，其他地区仅为试点阶段，推综合险
安徽省	省住建厅、地市住建委	财政	无	试点保障房	马鞍山、黄山、安庆、芜湖	无等待期
山西省	省住建厅、地市住建委	建设单位	无	阳泉市政府投资项目	阳泉	上海模式
重庆市	市住建委、保监局	建设单位			全市住宅和市政工程	前期
山东省	地市住建委	财政	3%～5%5年		淄博、滨州等	开发商投保，仅能由开发商索赔，无等待期，5年质量责任险
河南省	省住建厅	建设单位	无		拟全省	前期
广东省	省住建厅	建设单位	无	政府投资项目	珠海市、广州市	上海模式
广西壮族自治区	省住建厅	建设单位	无		南宁、贺州、防城港、北海	
四川省	成都市住建委	建设单位	无		成都	外保温和外立面装饰保险期限多于上海，费率1%～1.25%
北京市	市住建委	建设单位	无		新建、改建、扩建	上海模式，比上海多三个可选附加险

地市	推动部门	施工质量保证金	物业保修金	预算列支	试点范围	保险方案
湖南省	市住建厅	建设单位			长沙、株洲、湘潭、岳阳、常德、衡阳	施工单位责任险＋上海模式
海南省	市住建厅	建设单位	无		海口市、儋州市	取消监理、取消图审

　　总体来看，推广模式的多元化适应了各试点地区自身特点，体现了相关利益主体博弈诉求，对于试点起步阶段的 IDI 发挥了很好的促进作用。但着眼全国，仍存在推广省市不足且缺乏全国统一指导、各地模式各异、政府参与程度不一、保险覆盖率低等现实问题，暴露出在国家和行业层面，对于制约 IDI 发展的一些关键性核心问题还没有进行统一的规定和指导。

　　建议采取"标准化和差异化相结合"的模式，即以上海 IDI 模式为蓝本，在保险性质、承保模式、风险管理等影响 IDI 保险发展的几个关键点上实现标准化、规范化，其他内容可以考虑各地差异性和独特性需求，以此为基础，制订全国指导方案。

　　需要标准化的内容包括：

　　一是明确 IDI 的强制保险性质。其他地区在发展 IDI 保险过程中，要通过地方规章等形式，明确 IDI 的强制保险性质，推动 IDI 的健康发展，尽快改变目前建筑市场风险管理格局。

　　二是明确 IDI 的承保模式。结合上海及其他试点过程中，国家和地方住建部门及消费者的关切，明确 IDI 的投保人、投保范围、保费出处、投保期限等核心保险要素。

　　三是明确 TIS 的法律地位。在现行的基于五方责任主体的建筑工程项目建设模式下，TIS 机构由于缺少明确的法律定位，与当前住建体系不兼容，难以深度融入建筑工程施工过程中，并全面发现项目质量风险。因此，要明确 TIS 的法定地位，明确 TIS 的服务内容，明晰 TIS 与监理机构的责任分工，纳入住建质量监督站管辖范围，强化 TIS 在建筑业全周期风险管理的核心地位，改变目前保险风险控制与政府监管两张皮的现象。

四是建立统一的适合我国国情的 IDI 标准示范条款。目前试行阶段各地条款设计、承保范围和工程类别并不完全一致。试行期间应统计分析多年来事故发生的规律，确定承保的范围和工程类别等，推进统一的操作模式。

三、IDI 走向 IDI + 建筑全周期综合保险方案

当前，工程保险分为建筑施工过程中的事故责任损失保险和建筑本身寿命的质量责任保险。前者为短期保险，施工完成交付使用保险责任即终止，或者对短时期（如 5 ~ 10 年）内出现质量问题负责。后者为长期风险责任，就是对建筑物的"一生"要承担质量保障和风险责任。建筑业门类多、情况复杂，涉的环节也比较多，由于目前的建筑保险均采用开工前造价定率定费的方法，所以在承保和保险过程中几乎很少通过建筑专业技术对相关勘察、设计、建设施工等方面进行质量标准控制。由于缺乏对建筑行业技术足够的了解和用于保险业务的标准支撑，我国 IDI 主要集中于应对短时期（如 5 ~ 10 年）内的质量问题。由于国内保险公司暂不具备深入建筑技术本身、控制风险的能力，对于建筑长期终身质量责任保险公司不敢保、不能保，因此建筑全生命周期的综合保险方案尚未实行。

无论从国家监管角度还是从消费者需求角度，都对发展建筑全生命周期的综合保险方案提出了新需求。通过发展全生命周期的 IDI 保险将促进建筑产品的高质量发展，促进建筑业提升行业标准水平和产品质量，有助于缓解长期以来在建筑领域存在的建筑质量问题和建筑质量安全事故，有助于提升我国的建筑品质，实现建筑业有质量的增长；支撑保障高质量百年建筑，将推动建筑保险的理论研究和实践落地；扩展保险业在非寿险领域的市场空间，提升保险服务社会的能力和范围，对于丰富和优化保险产品结构有着重要意义；因此，建筑全生命周期保险方案研发具有长远的社会效益。

从 IDI 迭代升级到建筑全生命周期保险方案，就是要以 IDI 为主体，整合安责险、职业责任保险、建筑工程险、工程质量保证保险、维修金保险等，实现建筑全周期的风险全覆盖。就是要加快 IDI 保险的转型升级，实现从赔付转向服务，培育 TIS 等专业服务体系。就是要强化科技驱动，置入物联网等底层科技要素，完善建筑业风险管理的数字化基础设施。从而带动社会产业结构转型，实现建筑业产业生态改变。

四、平台大数据驱动 IDI 定价机制变革

当前，我国 IDI 保险在事故赔付率统计、保险费率制定方面都缺少合理的数据来源。国内建设工程质量保险行业和国外相关行业所面对的实际情况存在差异，不能完全参考国外，基于这样的现状，构建全国统一的 IDI 大数据平台变得极为紧迫。

通过构建全国统一的 IDI 大数据平台，一是开展精细化全周期大数据分析，定位到单位工程级别的 IDI 理赔数据与手册平台工程建造数据、TIS 风险事件的映射，不再是纯粹大数法则定价，而是基于精准数据映射分析的精准动态定价模型，实现精准保险定价。二是可以进行建设工程质量保险项目的数据共享和动态管理，对建筑企业的资质、诚信度等进行把控，用信息化管理为保险费率浮动提供一定的数据支持。三是重点积累关于建设工程质量保险的索赔数据，构建更加完善的多方信用管理体系，将风险评估、承保信息、理赔信息等内容进行及时采集、分析、统计和发布，让保险费率杠杆激励发挥作用，形成市场企业建设工程质量和保险信用等级评价，构建信用等级越高，保险费率越低的良性市场环境，推动社会资源配置优化，构建一个更开放、完善的建设工程质量保险信息平台，让行业内有参考依据和信息互动交流途径。

五、IDI 生态演进：强 TIS 与平台化

加快 IDI 保险功能作用优化提升，带动建筑业风险管理的产业生态的优化升级，核心就是做强 TIS 和实现平台化发展。强 TIS 就是要 TIS 逐步与监理职能相融合，以替代监理。也就是说，探索 TIS 具备监理对质量安全造价进度合同等管理职能，其工作方式也要发生变化。相应的监理费用也要转为 TIS 费用。

加快平台化发展，就是要发挥科技赋能作用，基于工程质量安全手册平台建设强化的 TIS 平台，使 TIS 真正融入现场管理体系，看清施工过程，及时分析出风险隐患，配合现场检查着力提高工程质量。

第五节　我国 IDI 发展模式：大升级

IDI 在国内试点，开启了保险参与工程质量安全和政府职能转变的新模式，

是商业保险支持城市综合管理和政府职能转变的重要体现，是推进建筑业高质量发展的重要方式，也使得人民群众的获得感、幸福感、安全感更加充实、更有保障、更可持续。针对 IDI 发展过程中存在的问题，应坚持"政府引导、市场运行、先行先试、逐步推广"的推进思路，从主管部门、地方政府、保险公司、建设单位等多方配合，共同推进试点方案和制度创新。

一、国家层面

（一）明确 IDI 法律地位

从国际经验看，法国通过《斯比那塔法》《民法》《保险法》《建设与住宅建设法》等法律体系确保 IDI 强制推行，产生了较大的市场规模。而从我国现状看，建设单位普遍缺乏投保积极性，建议政府从国家立法层面，对《建筑法》及其配套法规《建设工程质量管理条例》等进行修订，确立 IDI 制度的法律地位。这包括将 IDI 投保作为办理施工许可手续的必要条件，通过政策引导和各级住建部门的上下联动，在区级质监站设置相应考核指标；进一步明确投保范围内的建筑类别；允许保费列入造价；赋予 TIS 机构类同于监理机构的质量管理功能等。推动加快 IDI 项目的落地。目前，IDI 保险在多省市已经实施，但着眼全国，仍存在推广省市不足且缺乏全国统一指导、各地模式各异、政府参与程度不一、保险覆盖率低等现实问题。

课题组建议：由住房和城乡建设部牵头，银保监会等部门参与，研究拟订《房屋建筑工程质量保险实施指引》，建立相应的政策指引制度，有效解决房屋建筑维修难问题。

（二）尽快完善 IDI 和 TIS 管理制度

目前，国家住建部门对 IDI 逐步代替监理、承担质量管理主要工作寄予厚望。2020 年 2 月发布的《北京市住房和城乡建设委员会关于优化本市建设单位工程建设管理工作的通知》提出"对于功能单一、技术要求简单的项目，建设单位可不聘用工程监理。建设单位不具备工程项目管理能力的工程项目，可通过购买工程质量潜在缺陷保险、由保险公司委托风险管理机构的方式对工程建设实施管理"。北京做法为 IDI 未来全面替代监理提供了有益尝试。

而目前保险公司对 TIS 机构的管理能力不足，急需明确 TIS 机构的权责、制定全国层面的行业标准、制定住宅质量统一评分标准等。一是应明确 TIS 的法律定位，避免与图审、监理等单位产生冲突。二是根据法国经验，其设立应得到国家政策支持，成立"资质认定管理委员会"负责资质认定和统一管理；加快健全 TIS 机构的行业管理规则、业务操作规范、纠纷处理流程、数据交换方法，促进本土 TIS 机构逐步提升竞争力。三是对于 TIS 工作涵盖设计、施工全过程，必须配备建筑工程师、结构工程师，以及施工、检测、鉴定等专业人才。四是由于建设周期较长，风险暴露和工作成果检验需要时间积累，因此随着 IDI 不断发展，我国应逐步建立统一的服务要求和评价标准，提升服务质量。

课题组建议：要加快推动 IDI 深度融入住建现有质量管理体系，加快探索 TIS 代替监理制度，尽快完善 IDI 和 TIS 管理制度。

（三）加快扩大 IDI 标的范围

目前我国国内的 IDI 主要集中于住宅，特别是新增住宅，而在国际上，IDI 保障建筑类型远不止住宅。我国商务部援外 IDI 项目中，也有相当部分为桥梁、公路、水电站、体育场等非住宅甚至非房建类项目。在国内，上海松浦大桥、上海市轨交 17 号线轨道交通等 IDI 项目也是很好的试水。在大型基建中引入 IDI，推进政府减量管理、提升建造运维质量、节约大量资金，一举多得。

课题组建议：加快探索 IDI 推广至桥梁、地铁、公路等大型基础设施，并配套研究对应的费率形成机制和风险管理技术指导方案。

同时建议：可以港珠澳大桥等标志性国家工程为蓝本，探索 IDI 保险参与的智慧建造和智慧运维。针对高技术含量的复杂工程，由保险公司提供专业的全过程综合风险管理服务。这对于提升保险业整体的社会影响和专业形象十分有益。

（四）尽早建立全国 IDI 大数据平台

第一，我国地域广袤，南北方、东西部地区地质构造、建筑工艺工法都有一定的区别，建筑潜在质量缺陷风险侧重有所不同。相比法国等西方国家，我国 IDI 发展历史较短，进入赔付期的项目数量较少，数据积累特别是理赔数据积累十分欠缺。这不仅带来保险赔付与定价联动机制的数据基础缺失问题，而且难以实现 TIS 风控与理赔减损的关联量化评价。

第二，我国试点省市建设的 IDI 大数据平台包含了建设项目全生命周期数据和设计图纸等信息，存储了人防工程、建筑结构、精确位置、材料、建筑缺陷、设计施工图纸、业主身份数据等海量建筑物关键数据，与国家数据安全密切相关。但由于试点省市各自建设大数据平台，导致建筑物相关数据安全保障能力不足，保险公司在 IDI 管理过程中产生的大量宝贵数据面临遗失的风险，且数据存储和管理成本高难度大，数据价值难释放。主要表现为两个方面：一是各地大数据平台建设投入捉襟见肘，导致试点省市较难保证各自大数据平台系统和运行环境都能满足公安部三级等保要求（监管级别）。二是各试点省市数据标准不统一、数据缺乏可比性，数据内循环问题突出，导致在国家层面难以汇集，难以形成全国统一的 IDI 数据管理和安全管控体系，对我国摆脱对法国等历史数据依赖，形成适合中国住宅实际情况的 IDI 风险曲线等行业基础数据设施不利。

习近平总书记在 2017 年中共中央政治局就实施国家大数据战略第二次集体学习中指出"切实保障国家数据安全。要加强关键信息基础设施安全保护，强化国家关键数据资源保护能力"。国家"十四五"规划明确要求"加快数字化发展，保障国家数据安全"。

针对当前我国工程质量保险领域在事故赔付率统计、保险费率制定方面都缺少合理的数据来源，数据安全存在隐忧现状，建议在国家住建部门的主导推动下，建立国家或中央部委级别的 IDI 大数据平台，制定统一的数据规范与标准，汇集各地建筑物关键数据及承保、风控、理赔等保险数据，为各省市推进该保险制度划出数据安全红线，形成支撑我国工程质量潜在缺陷保险长期健康发展的数字化基础设施，切实保障我国建筑业领域国家数据安全。

课题组建议：建立全国 IDI 大数据平台，为科学制定更加适应各地情况的 IDI 费率打好数据基础，服务国家数据安全和有效利用。

（五）逐步扩展 IDI 保障年限，形成建筑全周期保险

一是可考虑更长期限的 IDI 产品，需要银保监部门出台政策，支持远超普通财产险期限的"类寿险"IDI 保险的准备金提取、资金运用方式等监管制度创新。二是可探索住宅专项维修基金创新运用，将保障范围从房屋本身扩展至房屋＋小区公共部位，保障年限扩展至专项维修基金对应的房屋产权期。例如，从保障 15～20 年做起，逐步扩展至建筑 50～70 年产权期，真正做到与建筑业现有法律法规无缝衔接，从而从系统层面统筹建筑全周期的风险保障，基

于 IDI 扩展形成建筑全周期保险的综合性方案。

课题组建议：鼓励部分地区先行先试，逐步扩展 IDI 保障年限，向建筑全周期保险发展。

二、保险行业层面

（一）建议将加快 IDI 市场发展纳入我国金融行业"十四五"发展规划

IDI 是一项利国利民的"准公共产品"，建议将加快 IDI 纳入金融业"十四五"发展规划，提出明确发展目标和路径举措，为保险行业服务我国建筑行业高质量发展提供制度性和政策性支持保障。

（二）完善工程责任保险体系

工程质量潜在缺陷保证保险和责任保险是确保工程质量不可或缺的联合重要险种。与 IDI 作为近年明确推广的险种之一相比，与其配套的责任保险体系，却较少有学者进行研究。由于国情的不同，单纯照搬国外的工程责任保险体系绝非良方。如能通过 IDI 试行方案，同时鼓励工程责任保险的投保，一方面可促进建设各方风险共担的意识，另一方面能将 IDI 从事故兜底的状态解放，从而激发保险公司的承保热情。

（三）建议搭建全国性 IDI 交流平台

一是联合社会力量，成立 IDI 全国性论坛组织或联盟。密切联系多方利益相关主体，合力研究和突破政策瓶颈，共同做大中国市场。二是成立中国 IDI 研究院。建议以目前活跃在 IDI 市场、地位中立的再保险集团为基础，联合住建部等相关部委，成立中国 IDI 研究院，加大对中国 IDI 政策研究和实践指导，强化 IDI 国家政策、市场机制、营商环境改善等研究，如针对 IDI 保险期限与建筑业法律条文不完全匹配问题，由研究院组织建筑业和保险业专家共同研究解决；针对地基基础、主体结构等住建最为关心的条款，科学论证，探讨更优的保险方案。通过研究院平台，建立与 IDI 发展较为成熟的国家的定期交流机制。三是定期发布我国 IDI 发展白皮书。定期召开行业研讨会，联合开展课题研究，推动行业交流，服务政府政策制定。在顶层设计方面如行业标准、准入制度、运行机制等掌握主动权。

（四）建立我国 IDI 共保体

在我国 IDI 业务试点推广过程中，以中再集团为首的国有再保险公司，充分发挥再保国家队地位和再保的中立和行业枢纽作用，在平台搭建、费率厘定、方案设计、业务推广方面，做出了很多努力，获得国家和地方政府的广泛认可。故此，建议在 IDI 这类政策导向型业务方面，继续充分发挥中国再保险集团的核心作用，推动行业组建 IDI 共保体。即由中再集团牵头国内头部保险公司，联合住建、银保监主管部门，共同成立我国 IDI 共保体，承担起 IDI 条款开发、费率制定、市场推广、业务承保等工作。

（五）保险企业要加快建立适应 IDI 发展业务模式

一是加快建筑工程保险产品开发，加强科技手段应用，强化 IDI 大数据平台使用，有效支持服务政府放管服改革。二是加快经营模式由"事后赔付"转变成"风险管理服务"的转变，服务建筑业全生命周期风险管理需要。三是要加强 TIS 风控行业标准化、数字化建设，形成统一的 TIS 招投标规则、统一的 TIS 委托合同、统一的 TIS 报告格式、统一的风险评定标准以及统一的 TIS 机构考核评价办法，为 TIS 健康发展保驾护航。鼓励 TIS 机构风控工作从定性到定量转变、从"目测"到检测升级，探索新型检测技术的应用场景，实现风控技术高质量发展。

三、消费者层面

一是促进建筑保险市场升级。试点地区的政府部门应加大宣传和引导，出台相关优惠政策吸引各方主动投保。比如，上海试点中就明确要求"鼓励施工单位投保质量责任保险，保险责任涵盖竣工验收后两年保修义务的可免缴质量保证金"。

二是提高消费者的保险意识。鼓励消费者选择购买投保 IDI 的住宅，培育健康规范的建筑市场。

三是强化消费者监督。消费者可以通过 IDI 信息平台，积极评价保险公司服务。比如，购买住宅前，消费者可通过 IDI 平台、工程质量安全手册平台等看到建筑物建造概要情况、风险事件整改情况、工艺工序等，降低消费者和施工方、保险公司之间的信息不对称程度，协助消费者的房屋购买决策，更好地保护消费者的权益。

后　　记

　　从未想过我会去写一本关于保险的书。从央行到商行，从银行到保险，在这 25 年金融领域的履职经历中，我主笔过的书籍覆盖金融体制改革、农村金融、资本市场、银行间市场等方方面面，却从未涉猎过保险领域。而近年来，我时常感到有一股"不吐不快"的动力。这是因为我关注到，房地产已成为当今中国热议度最高的话题，房屋质量又时常成为老百姓众矢之的，我迫切希望能从保险从业者角度为改善民生和推进治理能力现代化做点有益之事，探讨如何通过完善保险机制对房屋质量予以把关和提升，于是工程质量潜在缺陷保险（Inherent Defects Insurance，IDI）就成为我作为董事的重点调研课题。

　　未曾想到，我真的主持写出这本话题新而专业性强的保险著作。IDI 是我2020 年、2021 年连续两年的关注重点。为了弄懂弄通，我着实花费了不少精力：一是广泛调研了解实情。两年来，我的足迹遍布北京、上海、深圳、广州、海南等地，通过拜访当地住建局、召开保险机构专题研讨座谈会、深入建筑工地一线等方式开展走访调研、实地考察。二是深入交流对比分析。IDI 起源于法国，现已遍及全球，但引入中国却是近十年的事。对比国际通行模式，中国 IDI 具有自身的特色和创新之处。为更好地把握 IDI 共性与特性，我专程拜访慕再北分、法再北分等在华再保险机构，共同探讨 IDI 的作用、风险及在华发展路径。三是齐心协力、众志成城。在调研和比较的基础上，我完成了董事调研报告《探索保险服务实体经济的新领域——基于 IDI 的调研报告》，该调研报告不仅得到集团袁临江董事长（时任）、和春雷总裁（时任）高度肯定，还要求相关部门、子公司推动董事合理化建议，并在"十四五"期间得到有效落地。我也将部分成果以《深化保险服务实体经济，加快推动我国 IDI市场发展》为题，发表于《保险理论与实践》，旨在为中国 IDI 发展鼓与呼。本以为这些成果的完成足以让我对 IDI 的关注画上句号，谁料想在集团领导的鼓励和支持下、在课题组成员的推动和配合下，我又着手组织力量将课题研究成果编写成《工程质量潜在缺陷保险（IDI）：中国实践》一书。

特别感谢大家不计名利、无私奉献、劲头十足，始终保持主动作为和快速响应，不惜占用周末、节假日乃至元旦春节宝贵时间，加班加点，字斟句酌，只为书籍能够早日付梓。还记得，袁董事长（时任）特别关注课题研究和编写进展，多次督促尽快出版；和总裁（时任）通读初稿，逐句修改，提出许多专业性和建设性的修改意见；翁育峰总陪我走南闯北，利用他丰富的人脉资源和业界影响力，成功地组织了一次次座谈交流会；冯键总运用专业优势和平台力量，为本书编写提供有力指导；董力总和张帆总拿出多年积累的案例和讲稿，无私提供给课题组作为参考和指导；刘树凯总作为总协调人，为课题调研和本书编写保驾护航；还有官兵、何占峰、李超、郭劭钦、沈洁琼等同仁的热情和勤奋，特别是王震、吴新宇和罗满景等后浪从调研到编写再到核稿全程参与，始终保持主动作为和快速响应。还要感谢负责本书出版的张智慧主任和王雪珂编辑，她们专业指导和贴心服务不仅节省了时间而且提高了质量。正是依靠这一批志同道合的优秀同仁大力推动，才能顺利完成从报告到成书的这段艰辛历程。

特别期待这本有关中国 IDI 一书能得到广泛关注。据了解，《工程质量潜在缺陷保险（IDI）：中国实践》一书将是中国 IDI 领域的首创首发，意义重大。一是因为这本书关乎 IDI 发展。主要介绍了 IDI 的概念、特点、意义；总结了我国 IDI 在上海、北京、深圳、浙江、安徽等省市开展试点经验，甄选 IDI 中国创新实践案例；比较分析了 IDI 在国际上发展的几种模式；针对 IDI 发展面临的问题展开深入研究，对 IDI 是否应立法强制、IDI 推广模式是否应标准化、TIS 与监理如何定位与融合等热点话题进行了探讨；还展望了中国 IDI 发展的市场需求和发展前景，并提出了促进 IDI 高质量发展的若干政策建议。二是因为这本书关乎与 IDI 有关的改革。值得一提的是，在深圳调研过程中，市住建局主动提出"共同发起设计 IDI（深圳）整体方案"。因为我国 IDI 总体处于起步阶段，许多深层次问题亟待研究解决，如果能探索市场力量为基础的 IDI 深圳模式，那将是政府治理能力现代化的一项重要体现。在海南调研期间，省住建厅也高度重视，特别提出"共同研究房屋维修基金有效使用问题"，以推动海南 IDI 实施方案的创新。而这将有利于探索从维修金转化为建筑全周期保险，从普惠金融服务实体经济、推进政府职能转变为高度整体推进，打造建筑业治理体系现代化的制度集成创新案例。三是因为这本书关乎以IDI方式服务民生。当下中国已进入高质量发展新时期，在"房住不炒"大背景下，人们对住房和公共设施等建筑工程质量要求日益提高；但我国房屋质量亟待提高，"裂、渗、漏"等质量问题时有发生，居民"维修难、维权难"的情况也不少见，房屋质量投诉居高不下。而IDI是促进建筑工程质量提升的"看门人"，能直击我国建筑工程质量与维修赔偿领域的民生"痛点"，落实工程参建单位的质量责任；更重要的是，IDI在推进治理能力现代化中能发挥重要作用，促进政府部门在建筑业领域进一步实施"放管服"，助力保障人民群众基本合法权益。

　　以此作为后记，旨在强调当下一个关键词"高质量发展"。我国"十四五"乃至今后更长时期经济社会发展都将围绕高质量发展这一主题主线。而实现高质量发展的目标，关键要准确把握新发展阶段、深入贯彻新发展理念、加快构建新发展格局。对于国民经济支柱产业——建筑业来说，也为如此。IDI保险制度正可以为助推建筑业高质量发展发挥金融的智慧和力量。

中再集团董事　汪小亚

2022 年 3 月 15 日

附录　我国 IDI 相关政策文件目录

我国 IDI 相关政策文件目录

编号	政策级别	发文名称	文号	发布单位	发布时间
A1	国家	《中华人民共和国建筑法》	—	全国人民代表大会常务委员会	1997 年 11 月 1 日
A2	国家	《建设工程质量管理条例》	中华人民共和国国务院令第 279 号	国务院	2000 年 1 月 30 日
A3	国家	《国务院办公厅关于促进建筑业持续健康发展的意见》	国办发〔2017〕19 号	国务院办公厅	2017 年 2 月 24 日
A4	国家	《国务院办公厅转发住房城乡建设部关于完善质量保障体系提升建筑工程品质知道意见的通知》	国办函〔2019〕92 号	国务院办公厅	2019 年 9 月 24 日
B1	部委	《关于推进建设工程质量保险工作的意见》	建质〔2005〕133 号	原建设部和中国保险监督管理委员会	2005 年 8 月 5 日
B2	部委	《关于进一步强化住宅工程质量管理和责任的通知》	建市〔2010〕68 号	住房和城乡建设部	2010 年 5 月 4 日
B3	部委	《住房城乡建设部关于印发建筑业发展"十三五"规划的通知》	建市〔2017〕98 号	住房和城乡建设部	2017 年 4 月 26 日
B4	部委	《关于印发建设工程质量保证金管理办法的通知》	建质〔2017〕138 号	住房和城乡建设部	2017 年 7 月 16 日
B5	部委	《住房城乡建设部关于开展工程质量安全提升行动试点工作的通知》	建质〔2017〕169 号	住房和城乡建设部	2017 年 8 月 22 日

编号	政策级别	发文名称	文号	发布单位	发布时间
B6	部委	《住房和城乡建设部关于落实建设单位工程质量首要责任的通知》	建质规〔2020〕9 号	住房和城乡建设部	2020 年 9 月 11 日
B7	部委	《"十四五"建筑业发展规划》	建市〔2022〕11 号	住房和城乡建设部	2022 年 1 月 19 日
C1	地方	《上海市建设工程质量和安全管理条例》	—	上海市第十三届人民代表大会常务委员会	2011 年 12 月 22 日
C2	地方	《北京市建设工程质量条例》	—	北京市第十四届人民代表大会常务委员会	2015 年 9 月 25 日
C3	地方	上海市人民政府办公厅转发市住房城乡建设管理委等三部门《关于本市推进商品住宅和保障性住宅工程质量潜在缺陷保险的实施意见》的通知	沪府办〔2016〕50 号	上海市人民政府办公厅	2016 年 6 月 16 日
C4	地方	关于印发《上海市建设工程质量风险管理机构管理办法（试行）》的通知	沪建法规联〔2016〕872 号	上海市住房和城乡建设管理委员会	2016 年 10 月 14 日
C5	地方	《上海市住宅建设工程质量潜在缺陷保险理赔服务规范》	沪保监发〔2016〕253 号	中国保险监督管理委员会上海监管局 上海市住房和城乡建设管理委员会 上海市金融服务办公室	2016 年 11 月 7 日
C6	地方	关于印发《上海市住宅工程质量潜在缺陷保险实施细则（试行）》的通知	沪住建规范〔2017〕4 号	上海市住房和城乡建设管理委员会 上海市金融服务办公室 中国保险监督管理委员会上海监管局	2017 年 1 月 1 日

编号	政策级别	发文名称	文号	发布单位	发布时间
C7	地方	关于印发《广东省工程质量安全提升行动实施方案》的通知	粤建质函〔2017〕91号	广东省住房和城乡建设厅	2017年4月10日
C8	地方	关于印发《福田区政府投资建设项目代建制管理办法（试行）》的通知	福府办规〔2017〕4号	深圳市福田区人民政府办公室	2017年6月6日
C9	地方	关于印发《福田区政府投资代建项目工程质量潜在缺陷保险实施细则》的通知	深福发改〔2017〕389号	福田区发展和改革局	2017年8月16日
C10	地方	宁波市住房和城乡建设委员会 宁波市人民政府金融工作办公室 中国保险监督管理委员会宁波监管局关于开展住宅工程质量交付缺陷保险试点工作的通知	甬建发〔2017〕173号	宁波市住房和城乡建设委员会 宁波市人民政府金融工作办公室 中国保险监督管理委员会宁波监管局	2017年10月18日
C11	地方	关于印发《成都市住宅工程质量潜在缺陷保险试点方案》的通知	成建委〔2017〕766号	成都市住房和城乡建设委员会 成都市金融工作局	2017年12月21日
C12	地方	《关于推行江苏省住宅工程质量潜在缺陷保险试点的实施意见（试行）》	苏建质安〔2018〕67号	江苏省住房和城乡建设厅 江苏保监局	2018年2月8日
C13	地方	深圳市光明新区管理委员会关于印发《光明新区政府投资项目代建制管理办法（试行）》的通知	深光规〔2018〕2号	深圳市光明新区管理委员会	2018年2月9日
C14	地方	浙江省住房和城乡建设厅关于印发《浙江省住宅工程质量保险试点工作方案》的通知	建建发〔2018〕78号	浙江省住房和城乡建设厅	2018年3月16日

编号	政策级别	发文名称	文号	发布单位	发布时间
C15	地方	《关于推行工程质量保险试点工作的通知》	建质〔2018〕75 号	安徽省住房和城乡建设厅 中国保险监督管理委员会安徽监管局	2018 年 5 月 15 日
C16	地方	阳泉市人民政府办公厅关于印发全市推进建设工程质量潜在缺陷保险工作的实施意见的通知	阳政办发〔2018〕51 号	阳泉市人民政府办公厅	2018 年 6 月 11 日
C17	地方	关于印发《盐田区政府投资代建项目工程质量潜在缺陷保险实施细则》的通知	—	盐田区发展和改革局（区统计局）	2018 年 7 月 6 日
C18	地方	关于印发《阳泉市建设工程质量潜在缺陷保险试点实施细则（试行）》	阳建质发〔2018〕264 号	阳泉市住房和城乡建设局　阳泉市发展改革委员会　阳泉市财政局	2018 年 8 月 8 日
C19	地方	关于印发《阳泉市建设工程质量风险管理机构管理办法（试行）》的通知	阳建质发〔2018〕265 号	阳泉市住房和城乡建设局　阳泉市发展改革委员会　阳泉市财政局	2018 年 8 月 8 日
C20	地方	《关于开展住宅工程质量潜在缺陷保险试点工作的通知》	嘉建委办〔2018〕308 号	嘉兴市城乡规划建设管理委员会 嘉兴市人民政府金融工作办公室 嘉兴市保险行业协会	2018 年 8 月 10 日
C21	地方	河南省住房和城乡建设厅中国保险监督管理委员会河南监管局关于印发《河南省房屋建筑工程质量保险实施办法（试行）》的通知	豫建〔2018〕150 号	河南省住房和城乡建设厅 中国保险监督管理委员会河南监管局	2018 年 8 月 28 日

编号	政策级别	发文名称	文号	发布单位	发布时间
C22	地方	《关于推行镇江市住宅工程质量潜在缺陷保险试点的实施意见（试行）》	镇政建〔2018〕200 号	镇江市住房和城乡建设局	2018 年 9 月 10 日
C23	地方	关于印发《马鞍山市工程质量保险试点实施方案（试行）》的通知	马住建〔2018〕291 号	马鞍山市住房和城乡建设委员会	2018 年 9 月 12 日
C24	地方	《关于开展建设工程综合保险试点工作的通知》	湖州	金华市住房和城乡建设局、湖州市人力资源和社会保障局、湖州市金融工作办公室、湖州市公共资源交易管理办公室	2018 年 9 月 19 日
C25	地方	关于印发《铜陵市住宅工程质量保险试点实施方案》的通知	建管〔2018〕111 号	铜陵市建筑工程管理局办公室	2018 年 10 月 9 日
C26	地方	关于印发《横琴新区住宅工程质量保险试点方案》的通知	珠横新办函〔2018〕619 号	横琴新区管委会办公室	2018 年 10 月 30 日
C27	地方	《关于开展住宅工程质量保险试点工作的通知》	萧住建建〔2018〕319 号	杭州市萧山区住房和城乡建设局	2018 年 11 月 27 日
C28	地方	关于印发《亳州市工程质量保险试点工作实施方案（试行）》的通知	亳建管〔2018〕205 号	亳州市住房和城乡建设委员会	2018 年 11 月 27 日
C29	地方	泰州市住房城乡建设局关于推行泰州市区住宅工程质量潜在缺陷保险试点工作的通知	泰建发〔2018〕397 号	泰州市住房和城乡建设局	2018 年 12 月 13 日
C30	地方	金华市住房和城乡建设局 金华市公共资源交易管理委员会办公室 关于开展建设工程综合保险试点工作的通知	金市建综〔2018〕502 号	金华市住房和城乡建设局 金华市公共资源交易管理委员会办公室	2018 年 12 月 19 日

编号	政策级别	发文名称	文号	发布单位	发布时间
C31	地方	市住房城乡建委关于推进安庆市建设工程质量潜在缺陷保险试点工作的指导意见	建质发〔2018〕756 号	安庆市住房和城乡建设委员会	2018 年 12 月 28 日
C32	地方	上海市人民政府办公厅转发市住房城乡建设管理委等三部门《关于本市推进商品住宅和保障性住宅工程质量潜在缺陷保险的实施意见》的通知	沪府办规〔2019〕3 号	上海市人民政府办公厅	2019 年 3 月 14 日
C33	地方	关于进一步推进镇江市住宅工程质量潜在缺陷保险试点工作的通知	镇政建〔2019〕82 号	镇江市住房和城乡建设局	2019 年 4 月 4 日
C34	地方	北京市人民政府办公厅关于转发市住房城乡建设委等四部门《北京市住宅工程质量潜在缺陷保险暂行管理办法》的通知	京政办发〔2019〕11 号	北京市人民政府办公厅	2019 年 4 月 24 日
C35	地方	南宁市住房和城乡建设局　南宁市自然资源局　南宁市金融工作办公室　中国银行保险监督管理委员会广西监管局关于印发《关于推进南宁市建筑工程质量潜在缺陷保险的实施意见（试行）》的通知	南住建〔2019〕22 号	南宁市住房和城乡建设局 南宁市自然资源局 南宁市金融工作办公室 中国银行保险监督管理委员会广西监管局	2019 年 4 月 24 日
C36	地方	关于印发《黄山市住宅工程质量保险试点实施意见》的通知	黄建管〔2019〕75 号	黄山市住房和城乡建设局	2019 年 5 月 31 日

编号	政策级别	发文名称	文号	发布单位	发布时间
C37	地方	海南省住房和城乡建设厅中国银保监会海南监管局关于印发《海南省房屋建筑工程质量潜在缺陷保险试点工作方案》的通知	琼建质〔2019〕167 号	海南省住房和城乡建设厅中国银保监会海南监管局	2019 年 6 月 21 日
C38	地方	关于印发《池州市工程质量保险试点工作实施方案（试行)》的通知	池建质函〔2019〕311 号	池州市住房和城乡建设局	2019 年 7 月 3 日
C39	地方	关于《广州市简易低风险工程建设项目工程质量潜在缺陷保险试点方案》的通知	穗建质〔2019〕1595 号	广州市住房和城乡建设局广州市地方金融监督管理局银保监会广东监管局	2019 年 8 月 9 日
C40	地方	《罗湖区政府投资项目代建制管理办法及 5 个配套文件》	罗府办规〔2019〕2 号	深圳市罗湖区人民政府办公室	2019 年 8 月 24 日
C41	地方	《罗湖区政府投资代建项目工程质量潜在缺陷保险实施细则》	罗发改〔2017〕362 号	罗湖区发展和改革局	2019 年 9 月 5 日
C42	地方	关于印发《上海市住宅工程质量潜在缺陷保险实施细则》的通知	沪住建规范联〔2019〕7 号	上海市住房和城乡建设管理委员会上海市地方金融管理局上海市银保监局	2019 年 9 月 25 日
C43	地方	成都市住房和城乡建设局成都市地方金融监督管理局 关于印发《成都市住宅工程质量潜在缺陷保险试点实施办法》的通知	成住建发〔2019〕413 号	成都市住房和城乡建设局成都市地方金融监督管理局	2019 年 12 月 31 日

编号	政策级别	发文名称	文号	发布单位	发布时间
C44	地方	丽水市住房和城乡建设局 丽水市人民政府金融工作办公室　中国银行保险监督管理委员会丽水监管分局　关于印发《市区住宅工程质量潜在缺陷保险试点方案》的通知	丽建发〔2020〕4 号	丽水市住房和城乡建设局 丽水市人民政府金融工作办公室 中国银行保险监督管理委员会丽水监管分局	2020 年 1 月 9 日
C45	地方	重庆市住房和城乡建设委员会　重庆市规划和自然资源局　重庆市地方金融监督管理局　中国银行保险监督管理委员会重庆监管局关于印发《重庆市推行住宅工程质量潜在缺陷保险试行意见》的通知	渝建质安〔2020〕4 号	重庆市住房和城乡建设委员会 重庆市规划和自然资源局 重庆市地方金融监督管理局 中国银行保险监督管理委员会重庆监管局	2020 年 3 月 2 日
C46	地方	《北京市优化营商环境条例》	—	北京市第十五届人民代表大会常务委员会	2020 年 3 月 27 日
C47	地方	《上海市优化营商环境条例》	—	上海市第十五届人民代表大会常务委员会	2020 年 4 月 10 日
C48	地方	关于《哈尔滨新区江北一体发展区建筑工程质量潜在缺陷责任保险（IDI）实施方案（试行）》的通知	哈新管规〔2020〕5 号	哈尔滨新区管理委员会	2020 年 4 月 13 日
C49	地方	成都市住房和城乡建设局 成都市地方金融监督管理局关于印发《成都市住宅工程质量潜在缺陷保险实施细则（试行）》的通知	成住建发〔2020〕112 号	成都市住房和城乡建设局 成都市地方金融监督管理局	2020 年 4 月 16 日

续表

编号	政策级别	发文名称	文号	发布单位	发布时间
C50	地方	关于印发《济南市社会投资简易低风险工程质量潜在缺陷保险管理办法（试行）》的通知	济建质安字〔2020〕27号	济南市住房和城乡建设局 中国银行保险监督管理委员会莱芜监管分局	2020年6月1日
C51	地方	关于印发《广州市住宅工程质量潜在缺陷保险管理暂行办法》的通知	穗建质〔2020〕203号	广州市住房和城乡建设局 广州市地方金融监督管理局 银保监会广东监管局 广州市规划和自然资源局	2020年7月17日
C52	地方	关于印发《深圳市龙华区政府投资代建项目工程质量潜在缺陷保险实施细则》的通知	深龙华发改规〔2020〕2号	深圳市龙华区发展和改革局	2020年7月20日
C53	地方	《关于推行住宅工程质量潜在缺陷保险的实施意见（试行)》	澄住建规〔2020〕5号	江阴市住房和城乡建设局 银保监会无锡监管分局江阴监管组 江阴市自然资源和规划局 江阴市土地储备中心	2020年8月5日
C54	地方	《北京市可不聘用工程监理建设项目工程质量潜在缺陷保险暂行管理办法》（含《北京住宅工程质量潜在缺陷保险工程质量风险管理机构工作指引（试行)》、《北京住宅工程质量潜在缺陷保险理赔服务规范（试行)》）	京建发〔2020〕257号	北京市住房和城乡建设委员会 北京市地方金融监督管理局 北京市规划和自然资源委员会 中国银行保险监督管理委员会北京监管局	2020年9月9日

编号	政策级别	发文名称	文号	发布单位	发布时间
C55	地方	关于印发《临海市住宅工程质量潜在缺陷保险实施意见（试行）》的通知	临建〔2020〕91 号	临海市住房和城乡建设 临海市人民政府金融工作办公室	2020 年 9 月 25 日
C56	地方	玉林市住房和城乡建设局关于印发《关于推进玉林市建设工程质量潜在缺陷保险的实施意见（试行）》的通知	玉住建字〔2020〕36 号	玉林市住房和城乡建设局	2020 年 10 月 23 日
C57	地方	河池市住房和城乡建设局　河池银保监分局　河池市财政局关于印发《关于推进河池市建筑工程质量潜在缺陷保险的实施意见（试行）》的通知	河住建〔2020〕127 号	河池市住房和城乡建设局 河池银保监分局 河池市财政局	2020 年 11 月 12 日
C58	地方	关于印发《关于推进梧州市建筑工程质量潜在缺陷保险的实施意见（试行）》的通知	梧建〔2020〕750 号	梧州市住房和城乡建设局 梧州市自然资源局 梧州市金融工作办公室 中国银行保险监督管理委员会梧州监管分局	2020 年 11 月 13 日
C59	地方	《广州市优化营商环境条例》	—	广东省第十三届人民代表大会常务委员会	2020 年 11 月 27 日
C60	地方	焦作市住房和城乡建设局关于印发《焦作市社会投资小型低风险仓储项目工程质量潜在缺陷保险实施办法（试行）》的通知	焦建办〔2020〕165 号	焦作市住房和城乡建设局	2020 年 12 月 22 日

编号	政策级别	发文名称	文号	发布单位	发布时间
C61	地方	关于试点推行南阳市住宅工程质量潜在缺陷保险的通知	宛建质安〔2020〕76 号	南阳市住房和城乡建设局	2020 年 12 月 23 日
C62	地方	《广州市住宅工程质量潜在缺陷保险暂行办法实施细则》	穗建质〔2020〕436 号	广州市住房和城乡建设局 广州市地方金融监督管理局 广州市规划和自然资源局	2020 年 12 月 24 日
C63	地方	海南省住房和城乡建设厅 中国银行保险监督管理委员会海南监管局 海南省发展和改革委员会 海南省财政厅关于印发《海南省房屋建筑工程质量潜在缺陷保险实施细则（试行）》及其配套文件的通知	琼建质〔2021〕24 号	海南省住房和城乡建设厅 中国银行保险监督管理委员会海南监管局 海南省发展和改革委员会 海南省财政厅	2021 年 2 月 7 日
C64	地方	《重庆市优化营商环境条例》	—	重庆市第五届人民代表大会常务委员会	2021 年 3 月 31 日
C65	地方	湖南省住房和城乡建设厅 中国银行保险监督管理委员会湖南监管局关于开展湖南省住宅工程质量潜在缺陷保险试点的通知	湘建建〔2021〕11 号	湖南省住房和城乡建设厅 中国银行保险监督管理委员会湖南监管局	2021 年 4 月 1 日
C66	地方	义乌市住房和城乡建设局关于推进建设工程质量缺陷保险的实施意见	义建局〔2021〕63 号	义乌市住房和城乡建设局	2021 年 5 月 10 日

编号	政策级别	发文名称	文号	发布单位	发布时间
C67	地方	关于印发《青岛市住宅工程质量潜在缺陷保险试点工作实施方案》的通知	青建管字〔2021〕28 号	青岛市住房和城乡建设局 青岛市财政局 青岛市地方金融监督管理局 中国银行保险监督管理委员会青岛监管局	2021 年 5 月 19 日
C68	地方	济南市住房和城乡建设局中国银行保险监督管理委员会莱芜监管分局关于印发《济南市全面推行住宅工程质量潜在缺陷保险的实施意见》的通知	济建发〔2021〕41 号	济南市住房和城乡建设局 中国银行保险监督管理委员会莱芜监管分局	2021 年 7 月 22 日
D1	行业	《建筑工程质量潜在缺陷保险质量风险控制机构工作规范》	—	中国保险行业协会	2018 年 5 月 18 日
D2	行业	《绿色建筑评价标准》	GBT 50378—2019	—	2019 年 8 月 11 日
D3	行业	《住宅工程质量潜在缺陷风险管理标准》	DG－TJ 08—2346	上海市住房和城乡建设管理委员会	2020 年 11 月 20 日

参 考 文 献

[1] 全国一级建造师执业资格考试用书编写委员会编．建筑工程管理与实务［M］．中国建筑工业出版社，2021.

[2] 全国一级建造师执业资格考试用书编写委员会编．建设工程法规及相关知识［M］．中国建筑工业出版社，2021.

[3] 李慧民、马海骋、盛金喜．建设工程质量保险制度基础［M］．科学出版社，2017.

[4] 世界银行．《2020 营商环境报告》［N］．世界银行官方网站，2020.

[5] 国家统计局、交通运输行业发展统计公报．

[6] 中国保险行业协会．建筑工程质量潜在缺陷保险质量风险控制机构工作规范［Z］．2018.

[7] 汪小亚．深化保险服务实体经济 加快推动我国 IDI 市场发展［J］．保险理论与实践，2021（4）.

[8] 初北平．潜在缺陷条款解析［J］．中国船检，2015（10）.

[9] 徐波，赵宏彦，高小旺，李中锡．法国建筑工程质量保险体系和实施情况［J］．工程质量，2004（8）.

[10] 王耘．工程质量潜在缺陷保险制度下的工程质量风险管理模式研究［J］．上海保险，2017（6）.

[11] 成文清，郑薇，李彤彤，张帆．建筑工程质量潜在缺陷保险的挑战与建议［J］．上海保险，2019（1）.

[12] 成文清，李彤彤．工程质量潜在缺陷保险试点实践与建议［J］．保险理论与实践，2020（3）.

[13] 王国忠．浅析业主代表在建设工程项目管理中的质量控制［J］．科技资讯，2018（29）.

[14] 黄茹．我国住宅维修资金的问题与对策［J］．财会学习，2020

（20）．

[15] 王忠曜，方京，翁育峰等．工程质量潜在缺陷保险核心概念与原则探究 [J]．保险理论与实践，2020（11）．

[16] 方京，翁育峰，董力，郭劭钦，王震．国外DI发展现状及经验借鉴 [J]．上海保险，2021（12）．

[17] 张晓帆．房屋维修基金管理与使用的三大难题 [J]．民心，2015（2）．

[18] 郭振华．法国IDI保险制度的内在机理分析及其借鉴 [J]．上海保险，2006（4）．

[19] 童悦仲，刘美霞．澳大利亚住宅保证保险 [J]．住宅产业，2005（5）．

[20] 杜静，戚菲菲．工程质量潜在缺陷保险的国外经验与国内探索 [J]．工程管理学报，2020（02）．

[21] 鲍秀根．建筑工程质量保险应用实践与分析 [J]．山西建筑，2018（14）．

[22] 翟延波，游劲秋，干鹏飞，张水．典型防水失效案例的鉴定和剖析 [J]．中国建筑防水，2015（8）．

[23] 申琪玉，苏昳，王如钰，李忠，陈振．国内外工程质量潜在缺陷保险的对比研究 [J]．建筑经济 2019（10）．

[24] 储直明．法国建筑工程质量保险经验及借鉴 [J]．建筑 2009（10）．

[25] 李福和，李梦琬．风雨兼程40载——纵观建筑业改革发展轨迹 [J]．施工企业管理，2018（11）．

[26] 鲁班研究院．风劲帆满 行稳致远——2021年中国建筑业发展机遇与挑战 [J]．建筑，2021（6）．

[27] 郭伟，潘振乾，于巍东．中国建筑工程质量保险发展思考 [J]．工程质量，2020（12）．

[28] 郭伟，任琳，赵子超，顾泰昌，黄振利，郭永利．基于建筑工程质量标准的建筑长寿命保险业务开拓机遇与挑战 [J]．工程建设标准化，2020（1）．

［29］揭新民．建立建筑工程质量潜在缺陷保险［J］．施工企业管理，2021（4）．

［30］揭新民，给建筑工程质量潜在风险"上保险"［J］．中国勘察设计，2021（3）．

［31］赵振宇，令文君．中外建筑工程质量保险体系比较分析与对策研究［J］．建筑经济，2010（8）．

［32］朱明，李丽琴．IDI 推行中的难点及解决途径探析［J］．企业改革与管理，2020（10）．

［33］王笑．工程质量潜在缺陷保险不断升温 专家建议统一制度安排，金融时报，2021 – 03 – 24．

［34］张爽．我国开展住宅质量保险的形式选择与建议［D］．清华大学硕士学位论文，2008．

［35］王呈冰．建设工程质量保险制度研究［M］．北京：清华大学硕士学位论文，2015．

［36］孙超．工程质量潜在缺陷的风险分析与保险研究［D］．沈阳航空航天大学硕士论文，2019 年．

［37］赵海鹏．房屋质量保险制度的研究［D］．同济大学博士论文，2006．

［38］汪琨．建筑工程质量保险在建筑工程项目风险管理中的应用研究［D］．青岛大学，2018．

［39］纪颖波．商品住宅工程质量强制保险研究［D］．天津大学，2009．